Kleine Bibliothek 400

Frauen

D1929283

Mechtild Jansen (Hrsg.)

FrauenWiderspruch

Alltag und Politik

Pahl-Rugenstein

Frauen-Widerspruch LG 730

Süddeutscher Rundfunk
Anstalt des öffentlichen Rechts
BIBLIOTHEK

1987-G-280

© 1987 by Pahl-Rugenstein Verlag GmbH, Köln
Alle Rechte vorbehalten
Umschlag: Willi Hölzel / Andreas Tsordanidis
Satz: Fotosatz Klaußner GmbH, Köln
Druck: Plambeck & Co, Neuss

CIP-Kurztitelaufnahme der Deutschen Bibliothek

Frauen-Widerspruch: Alltag u. Politik / Mechtild Jansen (Hrsg.). – Köln: Pahl-Rugenstein, 1987.
(Kleine Bibliothek; 400: Frauen)
ISBN 3-7609-1052-1
NE: Jansen, Mechtild [Hrsg]; GT

Inhalt

Vorwort

Liebe Leserin,
lieber Leser,

das Leben der Frauen hat sich in den letzten zwanzig bis dreißig Jahren sehr verändert, und die Frauen haben sich dabei verändert. Sie sind heute selbstbewußt, nachdenklich, kritisch und engagiert. Sie beschäftigen sich längst nicht mehr nur mit dem privaten Innenleben, sondern mit dem gesamten gesellschaftlichen Geschehen.

Dieser Wandel hat öffentliche Aufmerksamkeit und Diskussion ausgelöst. Es zeigt sich Beunruhigung, wo Frauen sich nicht mehr fügen, wie es von ihnen erwartet wird. Wir vernehmen öffentlich unverhofft hohe Anerkennung, in einem seltsamen Kontrast zu den konkreten Realitäten. Die politische und soziale, psychische und sexuelle Gewalt gegen Frauen ist nicht erst seit der konservativen Wende neu gewachsen. Erkämpfte Rechte werden schon seit sozialliberalen Zeiten z. T. in bemerkenswert subtiler Form wieder abgebaut. Ganz abgesehen von der bedrohlichen weltpolitischen Situation, der Gefahr für Frieden und Umwelt, die alle andere progressive Entwicklung in Frage stellt.

In der Frauenbewegung hat diese Entwicklung widersprüchliche Reaktionen ausgelöst. Es gibt Anpassungsprozesse, Scheitern an der Komplexität der Probleme, Ausstieg in die Mystik, aber auch – gemessen an den Ausgangsbedingungen – bemerkenswerte Proteste und qualitative Weiterentwicklung von programmatischer und praktischer Politik.

Die weiterkämpfen wollen, stoßen dennoch auf Schwierigkeiten. Der uns von rechts entgegenkommende Druck hat uns in eine Abwehrhaltung (und gelegentlich auch Verwirrung) gebracht, die uns den Atem zu rauben droht. Er engt unsere Sicht auf morgen ein, macht unsere Emotion manchmal klein und ängstlich, behindert souveränes Denken, unsere kreative Phantasie und Kraft.

Dreierlei scheint in dieser Situation notwendig: erstens die genaue *Analyse* nicht nur punktueller Betroffenheiten, sondern unserer *gesamten Lebenslage in ihren gesellschaftlichen Zusammenhängen;* zweitens insbesondere die Klärung der *Verschärfung von geschlechtsspezifischer und sozialer Unterdrückung,* die das Eigenartige unserer Lage als Frauen ausmacht, und drittens die Erarbeitung und Artikulation *grundlegender Zukunftsalternativen* unter dem Aspekt *feministischer und allgemeiner Emanzipations*interessen, welche mit jeder Art der Anpassung und Systemstabilisierung aufräumen.

Dazu war es mir als Herausgeberin dieses Buches ein Anliegen, das Wissen, die Erfahrung und schöpferische Potenz, die sich in verschiedenen politischen und beruflichen Arbeitsbereichen von Frauen entwickelt hat, an einer Stelle und zu einem konkreten Zweck neu zu bündeln. Es ist das Anliegen, Frauen aus *unterschiedlichen* Kontexten voneinander wissen zu lassen, sich auszutauschen, produktiv zu *streiten,* ausgehend von den praktischen Erfahrungen die theoretische Anstrengung aufzunehmen und mit fundiertem Wissen fundierter tätig zu werden. Mit diesem Buch ist die Hoffnung und Absicht verbunden, anhand einiger gemeinsamer Fragestellungen zu bilanzieren. Der Impuls, über den Tag und den eigenen Tellerrand und politische Abgrenzung hinaus zu schauen, soll beitragen, zum *Bündnis* anzuregen und die Zeit frauenpolitischer Hochkonjunktur für uns zu nutzen. Es sind die nächsten Schritte zu überlegen, Vereinnahmungsabsichten zu durchkreuzen, Perspektiven darzulegen, die uns wieder in die Offensive kommen lassen. Die Auseinandersetzung um die Emanzipation der Frau ist auf einer neuen Ebene fortzuführen.

Diese Überlegungen richten sich an die Frauen, aber ausdrücklich nicht nur an sie, wiewohl ihre Befreiung nach wie vor nur ihr eigenes Werk sein kann. Doch weil die Frauenfrage Schlüsselfrage zur Durchsetzung der »Wende« (auch in ihrem zweiten Teil) ist, muß sie Schlüsselfrage auch für Alternativen der Linken sein. Obwohl es besser wäre, aus eigenem Antrieb die Einsicht von Charles Fourier zu beherzigen, der in der Stellung des schönen Geschlechts schon den Gradmesser gesellschaftlichen Fortschritts erkannte. Insofern will das Buch die demokratischen und linken Männer und männlich dominierten Formationen in die Pflicht nehmen und, wo es sein muß, auch provozieren, Defizite ihrer Politik aufzuholen und auf Verbindungslinien aufmerksam zu machen.

Zusammengekommen sind Frauen aus unterschiedlichen wissenschaftlichen und politischen Arbeitszusammenhängen, die sich für die *ganze* Bandbreite des Frauenlebens über die konkreten Ausdrucksformen und Auswirkungen der gesellschaftlichen Unterdrückung von Frauen verständigen. Wir haben dies vor dem Hintergrund unserer eigenen konkreten Erfahrungen und der spezifischen Kenntnisse unserer jeweiligen Disziplin getan. Uns interessieren die subjektiven Erfahrungen von Frauen als Ausdruck gesellschaftlicher Widersprüche und Gegensätze. Wir wollen alltägliche Erfahrungen in ihrem gesellschaftlichen Kontext und Bedingungsgefüge verstehbar und verarbeitbar machen. Wir haben dem Buch den Titel »FrauenWiderspruch – Alltag und Politik« gegeben, um die objektiv und subjektiv widersprüchliche Situation für Frauen in ihrer gesellschaftlichen Funktion zu benennen und um diesen Widersprüchen wie den in ihnen liegenden Lebensbeschränkungen zu widersprechen. Indem wir die objektive Unvereinbarkeit der gesellschaftlichen Ansprüche an Frauen offenlegen, wollen wir diese angreifbar und veränderbar machen.

Es ist uns nicht gelungen, alle Ansprüche beim ersten Mal zu verwirklichen. Ein großer Mangel ist, daß der Beitrag zur Friedens- und Ökologiepolitik ausgefallen ist, insbesondere weil mit seinem Thema der zentrale Nerv jeder Emanzipationspolitik angesprochen ist. Unsere Arbeitsergebnisse sind deshalb erst ein Anfang.

Ursprünglich war es Absicht, die für alle Arbeitsbereiche übergreifenden Probleme und Fragestellungen ebenso wie die besonderen Erfahrungen in den einzelnen Arbeitsgebieten herauszuarbeiten und für das Ganze produktiv zu verallgemeinern. Ein gemeinsamer Ausblick auf konkretes politisches Handeln war das Ziel. Soweit sind wir bislang noch nicht gekommen, obwohl unsere Zusammenarbeit außergewöhnlich anregend und spannend war. Als Autorinnen hoffen wir, dennoch einen Diskussionsimpuls geben zu können. Wenn wir – vielleicht auch durch Reaktionen von Leserinnen und Lesern – zur Überzeugung kommen, daß es sich lohnt, wollen wir die Zusammenarbeit in unserer Gruppe für ein weiteres Buch fortsetzen.

Dezember 1986 Mechtild Jansen

Mechtild Jansen

Frauen und Politik

Die »neue« Frauenpolitik der Bundesregierung und das Agieren der Frauenbewegung

1. Frauen treten in historisch neuer Weise auf die Bühne der Politik

Wir befinden uns national und international in einer ökonomischen Krisen- und Umbruchsituation, in der nicht zufällig Frauen als politischer Faktor in historisch neuer Weise auf die Bühne der Geschichte treten, um ihr Geschlecht von sozialer und geschlechtsspezifischer Unterdrückung zu befreien.

Die internationale Lage ist gekennzeichnet vom »Ost-West-Gegensatz« und der imperialistischen Ausbeutung der »Dritten Welt«. Das Streben der USA nach militärischer Überlegenheit und die daraus resultierende Rüstung und Militarisierung drohen die gesamte Menschheit zu vernichten. Die Zerstörung von Natur und Umwelt ist zu einem globalen Problem geworden und entzieht uns in wachsendem Maße die Lebensgrundlage. In allen Ländern der Welt herrscht patriarchalische Gewalt gegen Frauen. Kapitalistische Wirtschaftspolitik bringt massenhafte Arbeitslosigkeit, Hunger und soziales Elend nicht nur in den Ländern der sogenannten Dritten Welt, sondern auch in den kapitalistischen Metropolen. Nicht nur in unserem Land verändert die technologische Entwicklung die gesamte Lebensweise der Bevölkerung tiefgreifend und in einem nie dagewesenen Tempo. Die Folgen dieser Entwicklung sind soziale, emotionale, geistige, kulturelle Verarmung, physische und psychische Krankheiten der Bevölkerung.

Frauen sind in besonders krasser Weise Leidtragende dieser Prozesse und Entwicklungen und allemal im *herr*schenden Weltbild das minderwertige Geschlecht. Patriarchalische Gewalt und Unterdrückung ist integraler Bestandteil der Rüstung, Klassenausbeutung, Rassendiskriminierung und Krisenabwälzung. Heute wehren sich Frauen in zunehmendem Maße. Sie reagieren wach, empfindsam und offen, stellen neue Überlegungen an. Sie sind vielerorts zu Motoren der Veränderung geworden. Und das ist eine Nationen, Rassen und soziale Differenzierung übergreifende Massenerscheinung.

Es ist nicht neu, daß Frauen gestattet wird, Krisen zu bewältigen, wo Männer abgewirtschaftet oder das Interesse verloren haben. Eine gleiche *Gestaltungsmacht* für den Aufbau von Neuem wird ihnen deshalb nicht eingeräumt. Vorerst befinden wir uns noch in der Situation, eine Katastrophe für die Menschheit abwenden zu müssen. Es darf aber bezweifelt werden, ob Frauen es noch einmal zulassen werden, aus Gesellschaft, Kultur und Politik wieder vertrieben und erneut Objekt der scheiternden Herrschaft von Kapital und Patriarchat zu werden.

Frauenpolitik wird nicht länger als arbeitsmarkt- und familienpolitische Reserve, nicht länger als Bevölkerungspolitik fürs *Vater*land, nicht länger als sozialer Sonder- oder Minderheitenfall von letztrangiger Bedeutung und auch nicht länger als Mittel der Bestätigung und Reproduktion männlicher Überlegenheit zu behandeln sein. Sie kann auch nicht länger Enklave autonomer Subsysteme sein, die zwar protestieren, gleichwohl aber entweder zu isolieren oder zu vereinnahmen sind.

Frauenpolitik wird sein, wo Frauen, weil sie sich nicht mehr unterwerfen, ihre eigenen antipatriarchalischen und antikapitalistischen Entwürfe entwickeln. Sie wird sein, wo so in allen Politikbereichen der Ausschluß von Frauen in *Form und Inhalt* durchbrochen und zukünftig untersagt wird. Dann kann für Frauen wie Männer eine neue Politik beginnen. Sie kann ein besseres Leben einleiten.

2. Die Merkmale der »neuen CDU-Frauenpolitik« oder des »neokonservativen Feminismus«

Für die Bundesrepublik hat die CDU als erste politische Kraft ihre Politik einer diesem ökonomischen und politischen Einschnitt gemäßen Revision unterworfen und für ihre Verhältnisse wohl die offensivsten und weitreichendsten Konsequenzen gezogen.

Während es sonst die SPD war, die manche Mühe nicht scheute, »neue soziale Bewegungen« zu integrieren, scheint sie diesmal von der CDU überholt zu werden. Der aufgeschlossene, in die Zukunft denkende Konservatismus hofft, verloren gegangenes Terrain nicht nur wiedergewinnen, sondern gerade Frauen als aktives Element neokonservativer Erneuerung und Krisenbewältigung mobilisieren zu können. Wenn Heiner Geißler und die von ihm gekürte neue Frauenministerin Rita Süssmuth ihre frauenpolitische »Kulturrevolution von oben« inszenieren, so geschieht das nicht ohne innerparteiliche Widersprüche. Doch bislang konnten sich auf die Modernisierung drängenden Kräfte eindeutig behaupten.

Aus den Prämissen dieser neuen Frauenpolitik wird kein Geheimnis gemacht. Es geht um Erhalt und Modernisierung der privaten Marktwirtschaft mit expansivem Innen- und Außencharakter und zu diesem Zweck um »Wiederversöhnung« von Arbeit und Familie, großer Industrialisierung und kleinen Lebenseinheiten, staatlichen Reglementierungen und Selbsthilfe- bzw. Ehrenamt-Systemen. Dem ist Frauenpolitik untergeordnet und bleibt damit so wenig wie in der Vergangenheit von eigenständigem Wert. Veränderungsbedürftig scheint sie ausschließlich aufgrund des veränderten Bewußtseins und gewandelten politischen Verhaltens der Frauen selbst wie aufgrund der eingeschränkten Funktionsfähigkeit der bisherigen Lebensweise der Männer bzw. der von Männern geprägten kapitalistischen Gesellschaft, die aus der Sicht der Herrschenden neuen Produktionsanforderungen angepaßt werden muß. Dem freiheitlichen Denkansatz des Westens folgend, werden unter dem Motto der *»Wahlfreiheit«* und der *»neuen Partnerschaft«* Frauen und Männern neue Lebensmodelle offeriert – freilich *unter der Voraussetzung*, daß sie *allgemeinen Sozialabbau, Arbeitslosigkeit bzw. »Flexibilisierung«* als unveränderbare Größen zu *akzeptieren* bereit sind. Die Kernelemente des Angebots zur Gleichstellung der Frauen lassen sich nach genauerer Betrachtung einfach skizzieren:[1] 1. Moderne Formen der Arbeitszeitregelung, sprich »Flexibilisierung« und die Etablierung eines zweistufigen Arbeitsmarktes (in Dauergäste und zeitweilige Besucher der unteren Ränge) machen Frauen zur industriellen Reservearmee neuen Typus. Ihre Diskriminierung als Erwerbstätige bleibt erhalten, ohne daß auf die spezifischen (historisch gewachsenen) »weiblichen« Fähigkeiten verzichtet werden muß in einer Zeit, wo eben diese für die Entwicklung der Produktionsverhältnisse besonders gebraucht werden (Kreativität, Kooperation, Intuition. . .). 2. Erstrangig aber bleibt die Aufgabenzuweisung »Mutter und Familienfrau«. Die Frau ist zum einen zuständig für die billige und effektivste Erledigung von Reproduktionsarbeiten, als Ersatz für den betriebenen Sozialabbau und angesichts seines Ausmaßes ein Betätigungsfeld wachsenden Umfangs. Moralische Aufwertung ist wohlfeil und materiell wird mit einem gewissen Almosen von Erziehungsgeld nachgeholfen. Nicht weniger bedeutend ist zum anderen die Glorifizierung der Frau als Gebärende und Mutter und mit ihr die Glorifizierung der Familie. Die politischen und ideologischen Angriffe auf das Recht auf Abtreibung belegen, wie Frauen wieder ihrer Biologie ausgeliefert sein sollen. Mutter und Familie erfahren solche Wertschätzung, weil das deutsche Volk erhalten und obendrein die traditionelle mütterliche Opferhaltung und Unterordnung als allgemeines Handlungsprinzip verankert werden sollen. 3. Schließlich soll das »weibliche Element« nicht nur den Mann aufrichten und in seiner vermeintlichen Einmaligkeit bestärken. Es soll vielmehr generell privat und gesellschaftlich den letzten Hort an Menschlichkeit und emotionaler Wärme in eisiger Umwelt bilden und Folgeschäden auffangen bzw. reparieren, die in rauhem Gesellschaftsleben angerichtet werden. Die mit der zentralen Hilfe der Frau früh sozialisierten Tugenden der Unterwerfung, Anpassung und Bittstellung um Anerkennung sollen sodann möglichst umstandslos als gesellschaftliche Ordnungsprinzipien auf staatsbürgerliches Verhalten übertragen werden und vor unerwünschten Einblicken in patriarchalische, soziale und Klassenstrukturen ebenso wie vor kämpferischer Interessenwahrnehmung bewahren. Das Verhältnis von Individuum und Gesellschaft soll auch weiterhin auf den Kopf gestellt bleiben.

»Neu« ist also, daß Erwerbstätigkeit als allgemein anerkanntes Lebensfeld der Frau nicht generell bestritten wird (was in der Realität eh immer nur in dem Maße geschah, wie es konjunkturpolitisch opportun war), daß sie sich aber in »flexiblen« Formen abzuspielen und für die Mutterphase entschieden zurückzutreten hat. Ein völliges »Zurück an Heim und Herd« würde weder den Profitbedürfnissen des Kapitals entsprechen, noch bei den Frauen durchsetzbar sein. Eindeutige Grenze des weiblichen Umtriebes in der Berufswelt ist jedoch der Erhalt ihrer Gebärbereitschaft wie ihrer traditionellen Tugenden, die das Schmieröl für die Bewältigung gesellschaftlicher Konflikte bilden.

»Neu« ist, daß *theoretisch* das gleiche »Angebot« für Männer gilt, wenngleich offenkundig ist, daß letztere strukturell bevorteilt bleiben und insofern bestenfalls ein etwas gehobener 2.-Klasse-Status für Frauen zu erwarten ist. Dennoch würden sich auch hier zwei Fliegen mit einer Klappe schlagen lassen. Denn zum einen ist ja allgemeine »Flexibilisierung« der Arbeitswelt (auch für Männer) erklärtes Ziel der Unternehmer (und ein Scheinangebot zur Entlastung an Männer, die selbst mittlerweile an den Rand der Verkraftbarkeit ihrer sozial-beruflichen wie patriarchalischen Rolle geraten sind). Zum anderen ließe sich das Problem der »Gleichberechtigung« und »Partnerschaft« auf diese Weise gut zu einem privaten Zweikampf zwischen Mann und Frau herabstufen. Schließlich handelt es sich um Entscheidungen, in die sich der CDU-Staat aus Ehrerbietung vor den Bürgern und Bürgerinnen lieber nicht »einmischt«.

Diese Frauenpolitik und mit ihr die Frauen sollen helfen, die Schleusen für allgemeine Krisenabwälzung weit zu öffnen. Hierin bleibt die »neue« Politik ganz altertümlich klassenspezifisch und, zwar modifiziert, dennoch weiterhin geschlechtshierarchisch.

Das CDU-Modell hebt also auf *Gleichstellung der Geschlechter im* – als unveränderbar hingestellten – *allgemeinen Mangel* ab und klammert die ungleiche Verteilung gesellschaftlicher Reichtümer wie die sozialen Interessengegensätze aus. Frauen sollen davor bewahrt werden, in ihrem Freiheitsstreben auch Bedürfnis und Einsicht in die Notwendigkeit der Veränderung ökonomischer Machtverhältnisse zu entwickeln. *Gleiche Teilhabe an ungerechten Verhältnissen und nicht Aufhebung* derselben ist die Absicht.

Diese Politik kalkuliert mit dem objektiven Druck entwicklungshemmender gesellschaftlicher Fakten (Arbeitslosigkeit, Sozialabbau, traditionelle Diskriminierung und Gewalt gegen das weibliche Geschlecht), knüpft vor diesem Hintergrund an die reale Lebenslage der Frau – der Doppel- und Dreifachbelastung – an und verspricht Entlastung und Befriedigung realer Bedürfnisse durch hinterrücks erzwungene »freiwillige« Rücknahme von Ansprüchen. *Emanzipation* in ihrem Gehalt der Befreiung aus einschränkenden Verhältnissen wird ins Gegenteil *zu einer freiwilligen Selbstbeschränkung verkehrt*. Nachdruck für die Durchsetzung dieser Politik bringt die systematische *Aufspaltung* der Frauen untereinander (Erwerbstätige gegen Hausfrauen, Junge gegen Alte, Intellektuelle gegen Angestellte oder Arbeiterin) und der Frauen und Männer gegeneinander. Nachdruck bringt ebenfalls die jeweils erpresserisch proklamierte *Anpassung nach unten als Konzept von »Gleichberechtigung«* (der Mann paßte sich der schlechtergestellten Frau an, die erwerbstätige Frau der teilzeitarbeitenden, diese der Hausfrau etc.) – auch dies eine Umkehrung des Inhalts von Emanzipation. Die subjektive Einwilligung zu dieser Politik wird mobilisiert, indem der angesichts der Verhältnisse verbliebene Rest an spontanen Gefühlen der Mitmenschlichkeit geweckt und abgerufen wird. Man bedient sich dazu täuschend des Vokabulars der Frauenbewegung und behauptet mit einleuchtend pragmatischer Logik, deren Vorhaben seien in der Realität nur mit einer »Politik der kleinen Schritte« zu verwirklichen. Wenn so alle gesellschaftlichen Einschränkungen im Kopf vorweggenommen werden, können sie in der Realität nicht mehr so schmerzlich erfahren werden. Im Zentrum dieser Politik steht deshalb nicht zufällig die *ideologische Auseinandersetzung*, der Kampf um die Köpfe.

Diese Politik hat – und das ist wichtig für ihre Tragfähigkeit wie ihre Bewertung bzw. die Auseinandersetzung mit ihr – *auf der Basis der gegebenen Verhältnisse* einen *relativen* Realitätsgehalt und eine relative immanente Logik. Sie bietet für den (unmittelbaren) Alltag *neue* Vorschläge bzw. »neue Lebensmodelle« für Frauen *und* Männer an, die – konservativen – gesellschaftlichen *Wandel* markieren, verändernde Antworten auf die dritte industrielle (technologische) Revolution darstellen.

Im Hintergrund schimmert als Fangnetz immer noch die Blümsche Vision [2] der »Mütter, die Mütter bleiben«, die einstweilen wegen mangelnder Attraktivität aus dem Verkehr gezogen werden mußte. Sie bleibt als Reserveideologie und Doppelstrategie jedoch mobilisierbar, falls der praktische Frust über zerrissene, unbefriedigende und abstumpfende, zudem doppelt belastete Verhältnisse ein Ruhebedürfnis der Frauen überhand nehmen läßt oder anderer Bedarf eine Umorientierung doch wieder unerläßlich macht.

Konservativ an dieser Politik bleibt erstens die Hinnahme sozialer und Klassenwidersprüche und damit ökonomischer Abhängigkeiten als angeblich gottgegeben und vermittelt hierüber vermag sie patriarchalischen Strukturen nicht radikal zu Leibe zu rücken. Konservativ bleibt zweitens die Individualisierung menschlicher Existenz oder die Fiktion des »Jede/r ist ihres/seines Glückes Schmied/in« sowie drittens die Definition von Mütterlichkeit (und nun auch noch Väterlichkeit) als angeblich aus Liebe motivierter Aufopferung der biologischen Eltern für die Lebensfähigkeit ihres Kindes, ihre lebenslange Inhaftnahme bzw. Schuldzuweisung an sie bei Mißlingen. »Neo« oder »Neu« sind im Rahmen dessen die Umgruppierung der Kräfte zwischen den Geschlechtern und die Rollenzuweisung. Beide sind gebeten, »flexibel« auf die Bedürfnisse des Arbeitsmarktes, sprich der Unternehmer, einzugehen und sich in der verbleibenden Zeit für das Wohlergehen der Familie, Selbsthilfe und Ehrenamt und somit den Erhalt der gesellschaftlichen Ordnung »aufzuopfern«. Weniger »egoistische Selbstverwirklichung« von Frauen und Männern soll die Gesellschaft humaner und gerechter machen. Aus dieser Umstrukturierung geht der Mann aufgrund struktureller Gegebenheiten vorerst noch als der zwar eingeschränkt, aber gleichwohl weiterhin Bevorteilte hervor. Die nicht nur nach Klassen, sondern auch nach Geschlechtern ungleich verteilte Macht wird dafür sorgen, daß die Norm auch weiterhin eine primär patriarchalisch geprägte (und allemal profitorientierte) bleibt.

Die Veränderungen der CDU-Frauenpolitik sind aufgrund objektiver Veränderungen im Leben und Bewußtsein der Frauen *erzwungen*. Sie sind insofern ein *Erfolg* nicht zuletzt der *Frauenbewegung*, die lange genug für Veränderungen und die Rechte der Frauen gekämpft hat.

Sie sind ein *historischer Einschnitt* auch deshalb, weil *erstmals in einer allgemeinen Krisensituation den Frauen nicht der generelle Rückmarsch diktiert und aufgezwungen* werden konnte. Damit haben sich – allen Anfeindungen und Diffamierungen zum Trotz – Erwerbstätigkeit und wachsendes Bildungsniveau als stabile Faktoren emanzipativer Veränderung erwiesen. Das bestätigt im übrigen ihren zentralen Stellenwert für jede Emanzipationsstrategie.

Das Konzept der neuen CDU-Frauenpolitik beinhaltet zweierlei zugleich, zwei in sich widersprüchliche Faktoren – nämlich *Aufnahme und Ablehnung des Anliegens der Frauenbewegung. Das Verlangen der Frau nach Gleichstellung soll abgetrennt werden von der Vorstellung oder Vision der Befrei-*

ung aller aus aller Abhängigkeit. In jedem Zugeständnis verbirgt sich zugleich ein Angriff. Die Wirkung ist widersprüchlich. Aufnahme wie Angriff auf das Frauenanliegen sind sowohl Chance wie Gefahr. Es könnte der Frauenbewegung die Frauenfrage abgenommen werden, aber es sind auch erweiterte Spielräume für Frauenpolitik entstanden. Ein emanzipatorisches Anliegen wird vom aufgeschlossenen, denkenden Konservatismus aufgenommen. Die Diskussion ist damit auf eine *neue Ebene* gehoben und beinhaltet also auch die Chance neuer Politisierung.

Nicht umsonst betonen nahezu alle führenden CDU-Politiker immer wieder den überragenden Stellenwert der Frauenfrage für die gesamte gesellschaftliche Entwicklung und nicht zufällig wird deshalb ein »neuer Ansatz« probiert, der sich erklärtermaßen von den bisherigen – laut CDU gescheiterten – sozialistischen, feministischen und konservativen Ansätzen unterscheidet. Diesem Unterfangen kommt deshalb eine so große Bedeutung bei, weil die *»Lösung« der Frauenfrage* für die Politik der »Wende« in ökonomischer, sozialer, politischer und ideologischer Hinsicht eine *Schlüsselfrage* darstellt. Gelänge es, die Frauen – als die größte abzuspaltende, traditionell umstandslos benachteiligte »Gruppe« – in ihren Ansprüchen zurechtzustutzen oder gar für neokonservative Erneuerung zu mobilisieren, so wären die Schleusen für die Wendepolitik überhaupt weit geöffnet.

Historisch gesehen markieren die Veränderungen der konservativen Frauenpolitik einen bedeutenden *Einschnitt und einen weitausholenden Schritt der politischen Rechten*, wie ihn ein progressiv-demokratischer Feminismus bzw. die gesamte Linke in der Mehrzahl wohl nicht für möglich gehalten hatte. Eine immer wieder zu hörende Einschätzung, es handele sich bloß um »alten Wein in neuen Schläuchen«, ist verfehlt und sträflicher Irrtum, wo das nicht erkannt wird. Das Motiv der Integrationsabsicht seitens der CDU ist ebenso offensichtlich wie nicht automatisch identisch mit den faktischen Wirkungen und hierfür letztlich auch irrelevant. Schon die Zurkenntnisnahme veränderter Realitäten ist ihrerseits selbst eine weitere Veränderung der Realität, wenn diese deshalb auch keineswegs irreversibel ist. Wenn regierungsamtlich der zwar beschränkten und allemal lohnabhängigen Erwerbstätigkeit der Frauen kein prinzipieller ideologischer Riegel vorgeschoben und ihre massenhafte Ausbreitung zumindest als *anerkannte Zweit*rolle der Frau gefördert wird, wenn Gewalt gegen Frauen Anprangerung und sozialstaatliche Schutzmaßnahmen findet, wenn regierungsamtlich Frauen aus der Sprache und damit dem Denken nicht länger vollkommen auszusperren sind, so handelt es sich um Fakten, die im Kontext gesellschaftlicher Gesamtdialektik für sich wirken und weitertreibende Dynamik entwickeln können. Schließlich verändern Frauen, indem sie damit neue gesellschaftliche Erfahrungen machen, sich selbst und ihr erkenntnisgeleitetes Handeln. Einen Automatismus progressiver Weiterentwicklung gibt es selbstverständlich nicht, denn »von allein«, d. h. aufgrund herrschender Machtverhältnisse, wirkt höchstens die Integrationskraft einerseits wie der Disziplinierungsmechanismus des Bestehenden andererseits.

Der Kapitalismus könnte sich wieder einmal als überraschend innovationsfähig erweisen und im Rahmen seiner Klassengrenzen einer Geschlechtergleichstellung in einem beträchtlichen Maße näherkommen – freilich wohl nicht, ohne neue über sich selbst hinaustreibende Widersprüchlichkeiten auszulösen. Der Ausgang der Auseinandersetzung wird nicht nur innerhalb des Lagers der herrschenden Politik mit seinen unterschiedlichen ökonomischen und politischen Kalkülen entschieden, sondern vor allem auch an der Frage, ob andere politische Kräfte überzeugendere Konzepte zu bieten vermögen. Der mit dem »neuen« CDU-Modell markierte Nachhol- oder Antwortbedarf beispielsweise innerhalb der Frauenbewegung wie auf seiten der Linken, die Frauenemanzipation zum programmatischen Ziel erhoben hat, ist offenkundig.

3. *Wirkungen der »neuen Frauenpolitik« für die Frauen*

Alle realen graduellen oder punktuellen, für eine kleine Minderheit vielleicht auch schon hinreichenden Veränderungen, die die neuesten gesellschaftlichen und politischen Entwicklungen für Frauen mit sich bringen, werden dennoch nicht folgende politische Wirkungen überlagern können:

Strukturelle Abhängigkeiten, erzwungene Verfügbarkeit, Hin- und Hergeschobensein je nach ökonomischem und gesellschaftlich-partiarchalischem Bedarf werden verlängert. Ökonomische Eigenständigkeit, gesicherte Rechte und Lebensperspektiven bleiben der großen Mehrheit der Frauen bis weit hinein in den Bereich der Mittelschichten und Intelligenz versagt. Frauen bleiben einer extremen Individualisierung, dem Abschneiden von Lebensmöglichkeiten und umfassenden Entwicklungschancen, der Schuldzuweisung an sie selbst ebenso wie der Lähmung ihrer widerständigen und schöpferischen Potenzen unterworfen. Ihr punktuelles Vordringen in Bereiche gesellschaftlicher Macht kann nicht über den dominanten Status hinwegtäuschen, Objekt patriarchalisch-kapitalistischer Herrschaft zu sein. Das Frauenleben wird objektiv und subjektiv von großen Zerrissenheiten und Widersprüchlichkeiten gekennzeichnet bleiben. Vielfältigere Lebensmöglichkeiten bestehen nur dort, wo der Preis doppelter und dreifacher Belastungen gezahlt wird. Es gibt kaum eine Chance, Beruf, Familie, Gesellschaft und Für-Sich-Sein jeweils richtig und ganz zu leben. Hinterrücks durchgesetzte Zwänge bringen das Gegenteil der versprochenen Freiheit, möglicherweise, sogar wahrscheinlich eine weitere Verschlechterung der Lebensbedingungen der Mehrheit mit allen materiellen, sozialen und kulturellen Folgen für jede Einzelne. Individuelle Vorteile für eine Minderheit von Frauen sind mit dem Preis der Anpassung und Abhängigkeit an das patriarchalisch-kapitalistische System zu bezahlen und werden *stets gefährdet* bleiben. Eine Planbarkeit organischer

Entwicklungsmöglichkeiten des Lebensprozesses ist nicht denkbar; qualitative Bedürfnisse, die gewachsen sind und wachsen werden, werden nicht, gewiß nicht hinreichend zu stillen sein. Es gibt *keine Bevölkerungsgruppe, bei der gewachsene Lebensansprüche und Realisierungsmöglichkeiten derart weit auseinanderklaffen.*

Damit aber kann auch ein reicher Nährboden für Unzufriedenheit und Protest von Frauen prognostiziert werden. Dieser wiederum kann sich sogar noch verstärken durch den Leidensdruck der großen Zahl von Männern, die zwar gegenüber Frauen immer noch Vorteile haben, nichtsdestotrotz aber von Atomgefahr, Massenarbeitslosigkeit, Sozial- und Demokratieabbau u. a. ebenfalls spürbar betroffen sind.

Den Frauen kann in Aussicht gestellt werden, daß sie sich diesen Zukunftsperspektiven nicht als Sklavinnen unterwerfen müssen, wenn sie die gesellschaftlichen Triebkräfte dieser Entwicklungen und die sie zusammenhaltenden Herrschaftsmechanismen und -methoden erkennen und bewußt eingreifend verändern.

4. Die Frauenbewegung – Reaktionen und Perspektiven

In der Frauenbewegung hat die neue CDU-Frauenpolitik, insbesondere in Person und Programm der erstmalig inthronisierten Frauenministerin Rita Süssmuth, gewisse Irritationen ausgelöst. Manche Grenzen zwischen Frauenbewegung und CDU schwimmen. Ersterer ist in Kopf und Tat ein gewisses Durcheinander kaum abzusprechen. Wie die Lage der Frauen sehr widersprüchlich ist, so ist auch das Bewußtsein der Frauen in der Widerspiegelung der Verhältnisse widersprüchlich. Gleichwohl hat schon seit längerer Zeit eine neue Etappe politischer Positionsbestimmungen und Klärungen, tendenziell auch Polarisierungen, stattgefunden. Überrascht und vielleicht etwas verwirrt noch über den unbestreitbaren

Erfolg ihres langjährigen politischen Wirkens sieht sich die Frauenbewegung einer Gefahr wie einer Chance ausgesetzt – der Gefahr, zu Teilen aufgesogen und in den anderen Teilen abgedrängt oder isoliert zu werden, und der *Chance, die Auseinandersetzung auf einer qualitativ neuen Ebene weiterzuführen.* Diese würde beinhalten, den untrennbaren Zusammenhang von Gleichstellung und Emanzipation als Befreiung aller aus aller Abhängigkeit neu zu begründen und als politische Strategie – gegen das Kontrastprogramm konservativer, privatistischer Glücks- und Lebensmodelle, die der/dem Einzelnen nicht mehr zu empfehlen weiß, als sich selbst zu helfen – wirkliche Solidarität der Unterdrückten zu behaupten. Hierbei geht es um die Veränderung gesellschaftlicher Gewalt- und Herrschafts*strukturen*, die mit einer Befriedigung der Ansprüche und Bedürfnisse der Frauen objektiv unvereinbar sind. Nach dem richtigen und selbstbestimmten Leben kann nicht innerhalb von Verhältnissen gesucht werden, die permanent falsches Leben erzwingen.

Wenngleich die Frauenbewegung ein höchst widersprüchliches Bild bietet, gibt es doch Chancen weiterführender Entwicklungsperspektiven. Die Frauenbewegung hat zwar noch Mühe, mit neuen Impulsen politisch weitervoranzugehen, aber bislang ist es der CDU nicht gelungen, Opfer- und Verzichtbereitschaft der Frauen auf breiter Ebene wiederzubeleben. Deren Ansprüche sind eher noch gewachsen. In keinem gesellschaftlichen Bereich vermag nicht einmal die verknöchertste oder antifeministischste Institution oder Organisation diesem Ansturm standzuhalten. Aktivitäten und Aktivistinnen der Frauenbewegung mögen in ihrer Zahl geschrumpft sein, der früher noch undenkbare Zusammenschluß in breiten Bündnissen und das Interesse an Auseinandersetzung miteinander steht dem gegenüber. Es gibt manchen Ausstieg in die Mystik und eine Überhöhung des »Weiblichen« an sich als bloß verbale Neubewertung des Gehabten. Auf der anderen Seite begegnet dem die Absage an die Fiktion eines besonderen »Weiblichen«, Radikalisierung und Politisierung. Der Bedarf an Analyse, gezieltem Eingreifen, größerer Organisiertheit ist gewachsen, ohne Spontaneität, Unmittelbarkeit und Subversivität deshalb aufgeben zu wollen. An Bedürfnis und prinzipieller Bereitschaft zur weiteren kämpferischen Veränderung der eigenen Lage kann kaum gezweifelt werden. Spontaner Protest flammt trotz äußerst schwieriger Bedingungen immer wieder auf, die Bemühungen um fachspezifische Zusammenschlüsse auch überregionaler Art haben zugenommen ebenso wie die Tendenzen zur Selbstisolierung abgenommen haben. Ein wesentliches Manko aber ist das Fehlen eines breit verankerten und breite Zustimmung findenden *politischen und strategischen Gesamtkonzepts*, einer Gesamtschau der objektiven wie subjektiven Interessenlage der Frauen in ihren Gemeinsamkeiten wie Differenzen, der zu verfolgenden Inhalte und alternativen Modelle im Produktions- wie Reproduktionsbereich sowie entsprechender breiter und relevanter politischer Gesamtzusammenschlüsse oder Kooperationsweisen.

Welche Arbeit hier zukünftig geleistet werden kann, wird von der schöpferischen Kraft und Überzeugungsfähigkeit der Akteurinnen der Frauenbewegung, ihrer gesellschaftlichen wie politischen Relevanz, der Zukunfts- und Tragfähigkeit ihrer Konzepte und ihren inneren politischen Kräfteverhältnissen abhängen. Dinge, die erst noch zu entscheiden sein werden.

5. Defizite oder Aufgaben für die Frauenbewegung

Der »neokonservative Feminismus« markiert einen neuen Stand der Diskussion um Frauenpolitik, Gleichstellung und Emanzipation. Diese Art konservativer »Feminismus« wird bald stecken bleiben (und sich damit als halbherzig und inkonsequent erweisen), weil er eben nicht die Interessen *aller* Frauen auf *allen* Ebenen vertritt bzw. alle Formen von Unterdrückung und Abhängigkeit bekämpft. Die Abhängigkeit von der Entscheidung über Zahl, Charakter, Inhalt, Dauer von Erwerbsarbeitsplätzen, über Einstellung oder Entlassung, staatliche Sozialleistungen, Kindereinrichtungen, Bildungschancen, kulturelle Lebensmöglichkeiten u. a. – mit allen ihren Auswirkungen auf gewaltsam beschränkte oder eben eröffnete Lebensentfaltung – wird nicht nur nicht bekämpft, sondern tabuisiert und so perpetuiert. Dieses »neue« CDU-Modell wird voraussichtlich nicht einmal *innerhalb* der sozialen Marktwirtschaft zu tatsächlicher Gleichstellung führen, weil das kapitalistische Wirtschaftssystem auf Ausdifferenzierung und Spaltung der von ihm Abhängigen zwecks eigener Funktionstüchtigkeit angewiesen bleibt.

Graduelle Veränderungen für einen Teil der Frauen werden über die Begrenztheit dieser Politik und den zwingenden Zusammenhang von Gleichstellung und allgemeiner Befreiung nicht hinwegtäuschen können. Frauenunterdrückung kann in ihren ganzen Dimensionen nur im Gesamtzusammenhang gesellschaftlicher Unterdrückungsverhältnisse analysiert und in Verschränkung mit einer gesamten Veränderungsstrategie behoben werden. Der Kern gesellschaftlicher Unterdrükkungsverhältnisse hierzulande ist immer noch die Tatsache, daß die Mehrheit der Menschen gezwungen ist, sich selbst bzw. die eigene Arbeitskraft als Ware zu verkaufen, um leben zu können. Daß diesem System alles – einschließlich der Menschen selbst – Ware ist, steht in engstem Zusammenhang mit der doppelten Unterdrückung der Frau und ihrer Behandlung als Ware besonderer Art.

Hier geht es nicht – wie fälschlicherweise manchmal angenommen – darum, die Berechtigung des Emanzipationsverlangens der Frau erst durch seine Etikettierung als Menschheitsanliegen zu beweisen. Sondern weil Frauenunterdrükkung von Beginn an in soziale Unterdrückung eingebettet ist, ist geschlechtsspezifische Diskriminierung nicht losgelöst von sozialen Ausbeutungsverhältnissen zu beseitigen (von welchen auch Männer, Ausländer, Homosexuelle und andere Minderheiten betroffen sind!). Es geht um den theoretischen und praktischen Nachweis, daß *Gleichstellung* nur *im Vollzug der Veränderung unterdrückender gesellschaftlicher Verhältnisse schnellstmöglich* erreicht und *dauerhaft garantiert* werden kann. Sie kann *erst in dem Maße entfaltet werden, wie feministische, kulturelle, demokratische und soziale Veränderungen ineinandergreifen.* Strategien, die den Stellenwert gesellschaftlicher Arbeitsteilung und des Privateigentums an Produktionsmitteln außer acht lassen, greifen zu kurz. Denn es ist die private Verfügungsgewalt des Kapitals über die Lebensbedingungen der Mehrheit, die Ausbeutung des Menschen durch den Menschen als gesellschaftliches Strukturelement überhaupt erst möglich macht. *Entscheidender* Hebel, Verfügungsmacht über die eigenen Lebensverhältnisse zu gewinnen, ist die Aufhebung der materiell-gesellschaftlichen Ausbeutungsverhältnisse. *Im Kontext dessen* bedarf die historisch gewachsene *Verschränkung von patriarchalischer und kapitalistischer Klassenherrschaft*, die angesichts ihres über tausendjährigen Alters (und ihrer alle Gesellschaftsformen überschreitenden Dauer) relativ eigenständige Dimension des Patriarchats, einer *doppelten, jederzeit wechselseitig verschränkten Gegenstrategie.* Emanzipation ist nicht ohne Aufhebung der sozialen Unterdrückung möglich, soziale Revolution bedeutet aber nicht automatisch »volle« Emanzipation der Frau. Diese kann ihrem Inhalt nach auch nicht bloße Anpassung an die bisherigen männlichen Normen bedeuten. Auf allen Ebenen muß vielmehr in Form und Inhalt das *feministische Interesse* artikuliert und durchgesetzt werden. »Gleichberechtigung« kann sich nicht bloß darauf erstrecken, die von Männern (u. U. auch gegen das Kapital) geschaffenen und definierten Rechte ebenfalls wahrnehmen zu dürfen. Diese Rechte sind vielmehr daraufhin zu untersuchen, inwiefern in ihrem Inhalt patriarchalische Gewalt eingeschlossen ist. Das Patriarchat (das die jeweils ökonomisch herrschende Klasse stets zur eigenen Herrschaft zu nutzen wußte) hat Männlichkeit stets über die Minderwertigkeit und Objekthaftigkeit des Weiblichen definiert und sich selbst dadurch erhöht. Diese Männlichkeit hat es gleichgesetzt mit Menschlichkeit. Sie kann menschlich in Wahrheit nicht sein. Heute befinden wir uns in einer Zeit, in der Frauen sich nicht länger (weg-)definieren lassen. *Formal und inhaltlich gleichbeteiligt,* wollen sie *die Entscheidung über* die *Gestaltung* zukünftiger Gesellschaft mittreffen. Frauen schaffen sich in diesem Prozeß erstmals eine *eigene* und damit wirkliche Identität. Männer müssen sich eine neue schaffen, weil die Voraussetzung der alten Identität entfallen und damit diese selbst zerfallen ist. Wenn in diesem Prozeß *alle* Formen von Herrschaft überwunden werden, dann erst können diese Identitäten »menschlich« sein. (Hierbei wäre interessant, genauer zu untersuchen, ob und wie das Verständnis von Männlichkeit nach Zugehörigkeit zu unterschiedlichen sozialen Klassen und Gruppen differiert und welche Schlußfolgerungen für die Veränderungspotentiale daraus zu ziehen wären.)

Um zu diesem Ziel zu kommen, brauchen Frauen soziale und demokratische *Menschen*rechte. Sie brauchen ferner *eigene Räume und Kompetenzen*, mit denen sie Abhängigkeiten von patriarchalisch-kapitalistischen Definitionen überwinden und eigene in der Auseinandersetzung mit Umgebung und Geschichte finden können. Dazu gehören *Quotierung*, eigene Organe, Zusammenschlüsse, Finanzmittel etc. als Maßnahmen positiver Diskriminierung, um Startnachteile zu beseitigen und Vorenthaltenes einzutreiben. Solche formalen *Hilfsinstrumente* sind *Mittel* zum Zweck, gleiche Entscheidungskompetenz zur Durchsetzung einer *anderen* Politik zu bekommen. Sie erübrigen sich in dem Maße, wie sie erobert und eingesetzt bzw. verwirklicht sind.[3]

Schließlich impliziert eine solche Gegenstrategie eine *durchgängige systematische Veränderung von Produktions- und Reproduktionsbereich für Frauen und Männer* als ein strategisches Kernelement zur Aufhebung traditioneller Rollenzuweisung.

Bislang hat sich ein großer Teil der Frauenbewegung der Bundesrepublik primär der Aufdeckung, Erforschung und Analyse der Frauenunterdrückung im Bereich der gesellschaftlichen Reproduktion und der Verinnerlichung patriarchalischer Herrschaft gewidmet. Ein anderer Teil – vor allem in der gewerkschaftlichen oder gewerkschaftlich orientierten Frauenarbeit – hat primär unmittelbare materielle Interessen artikuliert und vorenthaltene soziale Rechte eingefordert. In der Analyse und Strategie gibt es auf der einen Seite über große Strecken ein Vakuum gesellschaftspolitischer Art, in dem konservative Politik gegenwärtig erfolgreich Platz nehmen kann. Auf der anderen Seite fehlt es an hinreichender Verbindung zu den Fragen der Reproduktion einschließlich des ideologischen Kampfes und an einer mehr als bloß reformistischen Politik. Es käme dringend darauf an, die gesellschaftliche Reproduktion in ihren Bedingungen und ihrer strukturellen Verklammerung mit der *Art und Weise gesellschaftlicher Produktion und der Verteilung gesellschaftlicher Reichtümer* tiefer zu durchdringen. Die Frauenbewegung muß sich mit der Ökonomie und den ökonomischen Grundstrukturen der Gesellschaft beschäftigen.

Nur wer sich auch dieser Aufgabe widmet, wird nicht für die konservative herrschende Politik vereinnahmbar sein. Nur dann kann auch die notwendige Grenzziehung zu allen Irrationalismen, Mystiken, »Natur«ideologien oder sonstigen neuen Heilsbeschwörungen zur vermeintlichen Lösung der Weltprobleme und die Absage an die in ihnen liegende implizierte Unterstützung bestehender Herrschaft vorgenommen werden. Die bis ins Intimste reichende Frauenunterdrückung in ihrem Zusammenhang und ihrer Verflochtenheit mit gesellschaftlicher Unterdrückung zu sehen, erlaubt auch ein tieferes Verständnis des Zusammenhangs von ökonomischer, sozialer, politischer und kultureller Veränderung in ihren dialektischen Wechselbezügen. Nur in dem Maße, in dem nicht mehr Profitgesetze, sondern die Bedürfnisse der Menschen Maßstab der Produktion und Gestaltung gesellschaftlicher Reichtümer sind, kann existentiellen Abhängigkeiten der Boden entzogen werden und lassen sich Gewaltverhältnisse erst in ihren tiefsten Wurzeln angehen. Nur in dem Maße, wie materielle und soziale Rechte der Frauen gesichert sind, kann die Entwicklung von individueller Freiheit und allgemeiner Demokratie, von Kultur, Geist und Ästhetik gedeihen. Nur in diesem Kontext kann feministische Politik wirklich radikal *alle* Interessen der großen Mehrheit der Frauen an demokratischer Selbstbestimmung in Beruf, Familie, Freundschaften, Persönlichem und Privatem, Gesellschaft und Politik vertreten.

Erst die Erkenntnis der Gesellschaftlichkeit und der Historizität allen Lebens kann von lähmender Individualisierung und Schuldempfinden der Einzelnen befreien und individuelle und kollektive Handlungsfähigkeit herstellen, die nicht Anpassung, sondern befreiende Veränderung unterdrückender Verhältnisse beinhaltet.

Vor diesem Hintergrund besteht die Möglichkeit und Notwendigkeit, die soziale Lage der Frauen, ihre gemeinsamen ebenso wie ihre unterschiedlichen und in einigen Fällen gegensätzlichen Interessen zu erkennen und die hieraus resultierenden Schlußfolgerungen zu ziehen. Ohne dies wird die Frauenbewegung kein klares und realistisches Bild und Verständnis ihrer selbst, über mögliche gemeinsame oder getrennte Wege und damit keine optimale Handlungsfähigkeit gewinnen. Eine Analyse der gesamten geschlechtsspezifischen und sozialen, kulturellen wie politischen Lage der Frauen wird zeigen, daß zwar alle Frauen aufgrund ihres Geschlechtes diskriminiert sind, daß sie dies je nach Zugehörigkeit zu unterschiedlichen sozialen Klassen und Schichten jedoch in zum Teil sehr unterschiedlicher Weise und Ausprägung sind. Das hat auch unterschiedliche Bedürfnisse (Interessen) und Wertrangigkeiten zur Folge.

Alle Frauen haben ein gemeinsames Überlebensinteresse (Frieden, Ökologie) und ein gemeinsames Interesse an der Überwindung systematischer Geringschätzung und Diskriminierung des weiblichen Geschlechts. Im Rahmen dessen aber ist eine Minderheit der Frauen in Wirtschaft, Staat und Gesellschaft in die ökonomisch herrschende Klasse integriert, wenn auch quantitativ und qualitativ in geringerem Maße als die ihrer Klasse zugehörigen Männer. Das Widersprüchliche im Blick auf die gemeinsamen Interessen aller Frauen liegt darin, daß die Herrschaft ihrer Klasse ursächlich mit der heutigen existentiellen Gefährdung der Menschengattung zusammenhängt und auch aufs engste mit der Unterdrückung der Frau verflochten ist. Die Struktur und das System unserer patriarchalisch-kapitalistischen Gesellschaft aber zwingt das »männliche« oder »weibliche« Kapital (als herrschende Klasse) um des eigenen Überlebens willen in eine antagonistische Stellung zur vollen menschlichen, sozialen und politischen Emanzipation der Mehrheit der Frauen (und auch der Männer).

Die Mehrheit der – vom Kapital im engeren oder weiteren Sinne abhängigen – Frauen hat demgegenüber ein gemeinsames Interesse an der Sicherung des Rechts auf Erwerbsarbeit, qualifizierter Ausbildung und Bildung, sozialer Sicherung und voller Gleichberechtigung in allen gesellschaftlichen Bereichen. Nichtsdestotrotz gestalten sich die Interessen dieser Mehrheit in sich sehr differenziert und sozial vielschichtig. Der Zugang zu qualifizierten, gut bezahlten Berufen, interessanten Arbeitsinhalten, Entscheidungsbefugnissen, gesellschaftlichen Wertschätzungen etc. ist höchst unterschiedlich und bedingt unterschiedliche Bedürfnisse und Interessen. Aufgrund der allgemeinen Diskriminierung des weiblichen Geschlechts sind diese Interessenunterschiede jedoch quantitativ und qualitativ geringer ausgeprägt als bei der Mehrheit der Männer.

Diese Mehrheit der von der Wirtschaft oder dem Staat abhängigen Frauen bleibt objektiv existentiell aufeinander angewiesen, will sie ihre Lebensinteressen durchsetzen. Es bedarf eines Bündnisses der Hausfrauen, der Erwerbslosen, der Arbeiterinnen, der Angestellten und der sozialen Gruppe der Intelligenz. Unverzichtbar ist dazu die subjektive Erkenntnis der »Abhängigkeit der Abhängigen« untereinander. Keine Frau ist wirklich frei, solange nicht alle frei sind – diese Aussage hat weitreichende Konsequenzen für Inhalt, Strategie und praktischen Kampf der Frauenbewegung.

Hierbei handelt es sich nicht – wie oft irrtümlich angenommen oder empfunden – um Fragen der Moral oder des schlechten Gewissens, das frau haben oder wecken zu müssen glaubt. Es handelt sich um die Herstellung wirkungsvoller Handlungsfähigkeit durch Erkenntnis und bewußtes Eingreifen in objektive gesellschaftliche Prozesse am jeweils »eigenen Platz«, aber gleichwohl im Sinne einer gesamten, die unterdrückenden Verhältnisse verändernden Perspektive.

Eine gesellschaftliche Sichtweise der Frauenproblematik fordert heraus, jedes Klischee von der Frau, ihrem angeblichen Wesen, jede wie auch immer definierte vermeintliche »Weiblichkeit« radikal zu demontieren – auch in den Reihen der Frauenbewegung selbst. Frauen sind statt dessen zu ermutigen, ihre sämtlichen Bedürfnisse und Interessen – unter Aneignung ihrer spezifischen wie der ganzen menschlichen Geschichte – auszuleben und sich dabei ihrer Umwelt einschließlich ihres geschlechtlichen Gegenübers zur schöpferischen Auseinandersetzung zu stellen. Nur auf diesem Wege können Frauen ein neues Bild von sich gewinnen. Alle Zuweisungen oder alles Beharren auf einen Sonderraum für Frauen – eine Besonderheit oder Abgesonderheit des Weiblichen – verwechseln Symptome und Folgen von Unterdrückung mit »natürlicher« »Weiblichkeit«. Sie beinhalten letztlich nicht nur die Übernahme der sattsam bekannten traditionell zugewiesenen, beschränkenden Frauenrolle, sondern sogar ihre Fortschreibung. Moralische Umwertungen, die Not und Zwang als Tugend beweihräuchern, verändern nicht die Realitäten, sondern lassen sie, wie sie sind, und befürworten sie hinterrücks sogar.

In diesem Zusammenhang muß bei den Frauen selbst immer noch der Irrglaube erschüttert werden, Frausein und Rationalität bzw. Geist seien ein Gegensatz. Diese falsche Behauptung war stets Bestandteil patriarchalischer Herrschaftsstrategie, während sich die Männer zugleich die geistigen Potenzen der Frauen stets einverleibten. (Die einflußreiche Frau an seiner Seite, deren Gedanken öffentlich erst Ausdruck finden, wenn sie sie ihm eingeflüstert und er ihnen Sprache verliehen hat.) Die Trennung von Gefühl und Verstand (in diesem Fall nach Geschlechtern) ist allemal Fiktion, denn beides funktioniert immer in einem Zusammenhang miteinander. Wenn der Mechanismus dieses Zusammenhangs gewaltsam gestört wird – wie durch die tradierte Arbeitsteilung zwischen den Geschlechtern – führt das zu Deformierung und Fehlentwicklungen beider, des Gefühls und des Verstandes. Das impliziert, daß weder die historisch stärker entfalteten und differenzierten emotionalen Fähigkeiten der Frau als solche das Reine, Wahre und Gute sind. Sie tragen vielmehr in ihrer Abhängigkeit, ihrer Einseitigkeit und räumlichen Begrenztheit und folglich auch in ihrem Inhalt die Merkmale der Unterdrückung. Ebensowenig ist die den Männern nachgesagte kalte Rationalität bereits mit Weisheit oder gar Freiheit, noch umgekehrt mit Machtausübung per se zu verwechseln. Rationalismus, der die Existenz von Gefühlen ignoriert, ist nicht rational, höchstens deformierte Rationalität. Daß vorwiegend Männer dessen Träger und Akteure sind, sagt etwas über die Funktionsweise patriarchalischer Herrschaft, aber noch nichts über deren Beeinflussung durch kapitalistische, d. h. profitgesteuerte Rationalität aus. So tragen die heute beobachteten, natürlich historisch gewachsenen sogenannten männlichen Eigenschaften einerseits die Spur der Herrschaft über Frauen, für eine Mehrheit der Männer andererseits aber die gewaltige Spur ihrer eigenen Unterdrükkung, der die Macht über Frauen funktional zugeordnet bleibt.

Wenn es um neue Frauen- bzw. Männer»bilder« geht – sofern denn überhaupt ein Bedarf an solchen reklamiert werden soll – so geht es deshalb immer auch um ein neues Menschenbild. Dieses neue Bild kennt in sich keine Ausbeutung und Abhängigkeit, keinerlei gesellschaftliche Entwicklungsgrenzen, Spaltungen oder Abtrennungen – keine weibliche oder männliche Hälfte, keinen Herrn oder Knecht oder Magd, auch keine »Herrin« oder Magd oder Knecht. Ein neues Bild wäre nie nur eine Addition bisher getrennter Teile, sondern stets etwas qualitativ Neues – weil frei von Herrschaft des Menschen über den Menschen – und natürlich alles andere als Gleichmacherei.[4] Erst diese Perspektive würde ungehemmte Entwicklung der gesamten menschlichen Vielfalt erlauben. Neue Menschenbilder aber sind nicht durch individuellen oder gruppenmäßigen Ausstieg zu erreichen, sondern nur durch selbst-bewußtes und gemeinsames Handeln für die Veränderung der objektiven Realitäten und Lebensmöglichkeiten.

Frauen sollten dabei ausbauen, was als Vorstellung zu keimen begonnen hat, und für die Entwicklung emotionaler und rationaler Kultur als einer Einheit kämpfen und als intellektuell und emotional präsente Subjekte in Gesellschaft und Politik eingreifen.

Das Gegenstück zur *Ab*sonderung spezifisch weiblicher Sphären ist die Ver*kürzung* einer Befreiungsstrategie auf *»die« Männer*frage. Sie läuft ebenfalls darauf hinaus, bestehende Verhältnisse nur zu perpetuieren. Einige feministische Kreise treffen sich hier heutzutage in vorzüglicher Weise mit der CDU.[5] Indem die einen bei der Geschlechterfrage stehenbleiben, geben die anderen das Problem zurück als eines, welches im privaten Zweikampf durch Aufhebung der »Defizite der Männer« zu lösen sei. Nicht nur Heiner Geißler favorisiert dieses Modell in auffälliger Weise. (Wie angenehm und bequem übrigens, wenn wenigstens einige Männer bestätigen, daß eigentlich gut sein, was nichtsdestrotrotz gesellschaftlich zweitrangig bleibt – der Status quo des Frauseins. Dieser bedarf dann natürlich auch keiner Veränderung mehr!) Es wird eine »Gleichstellung« offeriert, die Männern nun zumindest theoretisch das gleiche an beschränkten Lebensmöglichkeiten zumutet, was bislang und primär Frauen vorbehalten blieb. (Hinterrücks wird das Elend der Welt wiederum in erster Linie den Frauen/Müttern zugeschoben, da der Verschleiß des »mütterlichen Faktors« als eine Folge der Verhärtung durch die Berufswelt interpretiert wird.)

Eine derartige Behandlung der Männerfrage als Lösungsvorschlag zur Aufhebung von Frauenunterdrückung ist offenkundig nicht nur verkürzt, sondern auch hilf- bzw. aussichtslos. Die Abhängigkeit der Frau vom Patriarchat sagt noch nichts über die möglichen Abhängigkeitsverhältnisse, die die große Zahl offenkundig nur sehr begrenzt »mächtiger« Männer leben und handeln läßt, wie sie es heute nicht zuletzt gegenüber Frauen tun. Nichts ist gesagt über Möglichkeiten oder Unmöglichkeiten von Veränderung, über den Stellenwert gesellschaftlicher Zwänge und individuelle oder kollektive Handlungsalternativen der Männer. Auch hier ist also der Blick auf die in der Gesellschaft herrschenden Prinzipien unerläßlich. Diese heißen Profit und fallen zusammen mit Patriarchat. Aber nicht alle Männer sind gleich, denn sie haben höchst unterschiedlichen Zugang zu den Quellen gesellschaftlichen Reichtums, und wenn sie auch alle vom Patriarchat profitieren, tun sie dies doch seltsam ungleich.

Wenn es nicht nur bei ohnmächtigen Deklamationen bleiben soll, müssen Frauen und auch jene Männer, die nicht Herr ihrer selbst sind, erstens das »Mitspielen« im Bestehenden aufkündigen (Frauen in doppelter Weise gegenüber Patriarchat und Kapital), zweitens sind die Strukturen zu verändern, die Männer systematisch bevorzugen, und drittens die gesellschaftlichen Klassenverhältnisse ins Visier zu nehmen. Wirklich autonome Entwicklungschancen der Menschen werden sich allein über die Erweiterung gesellschaftlicher Handlungsmöglichkeiten, den Abbau aller ökonomischen wie sozialen und psychischen Abhängigkeiten eröffnen. Dazu ist der Blick auf die objektiven gesellschaftlichen Bewegungsgesetze und Möglichkeiten unverzichtbar.

Daß Frauen das Bedürfnis nach Veränderung verspüren, daran kann nicht gezweifelt werden. Bei den Männern darf es in puncto Geschlechterverhältnis eher bezweifelt werden, wenngleich auch hier ein Wandel konstatiert werden muß. Die Zeichen der Zeit stehen nicht nur auf Wiederbelebung traditioneller männlicher Tugenden. Ein Unbehagen mit der eigenen Rolle und dem eigenen Unvermögen gegenüber einer befriedigenden Gestaltung des Lebens ist auch bei vielen Männern offenkundig. Das mag den eigenen Antrieb zur Veränderung wecken. Frauenunterdrückung *fiel zusammen* mit der ersten sozialen Unterdrückung, war von da an immer eingebettet in diese. Es waren jedoch nicht aus natürlicher Neigung geborene Machtgier oder moralische Verworfenheit der Männer, sondern bestimmte gesellschaftliche Produktionsverhältnisse, die sie dazu brachten. Das ändert nichts an ihrer historischen Schuld und Verantwortung. Der heutige Durchschnittsmann ist selbst Opfer sozialer Gewaltverhältnisse und dabei nicht Verursacher, wohl aber Träger und Nutznießer der Frauenunterdrückung. Männer sind in ihrem persönlichen und gruppenspezifischen Verhalten zugleich solange Mit-Täter von Frauenunterdrückung, wie sie sich diesem System unterwerfen. Das kennzeichnet die politische Dimension ihres Verhaltens, den *persönlichen und kollektiven Handlungsbedarf* und die *gesellschaftspolitische Aufgabenstellung für Männer.* Politische wie individuelle Lebenstheorie und -praxis sind auf die Garantierung von Frauenrechten hin zu durchforsten. Sich dem individuell wie kollektiv zu stellen – verlangen Frauen und Frauenbewegung (die dies ihrerseits längst getan haben und weiterhin tun). Die meisten Männer müssen »nur« auf Privilegien verzichten, was so schwer nicht fallen sollte, da ein auf Kosten anderer erreichter Vorteil allemal ein zweifelhafter Gewinn ist. Davon abgesehen beschneidet die Teilung in eine männliche und eine weibliche Lebenshälfte auch die Möglichkeiten umfassender Menschwerdung der Männer. Wenn Fraueninteressen gegen Männerinteressen ausgespielt und gespalten werden, so dient das nicht zuletzt dazu, die Männer selbst in ihren Lebensansprüchen in Schach zuhalten. (Folge eines solchen Ordnungssystems ist es übrigens auch, daß die Sklavin unterschwellige Formen von Macht über den Herrn gewinnt und diesen ihrerseits in bestimmter Weise unter Druck setzen kann.) Diese Tatsache betrachtend, sollten die Männer ihre Schlußfolgerungen über den Bedarf an eigener Emanzipation und ihren Gewinn an der Emanzipation der Frau ziehen. Teilhabe an Frauenunterdrückung soll die eigene Knechtschaft erdulden lassen. Gerade hier liegt die Notwendigkeit der Solidarisierung der Männer mit den Frauen um ihrer selbst willen. Doch hier soll es nicht darum gehen, daß Frauen sich wieder einmal die Köpfe der Männer zerbrechen. Vielmehr geht es um Klärung der objektiven Voraussetzungen und Möglichkeiten des Kampfes der Frauen selbst und ihre offensive Politik. Die historische Chance der Frauen – wenn sie nicht nur umgekehrte Gewaltverhältnisse etablieren wollen – liegt in einem Bündnis mit jenen Männern, die ihrerseits gesellschaftlich unterdrückt werden. Diese Chance gilt auch umgekehrt, sie verlangt von den Männern allerdings Verzicht auf Privilegien und Herrschaft über Frauen. »Von allein« freilich wird sich bei Männern bestenfalls in Ausnahmefällen etwas ändern. Das Wichtigste und die Grundbasis für Veränderung zugunsten der Frauen bleibt ihr eigener Kampf. Das Jammern über die Männer kann zwar entlastend sein, wirksamer aber ist Zorn und entscheidend ist die Inangriffnahme des Neuen *durch die eigenen Taten* – ob mit oder ohne Beifall des anderen Geschlechts. Frauen müssen Fakten schaffen, auf die Männer zu reagieren gezwungen sein werden.

6. Inhaltliche und strategische Orientierungspunkte

In einer Zeit hochgradiger Gefährdung des Friedens und des Überlebens der Menschheit, der ökologischen Katastrophen, des Hungers und der Millionenheere von Arbeitslosen ist jede auf den nationalen Raum beschränkte politische Perspektive und Strategie völlig unzureichend. Nationale Frauenpolitik muß ihren Rahmen finden und eingebettet sein zuallererst in eine mit dem Frauen- und Menschheitsinteresse begründete Politik der Abrüstung, Koexistenz, Zusammenarbeit und Völkerverständigung. Der *Kampf für den Frieden* ist *Kern- und Schlüsselfrage.* Nationale Frauenpolitik braucht ferner den Rahmen des Ausstiegs aus der Kernenergie, der Sicherung und des Wiederaufbaus von Natur und menschenwürdiger Umwelt; der internationalen Solidarität und des Kampfes um eine gerechte Weltwirtschaftsordnung; der Beseitigung von Massenarbeitslosigkeit, Hunger und Krankheit; der Entwicklung der Demokratie und des Erhalts der demokratischen

Kultur der Völker. Diese Aufgaben gehören zur Überlebenssicherung und Grundbedingung jeder Emanzipation, sie sind ihr zwingender Bestandteil.

Ins Zentrum nationaler Perspektiven und Strategien gehört – immer unter dem Vorzeichen systematischer, wechselseitiger Veränderung von Produktion und Reproduktion für beide Geschlechter – der Kampf für das *Recht einer jeden Frau auf Erwerbsarbeit und Bildung* – ohne dabei den Inhalt, Charakter und die Bedingungen entfremdeter Lohnarbeit zu verkennen. Dieses Recht ist in dreierlei prinzipieller Hinsicht unverzichtbar – erstens in seiner ökonomischen Dimension, der Frau unter den gegebenen Lebensverhältnissen *ökonomische Eigenständigkeit* zu ermöglichen; zweitens um der Teilnahme an jenen sozialen und gesellschaftlichen Prozessen willen, die nicht nur Teil des menschlichen Lebens ausmachen, sondern Grundbasis unserer Lebensweise wie unserer objektiven Entwicklungschancen bilden; drittens um des Bedürfnisses und der Zielorientierung auf eine Arbeit willen, die individueller und gesellschaftlicher Schöpfungsakt unter nicht entfremdeten, nicht abhängigen Verhältnissen wäre.

Konkret und unmittelbar schließt dies die Durchsetzung einer radikalen täglichen Arbeitszeitverkürzung bei vollem Lohnausgleich, Frauenförderpläne und Quotierung von Frauenarbeitsplätzen, Humanisierung der Arbeitsbedingungen, Mitentscheidung der Frauen (bzw. der abhängig Beschäftigten) über technologische Entwicklungen, die Schaffung neuer Arbeitsplätze ebenso wie ein garantiertes Mindesteinkommen und soziale Absicherung für *alle* ein.

In der *Haus- und Familienarbeit* erwarten Frauen selbstverständlich die Teilung der privat zu verrichtenden Arbeit zwischen Mann und Frau, systematisch gefördert durch gesellschaftliche Aufklärung und Erziehung. Vaterschaft (und Mutterschaft) muß *strukturell* ohne Benachteiligungen vorgesehen sein. Darüber hinaus ist eine Vergesellschaftung dieser Arbeit überall dort erforderlich, wo dies ökonomisch sinnvoll ist, stupide Arbeit reduziert werden kann oder wo dies gesellschaftlich wünschenswert ist und die Frauen von der Schuldzuweisung für alles Leid ihrer Kinder und Familien befreit. Selbstverständlich sind Pflege und Erziehung von Kindern eine öffentliche Aufgabe, die sehr wohl in gesellschaftlicher, demokratischer(!) Verantwortung zu verrichten ist (ganz im Gegensatz zur demagogischen Behauptung konservativer Politik, die immer noch mit Schreckensvorstellungen von Zwangs»kollektivierungen« operiert). Die heute und in Zukunft erforderliche Vergesellschaftung von Haus- und Familienarbeit verlangt allerdings eine in jeder Hinsicht höhere Qualität als die bisherige und eine auf die Aufhebung traditioneller Rollenzuweisung zugeschnittene (was eine »feministische Überprüfung« auch der traditionellen Vergesellschaftungskonzepte verlangt). Individualität kann sich erst frei entfalten im kollektiven Kontext und nicht im Gegensatz zu ihm. »Massenabfertigung« wird nicht den sozialen Bedürfnissen der Menschen entsprechen. Es sind neue pädagogische, gesundheitliche und materielle Ansprüche herangewachsen. Öffentliche Erziehung oder Dienstleistung kann keine Sozialsphäre weiblicher Berufsarbeit bzw. eine nur auf traditionell weibliche Fähigkeiten zugeschnittene sein.

Um eigenständige Existenzrechte für jene Frauen nicht auszuschließen, die angesichts der Umstände gegenwärtig und für die nächste Zeit zumindest phasenweise (erzwungenerweise oder freiwillig) auf ausschließliche Haus- und Familienarbeit verwiesen sind, ist eine Umstellung des gesamten Systems der sozialen Sicherung vonnöten, die auch bei Erwerbslosigkeit ein eigenes Mindesteinkommen, eigenständige Kranken- und Rentenversicherung der Frauen garantiert. Darüber hinaus wäre zu fragen, welche spezifischen politischen Emanzipations-Interessen Haus- und Familienfrauen in eine emanzipatorische Gesamtpolitik Eingang finden könnten. Für die Zukunft wäre zu diskutieren, in welchem Ausmaß Kleinkindererziehung jeweils durch die Eltern oder durch gesellschaftliche Einrichtungen erfolgen soll. Kindererziehung ist keine Privatangelegenheit allein der biologischen Eltern, sondern gesellschaftliche Aufgabe. Insofern sind öffentliche Kindereinrichtungen in jedem Fall auszubauen und qualitativ zu verbessern. Eine radikale Verkürzung der täglichen Arbeitszeit würde daneben Vätern wie Müttern Zeit für ihre Kinder einräumen und zugleich allen Menschen verantwortliche Teilhabe am Dasein mit Kindern und ihrer Erziehung ermöglichen. In welchem Ausmaß länger andauernder Elternurlaub gewünscht oder erforderlich ist und damit längerwährende Freistellungen für Reproduktionszwecke als allgemeine Möglichkeiten sinnvoll sind, müßte gründlich bedacht werden. Gegenwärtig von schlechten Arbeitsbedingungen und unzureichenden Sozialsystemen bestimmte »Bedürfnisse« sind kein hinreichender Maßstab, wenn es um die Perspektive selbstbestimmter Lebensverhältnisse gehen soll. Wesentlich sind allgemeine Lebensverhältnisse, in denen Kinder gesellschaftlichen Platz haben und ihre Rechte wie die der Erwachsenen garantiert sind.

Der Mensch, Frau wie Mann, braucht zum Leben jedoch nicht nur sinnvolle Tätigkeit, sondern ebenso emotionale Geborgenheit und Liebe. Das ist zuvorderst nur zu gewinnen durch gesicherte Lebens- und Entwicklungschancen in der Gesellschaft, die ihm durch keine Abhängigkeiten und strukturelle Gewalten verbaut oder abgeschnitten werden können.

Als Alternative zur bürgerlichen Ehe und Familie, die heute ihren Zwangscharakter wieder unvermittelter zeigt, wäre eine Utopie der Zukunft der Familie bzw. der zwischenmenschlichen Verbundenheit und Lebensform der Zukunft zu entwikkeln. Wenn die Frau die traditionelle Aufgabe des Hegens und Pflegens, der Fürsorge, Einfühlungsfähigkeit und sozialen Kommunikation nicht mehr ausschließlich und nicht mehr allein auszuüben gewillt ist – wer übernimmt diese Aufgabe dann, zudem in einer Zeit höchster Belastungen, in der die Bedürfnisse nach persönlicher Geborgenheit wachsen? Welche Verhältnisse sind notwendig, die das Individuum nicht vor individuell nicht zu erbringende »Leistungen« an Solidarität, Humanität und Toleranz stellen, und was ist umgekehrt notwendig, um alle Menschen sozial entwickelte Fähigkeiten und Verantwortlichkeit herausbilden zu lassen? Wie kann heute mit der Pflege der sozial-emotionalen und der sexuellerotischen Kultur begonnen werden? Es ist ein Feld, welches nicht ungestraft der konservativen Politik überlassen werden kann.

Das verlangt generell einen gänzlich anderen Charakter sozialer Lebensbedingungen. Gebraucht wird ein neues gesellschaftliches Fühlen, Denken und Handeln. Gesellschaftlich ist diese Verantwortung, weil sie den Menschen als soziales Wesen begreift. Sie entmündigt die Einzelnen nicht nur nicht, sondern läßt sie erst wirklich sich selbst verantwortlich werden, ohne deshalb allein gelassen zu sein. Jede und jeder hätte besonders »enge« Beziehungen zu anderen Menschen und doch wären diese nicht von ausschließlichem Charakter. Alle hätten ein anderes Verhältnis zu Kindern, das Freude, Gemeinschaft, Lernen aller auch jenseits der Familie ermöglichen würde. Gesellschaftliche Geborgenheit würde freigewählte und freie persönliche Beziehungen erschließen können, Individualität sich in ihr erst voll entfalten ebenso wie sich die Kollektivität weiterentwickeln könnte. Privates und Öffentliches, Arbeit und Leben könnten so erst tatsächlich wieder zusammengeführt werden.

Vor diesem Hintergrund ist also auch hier zu überlegen, wie die gesellschaftlichen Rahmenbedingungen im System von Produktion und Reproduktion für Familienbeziehungen oder andere Lebensformen in ihren wechselseitigen Bezügen für Männer und Frauen neu zu gestalten sind.

Zentral ist für Frauen die *Verteidigung ihres Selbstbestimmungsrechtes* sowohl im Kampf um ersatzlose Streichung des § 218 aus dem Strafgesetzbuch als auch im Blick auf die neuen Gen- und Reproduktionstechnologien. Diese Auseinandersetzung steht zugleich als ein Synonym des Kampfes *gegen eine Unterdrückung ihrer Sexualität und gegen jede Gewalt gegen Frauen.* Sie steht für ihr Verlangen, sich eine eigene Körpersouveränität, Freude und Lust an einer von den eigenen Bedürfnissen bestimmten Sexualität anzueignen. Der Strafbarkeit von Vergewaltigung auch in der Ehe ebenso wie der finanziellen und politischen Sicherung autonomer Frauenhäuser kommt deshalb ein hoher Stellenwert zu.

Frauen verlangen *Demokratie* in Gesellschaft und Politik, eine Demokratie, die ihr Geschlecht nicht nur auf dem Papier gleichstellt, sondern Voraussetzungen für praktisch gleiche Teilhabe und Teilnahme schafft. Politik und politische Institution sind in Form und Inhalt so zu verändern bzw. neu zu gestalten, daß Frauen in ihnen vorgesehen sind und ein verändertes Frauen- wie verändertes Männerleben in ihnen Platz hat. Quotierung und Frauenförderung sind hierbei unverzichtbare Instrumente. Diese Veränderungen sind nicht zuletzt deshalb so dringend, weil an eine Lösung der Menschheitsprobleme (Frieden, Ökologie) ohne die Potenzen der Frauen – der Hälfte der Menschheit – überhaupt nicht zu denken ist. Solange nicht für beide Geschlechter gleiche Arbeits- und Lebensverhältnisse geschaffen sind, sind (neben den schon genannten) Maßnahmen zu entwickeln, die die Nachteile der Frauen kompensieren – wie z. B. Kinderbetreuung bei allen öffentlichen und politischen Veranstaltungen oder Bezahlung von Kinderbetreuung während der Zeit der Abwesenheit betreuender Frauen u. a.

Wenn solche Vorstellungen Realität werden sollen, bedarf es der Aufmerksamkeit für einige *Elemente einer Strategie der Realisierung*, die an dieser Stelle nur angedeutet werden.

Eine Gegenoffensive der Frauenbewegung kann *erstens* nur greifen, wenn sie sich auf das *ganze Leben* bezieht, d. h. eine *frauen- und allgemeinpolitische Antwort* wird. Anderenfalls würde die Auseinandersetzung mit der konservativen Regierung bruchstückhaft oder hilflos, weil deren Modell von Frauenpolitik unter den gegebenen Verhältnissen kurzfristig gesehen allemal eine gewisse Alltagslogik auf seiner Seite hat. Es ist deshalb auch kein Zufall, daß in politischen Äußerungen und Handeln der Rita Süssmuth die Rahmenpolitik ihrer eigenen Regierung nicht vorkommt. Die Frauenbewegung muß die Frauenpolitik ebenso wie die Wirtschafts-, Innen-, Gesellschafts- und Außenpolitik der Regierung frontal angreifen.

Es bedarf zweitens des eigenen selbstbewußten Handelns der Frauen, und zwar in *großen* Maßstäben. Ohne große Basisbewegungen, in denen die Einzelnen zu handeln wissen und gemeinsame Vorgehensweisen, Konzepte und Strategien erarbeitet werden, ist Veränderung undenkbar.

Die Frauenbewegung braucht *drittens* eine bewußte, gezielte doppelte Strategie als unverzichtbares politisches Allgemeingut. *Autonomie und Eigenständigkeit* der Frauenbewegung ist ebenso unerläßlich wie das *Bündnis mit* Männern bzw. von Männern dominierten neuen sozialen Bewegungen, der Arbeiterbewegung und ihren Organisationen und die *Arbeit in* diesen. (Damit dort Veränderungen durchgesetzt werden können, bedarf es nicht nur außerhalb der eigenständigen Frauenbewegung, sondern immer auch innerer eigener Handlungsräume und Entscheidungskompetenzen der Frauen, die aber integral an die gesamten politischen Willensbildungsprozesse zurückgekoppelt sein müssen.) Die beiderseitige Einsicht in die Notwendigkeit wechselseitiger Bündnispolitik ist Voraussetzung für ihr Zustandekommen. Die Zusammenarbeit kann nur gelingen, wo die Beteiligten einerseits das Spannungsverhältnis akzeptieren und andererseits bereit sind, sich ihm zu stellen.

Der entscheidende Hebel zur Veränderung auch des Privaten ist *viertens* das *politische Handeln* für eine andere Gesellschaft. Dabei sind Frauen nicht nur zuständig für Fragen ihrer spezifischen Betroffenheit als Frau. Sie sind vielmehr politische Menschen (»homo politicus«), die zum einen um der Durchsetzung ihrer spezifischen Interessen willen und zum anderen aus allgemeinpolitischem Interesse in die Gesamtpolitik eingreifen müssen und ihren selbstverständlichen Platz dort – in der Frauen-, Wirtschafts-, Gesellschafts- ebenso wie der Außenpolitik – zu erobern haben. (Wenn dieses Ziel auch nur in – allerdings bewußter – praktischer Arbeitsteilung verfolgt werden kann.)

Es bedarf *fünftens* eines Bündnisses unter Frauen, insbesondere der erwerbstätigen und der nicht-erwerbstätigen Frauen, der Auszubildenden, Arbeiterinnen, Angestellten und der Intelligenzberufe. In diesem Bündnis kann keine Gruppe für oder über andere Interessen oder Geschehnisse definieren, sondern nur jede für sich und miteinander.

Es sind *sechstens* positive Alternativen und Zukunftsentwürfe gefordert, die Befreiung aus einschränkenden privaten *und* gesellschaftlichen Lebensverhältnissen erlauben und aus denen heraus sich Schritte der *kurz-, mittel-* und *lang*fristigen Veränderung begründen lassen. Sie hätten sich auf *alle* zur Verfügung stehenden Handlungsmöglichkeiten zu beziehen: auf Widerständigkeit der Individuen im Alltäglichen, auf Schritte der Selbsthilfe, der materiellen und politischen Solidarität und des gemeinsamen Kampfes, auf gewerkschaftliche und betriebliche Interessenvertretung, auf Engagement in außerparlamentarischen Bewegungen, in Organisationen, Institutionen und Parteien. Alle Einzelschritte müssen ihre allgemeine emanzipatorische Dimension erkennen lassen.

Zu einer besseren Zukunft gelangen wir *siebtens* nicht durch einen einfachen Schnitt vom Alten oder durch Ausstieg. Vielmehr sind aus Geschichte und Gegenwart jene Keime des Neuen herauszuschälen und zu entfalten, die von den Widersprüchen der Gesellschaft selbst hervorgebracht werden. Begonnen wird jetzt und in den eigenen Reihen. Der heute jeweils mögliche Schritt bzw. das jeweils mögliche Maß an Befreiung liegt im Kampf gegen einschränkende gesellschaftliche Bedingungen. Das setzt einerseits Veränderung der handelnden Subjekte schon voraus, andererseits bringt es diese hervor. Auch wenn das Individuum die objektiven Gegebenheiten nie »überspringen« kann, so kann es doch immer ein bewußtes Verhältnis zur eigenen Lage entwickeln und den subjektiven Faktor zur Veränderung der Verhältnisse geltend machen. Das wäre das »revolutionäre Subjekt«, welches wahrhaft nur ist, was es selbst verkörpert.

Gegenwehr wird es *achtens* immer nur geben, wo es Unzufriedenheit mit Bestehendem gibt. Wer zufrieden ist, will nichts verändern. Deshalb sind Kritik, Forderungen, »Schwierigsein« oder Unbequemheit von Frauen nicht als unwichtig, privatistisch oder ärgerlich abzubügeln. Vielmehr muß alles gefördert werden, was Wohlverhalten und Unterordnung abwirft und statt dessen Zorn und kämpferische Haltung zum Ausdruck bringt.

Die Frauenbewegung sollte *neuntens* eine intensive Diskussion um die eigenen alternativen gesellschaftlichen Entwürfe führen. Die Erarbeitung einer positiven Zielvorstellung kann aber nicht bedeuten, nach all den schlechten gegenwärtigen Erfahrungen nun endlich mal etwas »Positives« erleben und sich in irgendwelchen verbliebenen Nischen einrichten zu wollen. Sondern sie müssen unsere Lebensutopien markieren, sie zu politischen Forderungen und Durchsetzungsstrategien formulieren und Maßstab zur Bewertung regierungs- und parteipolitischer Offerten wie unseres eigenen Handelns werden.

Anmerkungen

1 Vgl. zur Einschätzung in einzelnen: M. J., Konservativer Feminismus der Rita Süssmuth? – Sonderdruck Nr. 327 aus: Blätter für deutsche und internationale Politik, Heft 2/86.

M. J., Frauenbewegung nach der Wende, Sonderdruck Nr. 309 aus: Blätter für deutsche und internationale Politik, Heft 7/84.

M. J., Die CDU und die Frauen, Zum CDU-Parteitag, in: Blätter für deutsche und internationale Politik, Heft 4/85.

2 Norbert Blüm, Nicht jeder Unterschied ist eine Unterdrückung, in: Heiner Geißler (Hrsg.), Abschied von der Männergesellschaft, Frankfurt/Berlin 1986.

3 Vgl. ausführlich in: M. J. (Hrsg), Halbe-Halbe – der Streit um Quotierung, Berlin 1986.

4 Vgl. hierzu: M. J., Neue Frauenbilder, in: Loccumer Protokolle Nr. 4/86 über die Akademietagung »Frauenpolitik contra Familienpolitik«, Loccum Januar 1986.

5 Vgl. z. B. G. A. Erler/M. Jaeckel in: Heiner Geißler, S. Anm. 2; vgl. auch: M. J., Der Einfluß der Frauenbewegung auf die politische Konjunktur der Bundesrepublik, in: Blätter für deutsche und internationale Politik, Heft 3/86, bes. S. 300 f.

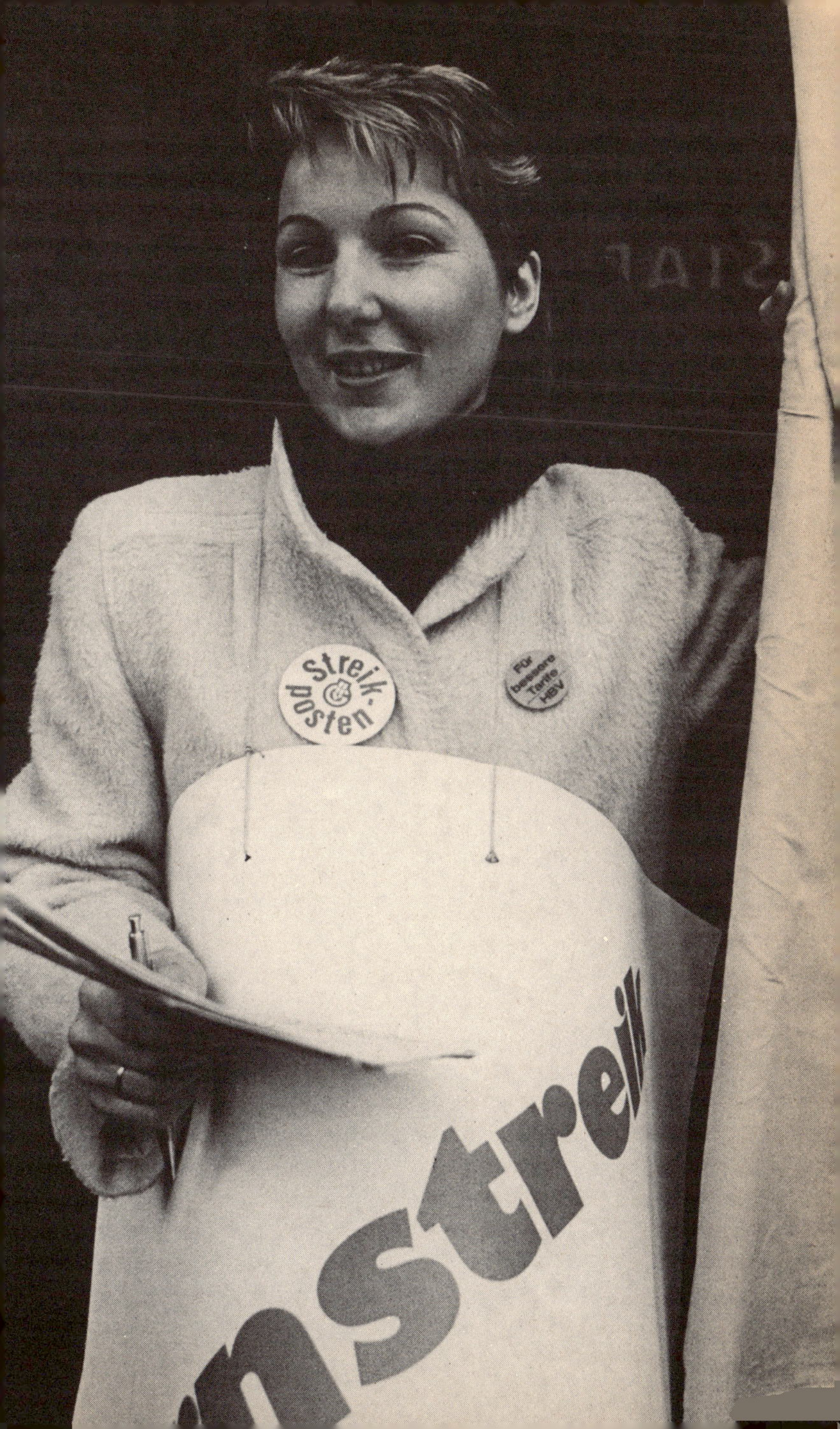
Streik-
posten
Für bessere Tarife HBV

Karin Roth/Brigitte Stahn-Willig

Wider die doppelte Abhängigkeit

1. Arbeit – Bedürfnisse und Lebensprozeß

Weiblicher Protest signalisiert die Unzufriedenheit der Frauen mit ihrer Rolle in der Gesellschaft, symbolisiert die Aufbruchstimmung gegen kapitalistisch-patriarchalische Strukturen, von denen sie sich befreien wollen. Die Unzufriedenheit der Frauen, ihre Verunsicherung und das Ringen um mehr Autonomie ist Ausdruck einer gesellschaftlichen Entwicklung der letzten dreißig Jahre, in der sich die Situation der Frauen erheblich gewandelt hat. Frau zu sein heißt heute nicht mehr nur für andere da zu sein, für sie zu sorgen, insbesondere für Kinder, sie emotional aufzufangen und selbst zurückzustekken. Vielmehr wächst bei den Frauen das Bedürfnis nach Eigenständigkeit, entwickelt sich der Anspruch auf ein eigenes Leben ohne Abhängigkeit. Diese Entwicklung ist nicht widerspruchsfrei, genausowenig wie die gesellschaftliche Realität selbst.

Zwar konnte durch die schrittweise Einbeziehung der Frauen in den Arbeitsprozeß, insbesondere in Zeiten der Hochkonjunktur und des Arbeitskräftemangels, eine höhere ökonomische Eigenständigkeit über die Lohnarbeit erreicht werden. Die Organisation der materiellen Produktion, die den gesamten Bereich der Reproduktion als private Aufgabe der Frauen definiert und ihnen zuschreibt, macht die Realisierung einer *gleichen* Beteiligung der Frauen am Erwerbsprozeß jedoch zur Fiktion. In Zeiten wirtschaftlicher Krise und Arbeitslosigkeit tritt der Widerspruch zwischen dem elementaren Versprechen nach Gleichheit aller Menschen und der materiellen Ungleichbehandlung der Frauen kraß hervor, werden Fortschritte in der Auflösung von Abhängigkeit und Benachteiligung wieder zur Disposition gestellt.

Die Entwicklung zur finanziellen und persönlichen Eigenständigkeit der Frauen, gekoppelt mit der Erweiterung des allgemeinen Bildungsniveaus, die die Grundlage für eine andere Lebensgestaltung und die Entwicklung eines autonomen Lebensstils bilden, wird gebremst bzw. bei vielen Frauen zerstört. Arbeitslosigkeit und soziale Unsicherheit treibt viele Frauen in alte – patriarchalische – Verhältnisse und Familienstrukturen zurück: in die private Abhängigkeit vom Mann als Ernährer, in die vermeintliche Geborgenheit durch den Verzicht auf das Bedürfnis nach Unabhängigkeit. Allerdings erfahren immer mehr Frauen, daß der »Fluchtort Ehe« nicht der sicherste ist, weil einerseits Frauen neue Ansprüche an die Gestaltung ihrer Lebensverhältnisse entwickelt haben, auf die sie nicht ohne weiteres verzichten können und wollen, und andererseits, weil durch die Zunahme der Massenarbeitslosigkeit und Tendenzen, das Lohnniveau zu drücken, Männer zunehmend nicht mehr in der Lage sind, ihren Anspruch zu erfüllen, Ernährer der Familie zu sein. Dadurch wird nicht nur die Lage der Frauen unsicherer, gleichzeitig führt dies zu Verunsicherungen bei den Männern. Der begonnene Emanzipationsprozeß und die patriarchalische Tradition, beide geraten ins Schwanken.

Frauen nehmen in der materiellen Produktion einen anderen Stellenwert deshalb ein, weil sie nicht als Ernährer der Familie gelten. Diese Reduktion der weiblichen Arbeitskraft auf einen zweitrangigen Stellenwert, die dazu legitimiert, den Frauen entweder zeitlich begrenzt und nur zum Teil gesellschaftliche Arbeit zuzugestehen, oder aber, sie in den privaten Bereich – in die Familie – abzuschieben, verhindert eine weitgehende Einflußnahme von Frauen auf den Prozeß der materiellen Produktion selbst, auf die Formen und Instrumente der Kommunikation und Reproduktion. Damit wird den Frauen eine umfassende Entwicklung ihrer kulturellen und sozialen Bedürfnisse vorenthalten.

Wenn Frauen im Produktionsprozeß einen anderen, gleichwertigen Rang einnehmen, werden sich nicht nur neue Bedürfnisse entwickeln, es stehen dann andere, bisher nicht relevant erscheinende Bedürfnisse zur Befriedigung an. Die Berücksichtigung von Reproduktionserfordernissen und -interessen in der materiellen Produktion würde bisher geltende »männliche« Normen, Arbeitsstrukturen, Leistungsverhalten, Anpassungs- und Karrieremuster in Frage stellen. Dies könnte die Voraussetzung dafür sein, daß die Arbeitsbeziehungen und die zwischenmenschlichen Beziehungen eine neue Qualität erhalten. Die bisherige Dominanz männlicher Bedürfnisbefriedigung, die sich einerseits in der Produktion, vornehmlich in den Arbeitsstrukturen ausdrückt und andererseits im Warenangebot einschließlich der Symbole und Ästhetik, würde aufgehoben. Nicht das männliche Arbeitsvermögen, das durch kontinuierliche Berufstätigkeit, hohen Ausnutzungsgrad der Arbeitskraft und die Verlagerung eigener Reproduktionsaufgaben auf andere – die Frauen – geprägt ist, wäre die gesellschaftliche Norm, sondern das Arbeitsvermögen, das die Organisation des *gesamten* Lebensprozesses zur Voraussetzung hat.

Die Ansprüche, Ideen und Vorstellungen der Frauen sind Ausdruck ihres materiellen Lebensprozesses, der durch Diskontinuität und Unterdrückung gekennzeichnet ist. Die widersprüchliche Erfahrung der Frauen mit der Erwerbsarbeit spiegelt sich im Bewußtsein der Frauen über ihr wirkliches Sein wider. In der Widersprüchlichkeit des Seins wachsen Bedürfnisse und Vorstellungen, bildet sich ein Bewußtsein, das als geschichtlicher Prozeß die Auseinandersetzungen der Individuen mit den gesellschaftlichen Verhältnissen widerspiegelt. Diese Widersprüche führen bei Frauen und bei Männern zu einer Ungleichzeitigkeit von emotionaler und kognitiver Bewältigung des Lebensprozesses zwischen Tradition und Befreiung, zwischen alter Wertordnung und der Vorstellung eines anderen Seins. Der Anerkennung und Befreiung, wie sie sich als Veränderung im Bereich der Arbeit, des Geschlechter- und Partnerverhaltens, der Familie, der Sexualität und Kultur zeigt, steht die feste Verbindung von Gefühlen und Liebe mit den alten Lebensformen und Vorstellungen gegenüber. Diese Widersprüche zu bearbeiten, sie nicht zu verdrängen und die Fähigkeit zu entwickeln, trotz Enttäuschungen einen anderen Lebensstil zu praktizieren, erfordert Kraft, Unterstützung und eine persönliche Perspektive. Das einzelne Subjekt kann daher das Ringen um Autonomie, grundlegende Änderungen im Alltagsleben, nur dann dauerhaft als Weg zu mehr gelebter Individualität und Gleichheit erfahren, wenn die gesellschaftlich vorhandene Diskontinuität der Entwicklung der materiellen Produktion aufgehoben, wenn die Handlungsspielräume der Individuen nicht nur erweitert, sondern gesellschaftlich abgesichert und die erreichten Resultate des Prozesses der Veränderung verallgemeinert werden.

2. *Der weibliche Anteil am »Wirtschaftswunder«*

Eine Frauenerwerbsquote von 52 vH, die trotz Krise und Arbeitslosigkeit beständig wächst, belegt, daß die Frauen auf außerhäusliche Erwerbsarbeit zunehmend angewiesen sind oder sie als festen Bestandteil ihres Lebens einplanen.

Hinter dem statistischen Wachstum der Frauenerwerbstätigkeit stehen tiefgreifende Veränderungen in den Bedingungen der Erwerbsarbeit, und damit zusammenhängend verändern sich auch die Familienformen und die Formen häuslicher Arbeit.

Was sich in den letzten Jahrzehnten verändert hat, ist weniger das Ausmaß, in dem die Frauen erwerbstätig sind, als die Tätigkeiten, die ihnen je nach familiärer Einbindung dazu offen stehen.[1] Als Mithelfende in Familien- oder Kleinbetrieben verblieben noch bis weit in die fünfziger Jahre hinein die Mehrzahl der erwerbstätigen Frauen – vor allem die verheirateten Frauen – nicht nur in der Familie, sondern auch im Beruf in einem Verhältnis direkter, juristisch kodifizierter Abhängigkeit. Heute arbeiten die meisten Frauen nicht mehr unter kleinbetrieblich-traditionellen Bedingungen, die von persönlicher Abhängigkeit geprägt sind. Sie treten ebenso wie die Männer selbständig auf dem Arbeitsmarkt als Anbieterinnen von Arbeitskraft auf. Als abhängig Beschäftigte sind heute ca. 88 vH der erwerbstätigen Frauen der Mehrzahl der Männer dem sozialen Status nach gleichgestellt. Auch rechtlich existieren zwischen Frauen und Männern keine Unterschiede mehr.

Ausgestattet mit einer besseren schulischen und beruflichen Ausbildung als die Generation ihrer Mütter sind insbesondere in den sechziger und siebziger Jahren viele junge Frauen in Berufe und Beschäftigungsbereiche hineingelangt, die ihnen – wenn auch bescheidene – berufliche Entwicklungsmöglichkeiten, soziale Anerkennung und vor allem materielle Absicherung boten. Auf dem Hintergrund hoher Wachstumsraten der Produktion war der Ausbau des Bildungswesens, des Gesundheitssystems, der betrieblichen und staatlichen Verwaltungen begleitet von einer Zunahme an Arbeitsplätzen, die nicht mehr nur von männlichen Arbeitskräften besetzt werden konnten. Die Vergesellschaftung von Funktionen der Reproduktion der Arbeitskraft, die sich im Bedeutungszuwachs von sog. Dienstleistungsberufen, insbesondere Gesundheits-, Sozial- und Bildungsberufen ausdrückt, eröffnete vorwiegend Frauen Beschäftigungsmöglichkeiten.

Trotz einer weitgehenden Gleichstellung im rechtlichen und sozialen Status kann von einer *materiellen* Gleichstellung der Frauen nach wie vor nicht die Rede sein. Durchgesetzt vor dem Hintergrund einer langanhaltenden günstigen Arbeitsmarktkonstellation konnte sich – unterstützt von gewerkschaftlich erkämpften Sicherungen – ein Normalarbeitsverhältnis, eine stabile, sozial abgesicherte, abhängige Vollzeitbeschäftigung herausbilden, deren Rahmenbedingungen (Arbeitszeit, Löhne, Transferleistungen) kollektivvertraglich oder arbeits- bzw. sozialrechtlich auf einem Mindestniveau geregelt sind. Das Normalarbeitsverhältnis mit ununterbrochener

Beschäftigungsdauer – eine Voraussetzung, die sich in Aufstiegschancen, Einkommen, Kündigungsregelungen etc. niederschlägt –, erweist sich jedoch bei genauerer Betrachtung als eine Norm, die wohl für die Männer, nicht aber für die Frauen gültig ist. Frauen, die Kinder gebären und aufziehen, können ihr kaum genügen bzw., wenn materielle Not es erzwingt, nur unter Aufbietung von Kräften, die letztendlich auf Kosten ihrer Lebenszeit gehen. Die formale Gleichstellung der Frauen, die ihnen im übrigen auch nicht geschenkt wurde, ließ die auf den Mann als Ernährer der Familien zugeschnittene Arbeits- und Sozialverfassung weitgehend unangetastet. In einer Gesellschaft, die nach wie vor der Mutter und Ehefrau die alleinige Verantwortung für Familien- und Erziehungsarbeit zuschreibt, sind überwiegend Männer für eine ganztägige und lebenslange Erwerbsarbeit freigestellt. Frauen dagegen bleibt nur die zeitlich beschränkte und unterbrochene Berufsarbeit, für sie sind Teilzeitarbeit, Berufsunterbrechung, Karrierebeschränkung die Norm. Diese Form geschlechtsspezifischer Arbeitsteilung wird erst durch die Konstruktion des Sozialsystems (Ehegattensplitting, Mitversicherung nichterwerbstätiger Ehefrauen etc.) materiell und sozial lebbar.

Die Entwicklung der Frauenerwerbsarbeit vollzieht sich auf dem Hintergrund einer der männlichen Arbeitsbiografie und der männlichen Arbeitsnorm angepaßten Arbeitswelt und eines sozialpolitisch abgestützten Lebensmodells, das die Familienabhängigkeit der Frauen festschreibt. Das Lebensmodell des normalen Lohnarbeiters funktioniert allein durch die den Frauen gesellschaftlich abverlangte Reproduktions- und Erziehungsarbeit in der privaten Sphäre der Familie. Die Hälfte der Menschheit – die Frauen – wird, mehr oder weniger und je nach dem Stand der Entwicklung der Produktivkräfte, in der Erweiterung ihrer Lebensformen, ihrer Bedürfnisse, Kultur und Erreichung der Unabhängigkeit eingeschränkt, solange diese geschlechtsspezifische Arbeitsteilung besteht und Frauen von dem zunehmenden Vergesellschaftungsprozeß der Arbeit ausgeschlossen werden. Der

»Teil«-Ausschluß der Frauen begründet die spezifische Nutzung des weiblichen Arbeitsvermögens durch kapitalistische Verwertungsinteressen. Weibliche Arbeitskraft ist weniger wert und wird als konjunkturelle Reserve mißbraucht.

3. Der kurze Traum von der Chancengleichheit

Wachsende Berufsorientierung, höheres formales Bildungsniveau und die Artikulation von Ansprüchen durch die Frauenbewegung haben nicht dazu geführt, daß Frauen in der Erwerbssphäre eine gleichberechtigte Beteiligung an qualifizierten Berufen und Positionen durchsetzen konnten. Die Ausweitung weiblicher Lohnarbeit verlief bis in die siebziger Jahre hinein entweder im Rahmen der traditionellen und geschlechtsspezifischen Berufsmuster (Frauenberufe, Verweiblichung von Berufsmustern) oder durch die Zuweisung der unteren, schlecht bezahlten Arbeitsplätze an Frauen (bzw. Ausländer/innen). Anders als im Produktionsbereich, wo sich trotz umfangreicher Pilotprogramme von Bundesregierung und Landesregierungen (Qualifizierung von Frauen für Facharbeit) an der geschlechtsspezifischen Aufteilung von Arbeitsplätzen nichts geändert hat und die stärksten Einbrüche in der Frauenbeschäftigung stattgefunden haben, haben Frauen von der Ausdehnung des Verwaltungs- und Dienstleistungsbereiches – insbesondere des öffentlichen Sektors – quantitativ stark profitiert. Die Expansion des tertiären Sektors ermöglichte es darüber hinaus einer immer größer werdenden Gruppe von Frauen, sich qualifizierte und relativ gut bezahlte Arbeitsplätze zu erobern, selbst wenn Frauen auch hier nur selten über die Ebenen unterer und mittlerer Führungskräfte hinauskommen. Allerdings: »Aus heutiger Sicht stellt der Zeitraum von Mitte der sechziger bis Mitte der siebziger Jahre eine kurze (Traum-)Episode der Verwirklichung von mehr Chancengleichheit dar.«[2] Vor dem Hintergrund einer Arbeitsmarktlage, die den Betrieben inner- und außerbetrieblich eine selektive Personalpolitik erlaubt, wird eine zentrale Gruppe der Angestellten im besonderen Maße betroffen: die Frauen. Sie tragen zum einen die Hauptlasten der Technisierung, die sich bei den Administrationsfunktionen (Datenerfassung, Schreibkräfte, Bürohilfskräfte) konzentrieren. Sie sehen sich zum zweiten mit einer Fülle neuer Barrieren bei der Realisierung von Arbeits- und Berufsansprüchen konfrontiert.

Bei den *einfachen Angestelltentätigkeiten* sinkt seit spätestens Anfang der achtziger Jahre der Personalbedarf in allen Branchen erheblich, sei es aufgrund arbeitsplatzsparender Rationalisierung, öffentlicher Sparpolitik (Gesundheitsdienst, Pflegebereich) oder krisenhafter branchenstruktureller Entwicklungen (Einzelhandel).[3] Parallel zum Abbau der Beschäftigung ergeben sich Veränderungen in den Arbeitsbedingungen, die für Teilgruppen der Frauen den Zugang zu und Verbleib auf den entsprechenden Arbeitsplätzen erschweren und die generell für die hier tätigen weiblichen Angestellten die Aufstiegsmöglichkeiten begrenzen. Erhöhten Anforderungen an Leistungsfähigkeit und Belastbarkeit – beispielsweise durch Bildschirmarbeit – sind insbesondere ältere Frauen oder Frauen mit hohen Familienbelastungen kaum mehr gewachsen, und es setzt sich in diesen Frauenarbeitsbereichen eine Tendenz durch, die in den Produktionsbereichen immer schon die Arbeitsrealität der Frauen kennzeichnete: Eine auf Fristigkeit und kurzfristigen Verschleiß der Arbeitskraft angelegte Einsatzstrategie, die die gesundheitlichen Folgelasten zu privatisieren versteht. Hier wie insbesondere im Einzelhandel verstärkt sich die Tendenz, im Rahmen technischer und arbeitsorganisatorischer Umstrukturierungen flexible Arbeitszeiten sowohl beim Voll- wie beim Teilzeitpersonal durchzusetzen. Vollzeitarbeitsplätze werden in Teilzeitarbeitsplätze umgewandelt, die Stundenzahlen bei Teilzeitarbeit reduziert, der Arbeitseinsatz für bestimmte Beschäftigtengruppen am Bedarf ausgerichtet. Verstärkte Rekrutierung von Männern schon für die Ausbildung und eine Formalisierung der Aufstiegsvoraussetzungen verschlechtern darüber hinaus die Berufschancen der Frauen.

Auch im Bereich qualifizierter Angestelltentätigkeiten nutzen die Unternehmensleitungen den Einsatz neuer Techniken für eine »Redefinition geschlechtsspezifischer Trennungslinien«, indem weibliche Fachkräfte in den weniger qualifizierten Einsatzbereichen belassen und von Weiterbildungs- und Aufstiegsmöglichkeiten ausgeschlossen bleiben. Frauen mit angeblich marktgängigen technischen Fachqualifikationen sind in ihren Berufen weitaus stärker von Arbeitslosigkeit betroffen als Männer.[4] Auch in allen wichtigen kaufmännischen Berufen lassen sich mittlerweile sinkende Frauenanteile bei der Ausbildung feststellen. Der Hintergrund sind veränderte Zugangsvoraussetzungen zur Ausbildung: vermehrt werden vor der Anwendung üblicher Auswahlmethoden (Schulzeugnisse, Eignungstests) Mindestquoten für männliche Bewerber festgesetzt.[5] Auch von den Verschlechterungen der Beschäftigungsmöglichkeiten in Berufen mit akademischer Qualifikation (zunehmende Vergabe zeitlich befristeter oder unterhalb der Sozialversicherungspflicht liegender Arbeitsverträge) sind Frauen besonders betroffen.

Kurzum: In allen Beschäftigungsbereichen, seien es frauentypische oder frauenuntypische, kommt es parallel zu Technikeinsatz und Reorganisation der Betriebsabläufe zu einer Verstärkung geschlechtsspezifischer Arbeitsverteilung. Nicht der Technik ist diese Wirkung – wie vielfach behauptet – zuzuschreiben, sondern »die (Re-)Etablierung und Aufrechterhaltung miserabler Erwerbsarbeitsbedingungen von Frauen erfolgt unter den Bedingungen fortschreitender Rationalisierung unter Nutzung der gesellschaftlich hergestellten unterschiedlichen Verfügbarkeit von Männern und Frauen für Erwerbsarbeit.«[6]

Bei einer insgesamt steigenden Erwerbsbeteiligung von Frauen konkurrieren Männer mit Frauen verstärkt um qualifizierte Erwerbsarbeitsplätze, und Frauen werden auf die – allerdings schrumpfenden – traditionellen Fraueneinsatzfelder abgedrängt. Verliererinnen in dieser Konkurrenz sind Frauen, die älter, familiengebunden oder weniger qualifiziert sind. Ihnen bleiben allenfalls die Beschäftigungsmöglichkeiten, die gegenwärtig noch stark expandieren: Teilzeitarbeit und ungeschützte Beschäftigungsverhältnisse.

Den Frauen droht nicht die Vertreibung aus Büro und Fabrik, sondern die Perfektionierung ihrer doppelten Ausbeutung in der Kombination flexibler Beschäftigung und Hausarbeit. Optimale Nutzung eines gut vorqualifizierten weiblichen Arbeitskräftepotentials, flexibel und zeitlich reduziert einsetzbar auf belastungsintensiven Arbeitsplätzen – darauf wird das Kapital nicht verzichten. Frauen, die die Reproduktionsleistung dabei privat erbringen – das ist gesellschaftlich erwünscht – Frauen, die mit dem Mann nicht um den Arbeitsplatz konkurrieren, nie ganz ökonomisch unabhängig sind und dabei noch allein für das familiäre Wohlbehagen sorgen – welcher Mann hätte dagegen etwas einzuwenden? Das Festhalten an der Familie als Versorgungsinstanz trifft allerdings auf veränderte Lebensumstände: Obgleich die Zahl der bestehenden Ehen von Jahr zu Jahr abnimmt und viele junge Menschen heute nicht mehr heiraten, nimmt die Scheidungshäufigkeit deutlich zu (21,3 vH in 1984). Immer mehr Mütter müssen sich und ihre Kinder allein durchbringen.

4. Gesellschaftliche Anforderungen und Privatisierungstendenzen im Reproduktionsbereich

Die Durchsetzung flexibler Formen des Arbeitskräfteeinsatzes folgt nicht nur ökonomischem Druck, sie kann sich auf erweiterte Ansprüche an die Gestaltung des Reproduktionsbereiches beziehen. Freilich sind die durchaus vorhandenen Interessen auch der Beschäftigten an flexibleren Arbeitsformen geschlechtsspezifisch unterschiedlich. Während Männer durchaus Vorteile darin sehen mögen, durch flexiblere Arbeitszeiten Einkommens- oder Konkurrenzvorteile zu erzielen oder Qualifizierungsmöglichkeiten eher nutzen zu können, sind es die Frauen, die nach wie vor individuell versuchen müssen, Beruf und Familie zu vereinbaren. Tatsächlich geraten sie nicht nur durch überlange Arbeitszeiten und Belastungsintensivierung im Erwerbsbereich unter Druck, sondern unübersehbar haben sich die Anforderungen im familiären Bereich enorm verändert.[7] Zwar sind dank dem Einsatz von Haushaltstechniken und der Industrialisierung des häuslichen Konsums Haushaltsführung und Kinderversorgung einfacher geworden, doch statt der physischen Versorgung der Haushaltsmitglieder wird die Gestaltung von Partnerschaft und die Erziehung der Kinder zum bevorzugten Betätigungsfeld der Frauen. Die »Entdeckung der Kindheit«, ein Produkt der jüngeren Geschichte, hat neue Themen und Aufgabenstellungen gebracht. Die Erforschung der Kindheit ist zum beliebten Objekt wissenschaftlicher Theorien geworden. Psychologie, Erziehungswissenschaft, Ernährungswissenschaft usw. haben sich der Frage der angemessenen Förderung der Kinder angenommen, die Umsetzung ihrer Erkenntnisse wird den Müttern zugewiesen. Wie wenig die Aufgaben der Mütter naturhaft bestimmt sind, sondern vielmehr dem gesellschaftlich definierten Kanon der an die nachfolgende Generation zu vermittelnden Tugenden und Fähigkeiten folgen, wird deutlich, wenn die Realität der Alltagsanforderungen an Mütter näher betrachtet wird. Wer nicht mehrere Erziehungsratgeber gelesen hat, seinem Kind vom Babyschwimmen angefangen über Kleinkindmusikerziehung bis hin zur Computertechnik und Softwareentwicklung alle Wege eröffnen kann, ist nicht nur als Mutter zum Scheitern verurteilt, sondern riskiert das soziale Scheitern des Kindes. Das Programm allseitiger kindlicher Förderung enthält zwar auch die Beförderung von Verselbständigungsprozessen und das Einüben in soziale Kompetenzen. Hierfür sind öffentliche Angebote zur gemeinsamen Kinderbetreuung durchaus entwickelt worden. Ein Blick auf die Öffnungszeiten, gewünschte Altersstruktur der Kinder, Anforderungen an Elternarbeit usw. aber zeigt, daß die Entlastung der Mütter ein ganz nachgeordnetes Ziel ist. Die völlig unzureichende Abstimmung der Öffnungszeiten in Kindergärten sowie der Schulzeiten mit den Tagesabläufen in Arbeitswelt und Familie ist eine entscheidende Barriere für die Vereinbarkeit von Beruf und Familie. »Wünsche« nach flexiblen Arbeitszeiten werden durch immer brutalere Einschränkungen in diesem Bereich häufig allererst geboren. Der gesellschaftliche und im privaten Bereich von Vätern immer wieder durchgesetzte Konsens darüber, daß die Erziehungsarbeit Sache der Frauen ist, läßt sich individuell nur sehr schwer durchbrechen. Der Anspruch auf vernünftige Entwicklungsbedingungen für Kinder und eigene ökonomische Unabhängigkeit und berufliche Entwicklung der Mütter bleibt in unlösbarem Widerspruch: Je unflexibler die Frauen in ihren zeitlichen usw. Möglichkeiten werden, um so mehr sind sie auf Betreuungsmöglichkeiten für ihre Kinder verwiesen, denen der Ruf sozialer Benachteiligung anhaftet. Kindertagesstätten, Horte und Ganztagsschulen sind im gesellschaftlichen Bewußtsein und nur zu oft auch der Realität eher Aufbewahrungsstätten. Die Kluft zwischen den Erziehungsidealen dieser Gesellschaft und den tatsächlichen sozialen Chancen der nachfolgenden Generation wird immer größer – die Verantwortung hierfür wird privatisiert, den Müttern angelastet. Die Anforderungen an die Gestaltung der Reproduktion entwickeln und gestalten sich in Abhängigkeit von den gesellschaftlichen Bedingungen und Anforderungen der Produktion, doch eine gesellschaftliche Vermittlung zwischen den Bereichen findet nicht statt.

Über die Frage, welche inhaltlichen Vorstellungen mit der geforderten allseitigen Förderung der Kinder zu verbinden sind, entscheiden die Frauen ebenso wenig allein wie sie Einfluß nehmen auf die Gestaltung der gesellschaftlichen Lebensbedingungen, die *kinderfeindlicher* kaum sein können. Wer deshalb der männlich strukturierten Erwerbssphäre weibliche Selbstentfaltung im Bereich der Reproduktion entgegenhält, übersieht, wie wenig die Inhalte, Bedingungen und Entwicklungsformen im Reproduktionsbereich selbstbestimmt sind.

Süddeutscher
Rundfunk
Bibliothek

5. *Abschied von der doppelten Abhängigkeit am Beginn der Eigenständigkeit und Emanzipation*

Die Zukunft birgt für Frauen insgesamt eine hohe Unsicherheit: Frauen sind in zunehmendem Maße auf sich selbst angewiesen. Dies ist keine beklagenswerte Entwicklung, allerdings geschieht dies in einer Wirtschaft und Gesellschaft, die weder das Interesse, noch die Absicht hat, Frauen als unabhängige Menschen, geschweige denn mit einem Anspruch auf ökonomische Eigenständigkeit, und Ernährerinnen für andere (die Kinder) zu akzeptieren. Es hilft den Frauen nichts, die Realität zu verdrängen, und einer romantischen Vergangenheit nachzutrauern, die so harmonisch nie war. Frauen müssen, im Interesse ihrer eigenen Persönlichkeitsentwicklung, das Menschenrecht auf ökonomische Eigenständigkeit und unabhängige Lebensführung in den Vordergrund der Debatte über Gleichberechtigung und Emanzipation rücken. Weibliche Bescheidenheit ist keine Tugend. Es ist ein Instrument unter vielen, mit dem die doppelte Abhängigkeit und Unterdrückung der Frauen beibehalten werden soll. Aber selbst wenn Frauen angesichts der ökonomischen Krise, existenzieller Unsicherheit und Bedrohung sich im schwachen Schutz der Ehe und Familie befinden oder dorthin wieder zurückkehren wollen, die gesellschaftliche Realität lehrt sie – meist in schmerzlichem Prozeß – daß sich die gesellschaftlichen Verhältnisse verändert haben, daß es keine Garantie der männlichen Lebensgefährten für ihre ökonomische Sicherheit gibt.

Die Rebellion der Männer gegen die Knechtschaft der Ernährerrolle ist ebenso berechtigt wie die Rebellion der Frauen gegen die Abhängigkeit von männlichen Ernährern. Es ist völlig unangebracht, und letztlich wendet sich diese Einstellung gegen die Männer selbst, wenn einerseits die Männer über die Last ihrer Ernährerrolle klagen – am deutlichsten wird dies im Konfliktfall, beispielsweise im Scheidungsprozeß, wenn sie weiterhin die Versorgung der Frauen mit übernehmen sollen – und wenn andererseits mit dem Hinweis, sie seien vorrangig für das ökonomische Wohl der Familie verantwortlich, Frauen auf zweitrangige Arbeitsplätze abgedrängt oder überhaupt nicht eingestellt werden. Die Möglichkeit eigenständiger, nicht abhängiger Lebenssicherung zwischen Männer und Frauen, die gleiche Teilhabe am ganzen Leben, die Sehnsucht nach einem »vollwertigen Menschsein« ist mehr als die bloße Addition von »weiblichen und männlichen« Ansprüchen. Sie ist die humane Perspektive für die Entwicklung gesellschaftlicher Verhältnisse, in der zwischenmenschliche Beziehungen eingegangen werden können, ohne dabei in erpresserische, finanzielle Abhängigkeit und Unterdrückung zu geraten. Sie eröffnet für Frauen und Männer ganz andere Formen der Arbeit, des Zusammenseins, des Lebens und der Liebe. Die Realisierung einer solchen menschenfreundlichen Perspektive wird entscheidend von den Frauen bestimmt. Sie hängt davon ab, ob es gelingt, Kopf und Herz, Werte, Normen und Gefühle so zu ändern, daß das Recht auf Eigenständigkeit und damit *gleiches Recht* auf Erwerbsarbeit zum *unteilbaren* Lebensanspruch von Frauen und Männern wird.

Weil die Entwicklung der Menschheit von der materiellen Produktion abhängt, wird für die Entwicklung und Änderung eines materiellen und kulturellen Lebensprozesses der Frauen die Integration der Frauen in die gesellschaftliche Arbeit zur zentralen Frage. Eine gleichberechtigte Erwerbstätigkeit, die ökonomische Unabhängigkeit von anderen gewährleistet, führt nicht nur zu anderen Lebensansprüchen und Wertvorstellungen, sondern stellt neue Anforderungen an den Produktionsprozeß, an die Organisation der Arbeit und an die Gestaltung der Reproduktionsbedingungen, beispielsweise die Organisation der Kindererziehung, kurz: die ökonomischen und gesellschaftlichen Verhältnisse müssen grundlegend verändert werden, sie stehen zur Disposition.

Ein »möglicher« Abschied von der doppelten Abhängigkeit setzt drei Dinge voraus: 1. Frauen müssen mindestens ein ausreichendes Einkommen erreichen, das sie in die Lage versetzt, ihren Lebensunterhalt und den ihrer Kinder über dem Existenzminimum zu sichern. Es geht also um eine neue Definition der Reproduktionskosten für die weibliche Arbeitskraft, unabhängig vom Familienstand und in Beziehung zu Dritten.

Der Feminisierung der Armut ist nur entgegenzutreten, wenn das weibliche Durchschnittseinkommen drastisch erhöht wird und die Frage der Entlohnung der Frau und der Bewertung von Arbeitsplätzen nicht – unausgesprochen – an ein »männliches« Familieneinkommen gekoppelt ist. Neben der historisch und gesellschaftlich determinierten Unterbewertung der Frauenarbeitsplätze und der Aufkündigung jeglicher direkten und indirekten Lohndiskriminierung müßte eine solche Einstellung auch zu drastischen Konsequenzen im Steuersystem (zum Beispiel Aufhebung des Ehegattensplittings, das die Berufstätigkeit von verheirateten Frauen bestraft), führen. Der Kampf der Gewerkschaftsfrauen gegen die Lohndiskriminierung ist mehr als ein Kampf um ein paar Pfennige – die im Einzelfall sehr bedeutend sein können – nämlich ein Streit um den gesellschaftlichen Wert der weiblichen Arbeitskraft.

2. Gleichzeitig und nicht getrennt vom ersten Punkt geht es um die Durchsetzung gleichberechtigter Erwerbsbedingungen für Frauen als Voraussetzung für den Beginn einer neuen Qualität von Beziehungen zwischen Männern und Frauen und im Arbeitsprozeß selbst.

Nach den derzeitigen kapitalistischen Effizienzkriterien im Produktionsprozeß, die für den Einsatz der Arbeitskräfte entscheidend sind, erfolgt der Einsatz von Arbeitskräften ohne Rücksicht auf die Anforderungen im Reproduktionsbereich. Die Reproduktionsbedingungen wie die Versorgung der Kinder und andere Familienpflichten werden als Beeinträchtigung eines durchrationalisierten, am höchstmöglichen Gewinn orientierten Arbeitsprozesses angesehen. Sie werden daher ausgegrenzt, als privates Problem deklariert und den Frauen zugeschoben. Diese geschlechtsspezifische Ausgrenzung ist in doppelter Weise für das Kapital funktional. Zum einen werden die Anforderungen an die Reproduktionsbedingungen (und damit auch an die Höhe der staatlichen sozialen Dienstleistungen) geringer. Zum anderen können weibliche Arbeitskräfte meist weniger qualifiziert und in ihren Ansprüchen reduziert auch als Konkurrenz zu den Männern eingesetzt werden. Der »billigeren« und »flexibleren« weiblichen Erwerbstätigkeit ist die Quotierung von Ausbildungs- und Erwerbsarbeitsplätzen als Mittel zur Verwirklichung gleichberechtigter Erwerbschancen von Frauen entgegenzusetzen. Eine Politik, die den Frauen gleiche Chancen im Berufsleben eröffnen will, kann bei der noch so radikal vorgetragenen Forderung nach Gleichberechtigung nicht stehenbleiben. Denn wenn Frauen gleichbehandelt werden wie Männer, so sind sie notwendigerweise immer dann benachteiligt, wenn sie andere Voraussetzungen mitbringen als Männer, also meistens. Nur die wenigsten können – von Familienpflichten befreit und gar durch männliche Zuarbeit unterstützt – allen beruflichen Anforderungen genügen. Daraus ergibt sich die Notwendigkeit eines strukturellen Eingriffs in die Frauen benachteiligenden Konkurrenzbedingungen auf dem Arbeitsmarkt, eines Eingriffs, der allerdings mit der Forderung nach Schaffung von Arbeitsplätzen, drastischer Verkürzung der Arbeitszeit und der Neuverteilung von Arbeitszeiten und -funktionen im Erwerbs- und Reproduktionsbereich verbunden werden muß.

Das Kapital büßt den Vorteil und Extraprofit der Geschlechterspaltung ein, wenn es gelingt, eine andere Verteilung der Arbeitszeit- und Arbeitsstrukturen und eine Veränderung in der Gestaltung der Reproduktionsbedingungen zu erreichen. Es sind für das Kapital keine billigen Lösungen. Insofern weist die Forderung nach Quotierung wie alle anderen zentralen Forderungen, beispielsweise die nach gleichem Lohn für gleichwertige Arbeit, und wie das Recht auf Arbeit über das kapitalistische Wirtschaftssystem hinaus. Die Quotierung ist nichts anderes als die frauenspezifische Konkretisierung des Rechts auf Arbeit, bei dem es nicht nur um die Verteilung von

Arbeitsplätzen, sondern um die Umverteilung gesellschaftlichen Reichtums und um die Veränderung der gesellschaftlichen Machtverhältnisse geht.

3. Die gleichberechtigte Einbeziehung der Frauen in den Erwerbsprozeß bedingt neben den strukturellen Veränderungen im Arbeitsprozeß weitreichende Veränderungen in der Organisation der Reproduktion. Die Verkürzung der täglichen Arbeitszeit, die Zunahme der disponiblen Zeit außerhalb der Produktion, ist nicht nur ein wichtiges Instrument zur Umverteilung der Arbeit und Schaffung von Arbeitsplätzen sondern gleichzeitig eine entscheidende Voraussetzung, um die Einseitigkeit der Geschlechterrollen in der Familie aufzubrechen. Bisher praktizierte Arbeitszeitdiskriminierung gekoppelt mit Einkommensnachteilen würde damit wesentlich schwerer durchsetzbar. Dagegen ist eine Arbeitszeitverkürzung bei vollem Lohnausgleich, die 30-Stunden-Woche, angesichts der technologischen Entwicklung, eine realisierbare Vision. Auf der Basis der gesellschaftlichen Auseinandersetzung über die Verteilung und das Volumen der Arbeit erweitern sich die Spielräume der Individuen zur Gestaltung des gesamten Reproduktionsbereichs. Aber selbst der 6-Stunden-Tag als Normalarbeitstag löst nicht alle Probleme, auch dann bleiben außerbetriebliche Zeitbedarfe in bezug auf die Kinderbetreuung (z. B. Freistellung bei Krankheit der Kinder), in bezug auf die Vereinheitlichung der Lebenschancen (z. B. Zeitansprüche für außerbetriebliche Bildung und Weiterbildung, insbesondere für Frauen nach der Freistellung wegen der Geburt eines Kindes) oder in bezug auf die Entdichtung der Arbeitszeiten (z. B. Kommunikations- und Qualifikationszeiten), die besondere Regelungen im Rahmen der kollektiven Arbeitszeitverkürzung notwendig machen. Die Verbesserung der sozialen Infrastruktur, besonders der Ausbau, die qualitative Umgestaltung und Verbilligung öffentlicher Betreuungseinrichtungen und die Ausweitung der sozialen Sicherungssysteme ermöglichen die Befreiung der Individuen von zunehmend irrational erscheinenden sozialen Zwängen und persönlichen Abhängigkeiten.

Diese emanzipatorische Dimension von Arbeiten und Leben, von Produktion und Reproduktion erfordert eine bewußte und gleichberechtigte Gestaltung des Lebensprozesses, eine politische Frauenarbeit, die die Frauen in die Lage versetzt, ihre Gedanken und Ansprüche der bestehenden Praxis vorauseilen zu lassen, um so ein politisches Bewußtsein zu prägen, das zur Veränderung der gesellschaftlichen Verhältnisse treibt. Dies erfordert eine Frauenpolitik der Gewerkschaften und der Frauenbewegung, die der doppelten Abhängigkeit und Unterdrückung der Frauen einen Prozeß der antikapitalistischen und antipatriarchalischen Befreiung zur Aufhebung von Ausbeutung des Menschen durch den Menschen entgegensetzt: das Sein verändert das Bewußtsein – das Bewußtsein das Sein.

Anmerkungen

1 Vgl. W. Müller, A. Willms, J. Handl, Strukturwandel der Frauenarbeit 1880–1980, Frankfurt/New York 1983.

2 Vgl. M. Baethge, H. Oberbeck, Zukunft der Angestellten. Neue Technologien und berufliche Perspektiven in Büro und Verwaltung. Frankfurt/New York 1986.

3 Vgl. K. Gottschall, J. Müller, Abbau geschlechtsspezifischer Arbeitsteilung im Dienstleistungssektor? In: SOFI-Mitteilungen 12. Februar 1986, S. 1–38.

4 Vgl. U. Metzner, B. Stahn-Willig, Frauenarbeit – ein Beitrag zur gewerkschaftlichen Technikdebatte; in: WSI-Mitteilungen, Heft 8/1986.

5 Vgl. K. Gottschall, Frauen auf dem Arbeitsmarkt: Verdrängung statt Integration? in: WSI-Mitteilungen, Heft 8/1986. Vgl. auch H. M. Pfarr, Quotierung und Rechtswissenschaft, in: H. Däubler-Gmelin u. a. (Hrsg.). Mehr als nur gleichen Lohn! Handbuch zur beruflichen Förderung von Frauen, Hamburg 1985.

6 Vgl. K. Gottschall, J. Müller, a. a. O., S. 23.

7 Vgl. E. Beck-Gernsheim, Wieviel Mutter braucht das Kind? Geburtenrückgang und der Wandel der Erziehungsarbeit. In: S. Hradil (Hrsg.), Sozialstruktur im Umbruch, Opladen 1985, S. 265-286.

Dorothee Roer

Einige unordentliche Gedanken zum Thema Hausarbeit

Für Christine

Als ich gebeten wurde, an diesem Band mitzuarbeiten und einige Überlegungen zum Thema Hausarbeit beizusteuern, verspürte ich zunächst einmal spontan Unbehagen, so ein Bloß-nicht-schon-wieder-das-Gefühl. Zugleich dachte ich, leicht beklommen, an meine eigenen Ausführungen zu dieser Frage, die mir in dem Moment blaß-akademisch, dogmatisch vorkamen. Glücklicherweise mußte ich mich nicht sofort entscheiden. So konnte sich das Unlustdurcheinander ordnen, und ich stellte fest: nicht eigentlich das Nachdenken über Hausarbeit und Lohnarbeit würde mir Verdruß bereiten, sondern eine bestimmte, die auch mir bisher geläufige Art, dies zu tun, ein Denken in Entweder-Oder-Kategorien, schwarzweiß, keine Grauschattierungen, schon gar nicht bunt.

In diesem Buch wollen die Autorinnen (unter anderem) der Frage nachgehen, wie sie bündnisfähiger werden können, untereinander, mit Frauen aus anderen Spektren der Frauenbewegung, mit den verschiedensten Gruppierungen des fortschrittlichen Lagers. Allerwichtigste Voraussetzung für wirkliche, nicht nur taktisch begründete Zusammenarbeit scheint mir Offenheit zu sein. Das heißt für mich in dieser Situation zuallererst die Entwicklung unserer Phantasie, in theoretischer und praktischer Hinsicht. Damit will ich sagen: alte Denkmuster sollten wir (damit meine ich die als Marxistinnen sich verstehenden Kreise der Frauenbewegung, zu denen ich mich selbst zähle) überprüfen, Starres, Glaubenssätze aufkündigen, statt dessen eine genaue, differenzierte Analyse betreiben. Wie Barbara Sichtermann es im Vorwort zu ihrem

Buch »Weiblichkeit« ausdrückt, »näher rangehen« an die Probleme, damit zugleich auch an die Frauen und Gruppen der Frauenbewegung, die in den anstehenden Fragen anderer Meinung sind. Denn indem wir aufräumen mit unseren eigenen Klischees, werden wir auch offen für die Argumente der anderen Seite.

Dies im Ansatz zu tun, scheint mir doch reizvoll, auch notwendig. Und so will ich es also versuchen, auch wenn ich im Augenblick aus Zeitgründen nicht viel mehr als ein paar unordentliche Gedanken zu Papier bringe. Die sind zudem nicht nagelneu. So knüpfe ich z. B. an Überlegungen aus der Arbeitsgruppe »Lohnarbeit und Hausarbeit« der IMSF-Frauenkonferenz 1982 an. Damals haben wir recht unkonventionelle Fragen und Thesen formuliert. Sie heute wieder aufzunehmen, scheint mir wichtig, weil ich den Eindruck habe, daß wir in ihrer Beforschung und Untermauerung noch nicht viel weiter gekommen sind.

Eine letzte Vorbemerkung: wegen der Kürze der mir zu Verfügung stehenden Zeit habe ich mich in meinen Überlegungen auf psychologische Aspekte des Themas konzentriert und andere wichtige, z. B. den ökonomischen, hier ausklammern müssen.

Bisher wurde (Frauen-)Hausarbeit (im folgenden als Kürzel für Haus *und* Er-/Beziehungsarbeit verwendet) in der Frauenbewegung (oder sollte ich sagen: zwischen den Frauenbewegungen?) meist im Gegensatz zur Frauenerwerbstätigkeit diskutiert. Wir fragten: in welcher der beiden Arbeitsformen findet frau ihre emanzipative Perspektive, ihre Befreiung, ihre Bestimmung? Welches ist der richtige Weg, welches der falsche? Entweder, oder? Und indem wir so fragten, hatten wir uns die Antworten auch schon selbst gegeben, die uns lieb gewordenen Antworten: »Nur in der Beziehungsarbeit kann frau ihre Weiblichkeit schützen und entwickeln und so zur Überwindung des Patriarchats beitragen.« »Nein, nur Teilhabe am Produktionsprozeß emanzipiert die Frau und eröffnet ihr die Möglichkeit, Gesellschaft mitzugestalten und zu verändern.« »Nein,. . .« Verhärtete Fronten. Also: näher rangehen.

Frauenalltag: da scheint sich die Frage Lohn- versus Hausarbeit als entweder-oder vielfach so gar nicht zu stellen. Heute ist nur mehr jede zehnte Frau während ihres ganzen Lebens niemals berufstätig. Sich schulisch zu qualifizieren und eine Berufsausbildung abzuschließen ist inzwischen für junge Frauen selbstverständlich. Ebenso wichtig, heute offenbar wieder wichtiger als noch vor einigen Jahren, ist der Wunsch zu heiraten, Kinder zu bekommen und bei ihnen zu bleiben, solange sie klein sind. Viele Frauen wollen also beides: Berufs- und Haus-/Beziehungsarbeit, jedes zu seiner Zeit, auf keines verzichten und dabei nicht notgedrungen ein Leben lang doppelt belastet sein. Und sie sind überzeugt davon, diese Lebensperspektive aus guten Gründen ins Auge zu fassen.

Aus guten Gründen? Nein, das paßt nicht ins alte Schema. Da protestiert etwas in mir. Sind es nicht eher schlechte Gründe, solche, mit denen frau ihren (im Moment von den Wendepolitikern zudem geforderten oder doch erwarteten) Rückzug aus dem – oft als unbefriedigend erlebten – Beruf rechtfertigt? Sind es nicht auch deshalb schlechte Gründe, weil sie eine Situation mitschaffen und zementieren helfen, in der die Frau ihre Abhängigkeit vom und Unterordnung unter den Mann, ihre weitgehende gesellschaftliche Isolation und Einflußlosigkeit und vieles Negative mehr, selbst herstellt und legitimiert? Und überhaupt, so frage ich mich selbst, hat Dein »Umdenken« nicht mehr mit dem Druck der Verhältnisse als mit weiterweisender Erkenntnis zu tun, damit, daß es angesichts der gegebenen Arbeitsmarktlage schlicht und einfach illusorisch geworden ist, Frauenberufstätigkeit als *das* Mittel zur Frauenemanzipation zu proklamieren?

Auf der anderen Seite: warum nicht erst einmal die Lösungen der Frauen ernstnehmen, die in ihrem Leben Berufstätigkeit und Familie verbinden wollen (und können aufgrund ihrer materiellen Lebensbedingungen), ohne permanent sowohl doppeltbelastet als von Schuldgefühlen geplagt zu sein? Das hieße auch, die Begründungen dieser Lösungen zu respektieren. Warum nicht so frei sein, auch dann eigene Denkmuster zu revidieren, wenn in den Neuformulierungen erstmal unsere bisherigen griffigen (vielleicht allzu griffigen) Gegenpositionen zur herrschenden, frauenunterdrückenden Meinung aufgegeben werden müssen, womit mancher die Gefahr gegeben scheint, daß wir uns nun den gegnerischen Ansichten näherten. Der Meinung bin ich allerdings ganz und gar nicht. Im Gegenteil: mit jeder Differenzierung unseres eigenen Standpunkts grenzen wir uns deutlicher von unseren wirklichen Gegnern ab. Versuchen wir es also und sehen uns zunächst einmal an, wie wir Befürworterinnen von Emanzipation durch Lohnarbeit bislang argumentierten.

Ausgangspunkt unserer Überlegungen war in der Regel die Gegenüberstellung zweier Arbeitswelten: Fabrik, Büro, Geschäft versus Haushalt, Sandkasten, Supermarkt. Damit verbunden war die Gegenüberstellung – meist Entgegensetzung – zweier Typen von Arbeit, die wir etwa wie folgt, z. T. wenig zutreffend, charakterisierten:

Lohnarbeit	Haus-/Be-/Erziehungsarbeit
Arbeit	Nichtarbeit
produktiv	unproduktiv
öffentlich	privat
gemeinschaftlich	isoliert
kooperativ	alleinverantwortlich, einzelkämpferisch, Einzelarbeit
solidarisch	konkurrent
formationsspezifisch *die* Form der Arbeit, deshalb ein individueller und gesellschaftlicher Entwicklungsfaktor	vorindustriell, historisch überholt, deshalb gesellschaftlich und individuell perspektivlos
gesellschaftliche Kraft	scheinhafte Alternative (als vermeintlicher Gegenpol zur entmenschlichenden Lohnarbeit)
Möglichkeit gesellschaftlicher Veränderung	ohnmächtiges Ausgeliefertsein an gesellschaftliche Kräfte
planvoll	unorganisiert
sachlich, sachbezogen	gefühlsbetont, gefühlsbezogen
echte Beziehungen und Gefühle	scheinhafte Beziehungen und Gefühle
bezahlt	unbezahlt
führt zu Selbständigkeit	impliziert Abhängigkeit vom Haushaltsvorstand

Dies alles so wörtlich in veschiedenen Veröffentlichungen der beginnenden achtziger Jahr zum Thema Frauenemanzipation durch Frauenerwerbsarbeit. Die in solcher Gegenüberstellung enthaltene Sichtweise basiert auf mehreren, in der Regel nicht näher erläuterten Grundannahmen, die genauer zu betrachten sich jedoch auf alle Fälle lohnt.

Sehen wir uns zunächst den implizierten Arbeitsbegriff an. Mehr oder weniger ausdrücklich wird mit Marx argumentiert, allerdings ohne der Frage nach dessen Arbeitsverständnis genauer nachzugehen.

Mehrwertschaffende Arbeit wird dann allzuschnell unter Berufung auf den großen Theoretiker mit produktiver Arbeit gleichgesetzt, und dabei übersehen, daß Marx mindestens zwei Arbeitsbegriffe kennt. Einen eher philosophisch-anthropologischen, wonach Arbeit als zentrales Moment menschlicher Lebensbewältigung begriffen wird, und einen eher ökonomischen, der Arbeit unter der Perspektive der Formation als gesellschaftlich dominierende Tätigkeitsweise bestimmt. Wenn Marx z. B. von der Arbeit behauptet, sie sei Quelle allen menschlichen Reichtums, Grund aller individuellen und gesellschaftlichen Entwicklung, dann bezieht er sich in dieser Aussage weder auf die mehrwertschaffende, -realisierende Lohnarbeit, noch auf andere formationsabhängige Typen von Arbeit, sondern auf menschliche Tätigkeit ganz allgemein, als Äußerungsform menschlicher Natur. Prinzipiell birgt also jede Tätigkeit, auch Hausarbeit eine produktive = entwicklungsfördernde Potenz in sich (wobei es mir ebenso interessant wie nötig erscheint, den Gesichtspunkt Produktivität von Haus- und Erziehungsarbeit auch unter ökonomischer Perspektive als Frage nach der möglicherweise doch wertschaffenden Qualität dieses Typs von Arbeit weiter zu klären). Diese wichtige Marxsche Erkenntnis haben sich z. B. historisch-materialistische Psychologen (etwa die kulturhistorische Schule mit Vertretern wie A. N. Leontjew) zu eigen und zur Grundlage einer ebenso spannenden wie wissenschaftlich attraktiven Alternative zu bürgerlichen Psychologien gemacht.

Eins muß in diesem Zusammenhang allerdings immer ergänzend gefragt werden, nämlich, ob und inwieweit die Verhältnisse, innerhalb derer das produktive Arbeitsvermögen realisiert wird, es zulassen, daß sich diese menschliche Potenz entfaltet (Arbeit und ihre Ergebnisse so zu produktiven Beiträgen zum kulturellen Erbe der Menschheit werden können). In der Klassengesellschaft gilt für alle Formen menschlicher Tätigkeit, daß sie als Prozeß und Resultat immer widersprüchlich bleiben muß: produktiv und unproduktiv, produktiv und destruktiv. Dies trifft für Hausarbeit ebenso zu wie für wissenschaftliche und künstlerische Tätigkeiten (egal, ob sie in Lohnarbeitsbeziehungen oder außerhalb solcher Zusammenhänge geleistet werden) wie schließlich für die Lohnarbeit selbst.

Für den letztgenannten Typ menschlicher Betätigung als deren kapitalismusspezifische Ausprägung und die in dieser Formation dominierende Form der Arbeit hat Marx produktive und destruktive Momente präzise beschrieben. Vereinfacht kann man sagen: produktiv ist Lohnarbeit als Gebrauchswerte schaffende, destruktiv, insofern sie innerhalb eines nur auf die Erzeugung von Tauschwerten abzielenden Produktionsprozesses erbracht werden muß.

Und damit möchte ich auf die uns lieb gewordenen Lohnarbeitsbefürworterinnen-Argumentation zurückkommen. Ich bin mir inzwischen sicher, daß wir in ihr bisher die destruktiven Seiten von Lohnarbeit nicht genügend ernst genommen haben. Sie tauchen in unserem Denken und Reden gewöhnlich nur als Accessoirs auf, als Randbemerkungen, etwa so: selbst noch unter miserabelsten Arbeitsbedingungen (die aber an dieser Stelle nicht Thema sein könnten) wirke Lohnarbeit emanzipatorisch. Denn sie werde öffentlich erbracht, gemeinschaftlich, kooperativ, sei eine gesellschaftliche Kraft, mit solidarisierender Wirkung und so weiter und so weiter und *nur* dies. Damit verabsolutieren wir einige, sicher bedeutsame entwicklungsfördernde Momente, die von der Lohnarbeit (aufgrund ihrer Organisationsform und ihrer Inhalte) ausgehen *können*, und unterschlagen, indem wir sie bis zur Unkenntlichkeit verharmlosen, andere zugleich wirksame, Körper, Persönlichkeit und die sozialen Beziehungen zerstörenden Konsequenzen von Lohnarbeit, die sich ergeben aus dem Zwang zum Verkauf der Arbeitskraft, der Unterwerfung unter Ausbeutung, die Entfremdung aus der Arbeit.

Diesen schlimmen Wirkungen der Lohnarbeit können sich zumindest all die Frauen, die arbeiten gehen *müssen*, nicht entziehen. An anderer Stelle haben wir immer wieder auf die empörende Tatsache hingewiesen, daß Frauen der Ausbeutung weit stärker ausgeliefert sind als Männer: schlechtere Arbeitsbedingungen, schlechtere Bezahlung. Und doch scheinen wir, sobald wir in die Emanzipationsdebatte einsteigen, nicht mehr recht ernst nehmen zu wollen, was das für den Alltag bedeutet, nämlich, daß viele Frauen nur gezwungenermaßen arbeiten, daß Arbeit sie (natürlich auch die Männer) auszehrt, kaputt macht an Körper und Seele, ohne Sinn zu geben; daß frau (wie man) erst bei sich ist, wenn sie (wie er) außerhalb der Arbeit ist. Sicher: Frauenerwerbstätigkeit bedeutet vielfach Selbständigkeit, eigenes Geld, Unabhängigkeit vom Mann, eigene gesellschaftliche Erfahrungen und politisches Engagement, Selbstbewußtsein. Sie heißt aber in vielen Fällen *zugleich* Hetze, Überforderung, Leere, Angst vor Verlust der – ungeliebten – Arbeit, Krankheit, Frühinvalidität.

Ein weiteres möchte ich anmerken: Arbeitsbedingungen von Frauen sind nicht nur oft deutlich mieser als die der Männer. Frauen gehen aufgrund ihrer psychischen Struktur in der Regel mit diesen Belastungsmomenten auch nicht so »geschickt« (z. B. distanziert, verdrängend) um wie ihre männlichen Kollegen. Sie empfinden meist weniger Befriedigung in Konkurrenzsituationen, leiden mehr unter zwischenmenschlichen Konflikten oder Isolation bei der Arbeit, unter der Zerstückelung der Arbeitsprozesse, Sinnlosigkeit und Enfremdung. D. h. die ohnehin schon erheblichen psycho-sozialen Belastungen durch Lohnarbeit treffen Frauen nicht nur objektiv, sondern auch subjektiv stärker als Männer.

Wie steht es nun mit den von uns als Lohn für die Mühen der Erwerbsarbeit ins Feld geführten Faktoren?

Erstens: Emanzipation durch eigenen Lohn – gibt es da wirklich einen so glatten Ursache-Wirkungs-Zusammenhang? Ist z. B. der Arbeitslohn von Frauen nicht oft so niedrig, daß er allein zur Sicherung der Existenz kaum ausreicht, allemal dann nicht, wenn frau als Haushaltsvorstand Familie ernähren will/soll? Empfinden deshalb nicht ein Stückweit realistisch Frauen ihren Lohn oft weniger als Basis der eigenen Reproduktion, sondern vielmehr als Zuverdienst neben dem gewichtigeren Einkommen des Mannes? Und auf der anderen Seite: klammern wir mit der These vom eigenen, dem ausschließlich selbstverdienten Geld nicht die Tatsache aus, daß im Lohn des Mannes ja zu Teilen wenigstens die Reproduktionskosten für Frau und Kinder enthalten sind, daß frau auf ihren Anteil ja Anspruch erheben könnte (was bisher allerdings nicht geschehen ist)?

Zweitens: Teilhabe am Produktionsprozeß führe zu aufgeklärtem, emanzipiertem Bewußtsein. Vergaßen wir, als wir das formulierten, daß dagegen schon der Augenschein spricht? Denn wenn dem so wäre, müßten z. B. alle (arbeitenden) Männer automatisch aufgeklärt und fortschrittlich sein. Ein Denkmuster, das quasi mechanisch eine Beziehung zwischen objektiver Lage (=Lohnarbeit) und ihrer subjektiven Verarbeitung (=politisches Bewußtsein) herstellt, ist wenig hilfreich und auch unpraktisch, weil verständigungshinderlich. Wichtig wäre, genau zu schauen, unter welchen Bedingungen Lohnarbeit bei Frauen zum Wunsch führt, sich zu entwickeln, zu politisieren, alte Abhängigkeiten abzustreifen, vorwärtsweisende, neue Beziehungen anzuknüpfen, und welche objektiven Faktoren und subjektiven Mechanismen bewirken, daß frau sich in der Arbeit unter ungünstigen Bedingungen in untergeordneten Funktionen unter Inkaufnahme von Doppelbelastung klaglos einrichtet. Auch in die Untersuchung dieser Frage werden wir viel Phantasie investieren müssen, um gängige Klischees zu überwinden, sowohl die soziologistischen (vom Muster: Frau kann sich am politischen Leben *nur* deshalb nicht beteiligen, weil sie keine Institutionen vorfindet, die sie in Haushaltsführung und Kindererziehung

ziehung entlasten) als auch die psychologistischen (etwa: Frau kann sich nicht gesellschaftlich engagieren, weil in ihrer Sozialisation diesbezüglich zu viele Barrieren angeeignet wurden).

Drittens: Lohnarbeit werde gemeinschaftlich geleistet, das begründe die Solidarität aller Arbeitenden untereinander (und die Einbeziehung der Frauen in diese Gemeinschaft führe zu ihrem gesellschaftsverändernden Engagement). Auch dazu ist zu sagen: die Praxis widerspricht dieser These leider immer wieder. Gemeinschaftlichkeit (als objektive Voraussetzung für eine mögliche Entwicklung von solidarischem Bewußtsein) existiert ja auch nur *im* Arbeitsprozeß. Wer keine Arbeit hat, ist darauf angewiesen, sich als Einzelkämpfer gegen alle Mitkonkurrenten um einen Arbeitsplatz durchzusetzen. Da gerade Frauen vermehrt arbeitslos oder von Arbeitslosigkeit bedroht sind, müssen gerade sie auch verstärkt gegen entsolidarisierende Einflüsse sich zur Wehr setzen. Nochmal zurück zur kooperativen Struktur von Lohnarbeit. Diese Aussage gilt für die Organisation des Gesamtprozesses, nicht aber für alle seine Teilschritte und alle darin vorkommenden Arbeitsverfahren. Gerade Frauen arbeiten als unqualifizierte Kräfte häufig unter Isolationsbedingungen, haben es also auch in dieser Hinsicht schwerer, Gemeinschaftlichkeit und Solidarität in der Lohnarbeit und durch sie zu erfahren. Dies gilt in besonderem Maße für Tätigkeiten in den typischen Frauenarbeitsbereichen Verkauf und Büro.

Eine letzte Überlegung zu diesem Thema: ebenso wie es die (objektiv begründete) Solidarität unter Lohnabhängigen gibt, existiert die Tendenz des Kapitals, die Arbeiterklasse zu spalten und dadurch ausbeutbarer und politisch gefügiger zu machen. Die zu diesem Zweck eingesetzten Mittel sind vielfältig, reichen von Indoktrination über die Vergabe von materiellen und immateriellen Privilegien bis zu Sanktionen, und stellen immer wieder eine Bedrohung der Arbeitersolidarität dar. Auch Frauen versuchte das Kapital immer wieder als »Spalter« einzusetzen, und nicht immer erfolglos, gestern, um Lohn zu drücken, heute, um neue Arbeitsformen (wie

Teilzeitarbeit, job-sharing, Heimarbeit usw.) durchzusetzen. Frauen wehren sich offenbar nicht immer erfolgreich gegen solchen Mißbrauch. Das mag mit ihrer Stellung innerhalb der industriellen Reservearmee zusammenhängen, mit ihren außerberuflichen Lebensbedingungen (Haushalt und Kind-[er]), sicher auch mit bestimmten »weiblichen« Persönlichkeitsmerkmalen (nicht kämpfen für sich selbst, sich fügen, allein durchkommen usw.).

Dies alles nicht zu bedenken, wenn wir über Lohnarbeit sprechen, wäre zynisch den vielen Frauen (und Männern) gegenüber, die tagtäglich am Fließband, in Lagerhallen, in Büros entfremdete Arbeit leisten müssen, darunter leiden und daran Schaden nehmen. Dies alles zu bedenken und ernstzunehmen hilft, die vielen Frauen zu verstehen, die wenigstens zeitweise heraus wollen aus dieser Tretmühle, in der Entscheidung *gegen* Erwerbsarbeit und *für* Hausarbeit einen (Aus-)Weg sehen, der wenigstens einem Teil von ihnen (nämlich denjenigen, die nicht durchgängig gezwungen sind, ihre Arbeitskraft zu verkaufen) qua Geschlecht zugebilligt wird. Bedeutet diese Argumentation nun eine Wendung um 180 Grad, eine Legitimierung des Rückzugs von Frauen aus der Arbeitswelt, eine Idealisierung von Haus- und Erziehungsarbeit? Keinesfalls, wohl aber soll sie dazu führen, die Entscheidung der Frauen, die zwischen den beiden Lebensformen überhaupt wählen können, zu respektieren, sofern sie sich gegen Lohnarbeit entscheiden und in ihrem Schritt nicht gleich etwas Negatives, Antiemanzipatorisches zu sehen. Nur so ermöglichen wir es uns selber, zu fragen, ob dieser Schritt unter Umständen nicht auch positive Perspektiven für Frau und Gesellschaft in sich bergen könnte.

Wie haben wir Verfechterinnen der These von der Emanzipation durch Lohnarbeit nun den Ort beschrieben, den frau gegen ihren Lohnarbeitsplatz eintauschen möchte? Auch dazu einige Zitate ungenannter Autorinnen und Autoren: Familie sei isoliert, abgekoppelt von gesellschaftlichen Prozessen, durch Privatheit charakterisiert, bilde eine Art Pseudo-Gegenstruktur zur Gesellschaft, z. B. durch Schaffung und

Nutzung eines anforderungsfreien Raums. In dem würden Ausschließlichkeitsbeziehungen entwickelt, die zu privatistischen, isolatorischen Tendenzen der Familienmitglieder führten, zur Übersteigerung des Privatheitsanspruchs, zur Verhinderung von Solidarität. Solche Tendenzen prägten vor allem die Persönlichkeit der Hausfrau und Mutter direkt negativ, weil sie durch ihre Tätigkeit am stärksten auf die Familie bezogen sei. Beziehungen und Orientierungen, die über dieses Zwangssystem hinausreichten und es in seinen destruktiven Auswirkungen relativieren könnten, existierten nicht. Deshalb wird die Hausfrau/Mutter (als Gegenbild zur Berufstätigen) u. a. auch konsequent als unpolitisch bestimmt. Zugleich wird sie als auch äußerlich hoffnungslos auf Familie fixiert beschrieben, weil sie sich wegen ihrer finanziellen Abhängigkeit vom Mann aus ihr nie lösen könne.

Im Kern dieser Argumentation steht die These von der Privatheit der Familie und der Familienbeziehungen als dem Ungesellschaftlichen. Aber gibt es das denn überhaupt, etwas Privates als Ungesellschaftliches? Ist nicht alles Private, gerade darin, gesellschaftlich, politisch? Muß das nicht auch auf die vermeintliche Privatheit der Familie zutreffen? Wenn das so wäre, wie käme dann diese sogenannte Privatheit *als gesellschaftliches Phänomen* zustande? Ich denke: objektiv ermöglicht durch die im Kapitalismus fortschreitend sich durchsetzende Trennung von Produktions- und Reproduktionsstätten, auf diesem Hintergrund aber weitgehend bestimmt durch vielfältige, schwer zu ertragende negative Erfahrungen in der Arbeit und anderen öffentlichen Bereichen. Deren Negation(sversuch) stellt das Konzept des privaten Familienraums dar, die (nie erfolgreiche) Bemühung, in einer inhumanen, durch Konkurrenz und Profitorientierung, Entfremdung und Aggression bestimmten Welt zu überleben. Als Rückseite gesellschaftlicher Tatbestände ist es so durch und durch gesellschaftlich, genau wie alle weiteren Bestimmungsstücke der Institution Familie.

Wie fiktiv die Vorstellung von der Privatheit der Familie ist, vor allem in den unteren sozialen Schichten, kann man sich leicht klarmachen, etwa am Beispiel der Arbeiterfamilie in der Zementburg Nr. 2 der Trabantenstadt B: Erdrückung des »Privaten« durch den Zwang beider Partner zu arbeiten (Eltern und Kinder sehen sich erst abends total abgeschafft), durch die tief in die Familie eingreifenden Arbeitsbedingungen des Mannes und der Frau (z. B. Schichtarbeit, die zu gegenläufigen Lebenszyklen und einer Vielzahl dadurch entstehender Konflikte führt), aber auch durch die Bauweise der Wohnungen (zu klein, verbaut, hellhörig, so daß weder ein Wechsel von Miteinander und Fürsichsein der einzelnen Familienmitglieder möglich, noch eine Privatsphäre der Gesamtfamilie gegenüber anderen Hausbewohnern gesichert sind) und so weiter und so weiter.

Wie kamen wir angesichts dieser Tatsachen denn nun auf die Rede von der Privatheit = Ungesellschaftlichkeit von Familie? Ich habe den Verdacht, daß die geschilderten Vorstellungen, die in der Behauptung der notwendig destruktiven Wirkung von Haus- und Erziehungsarbeit münden, gar keine allgemeinen Beschreibungen von Familie darstellen, sondern als konstitutiv für diese Institution generell festschreiben, was allenfalls einen bestimmten Typ von Familie heute charakterisiert, nämlich die im Trend liegende, an gesellschaftliche Anforderungen hochgradig angepaßte und zugleich selbst-unkritische Mittelschichtfamilie mitsamt der in ihr entwickelten Ideologie.

Mitglieder der Mittelschicht sind in besonderem Maße geprägt von Arbeitserfahrungen extremer Individualisierung von Leistung, scharfer Konkurrenz, des Zwangs zu aggressiver Durchsetzung, umfassender Verdinglichung von Arbeitsbeziehungen und ausschließlicher Dominanz der Arbeitsprozesse durch Rationalität und Pragmatismus. In ihren Familien versuchen sie, die Negation dieser Erfahrungen zu leben, zur Grundlage ihrer Beziehungen zu machen. Die Mittelschichtsfrau, die sich dafür entscheidet, diese vermeintlich kompensatorischen Räume zu gestalten und zu erhalten, und eine (notwendig fiktive) Gegenwelt zur beruflichen des Mannes zu schaffen, trägt nun auf paradoxe Weise (und oft, ohne es selbst zu wollen und zu bemerken) gerade dazu bei, die destruktiven Erfahrungen aus der Arbeitswelt zu stabilisieren, indem sie sie in ihrer scheinbaren Negation in Sozialbeziehungen, Erziehungsziele usw. übersetzt und zur Wirkung bringt. Solche Lebensbedingungen wenden sich sicher nicht selten gegen die in ihnen befangenen Personen und führen zu negativen psychosozialen Konsequenzen, besonders für die Frauen.

Sicher kann ein solches, auf Schein gebautes Leben frau auch nicht befriedigen. Einleuchtend, daß die Versuche, ihm doch einen Sinn abzuringen (durch Perfektionismus, Zur-Schaustellen der eigenen Tüchtigkeit, Nötigung der Kinder zu fortgesetzter Leistung mit dem Ziel, die eigene Unausgefülltheit zu kaschieren und Frustrationen kleinzuhalten), meist scheitern. Sicher kann ein solches Leben unfrei, krank machen, Entwicklung verhindern.

Nicht angemessen scheint mir aber, solche Strukturen ungeprüft als typisch für alle Mittelschichtfamilien zu postulieren, und geradezu falsch, sie zu Familienmerkmalen schlechthin zu generalisieren. Gerade Analysen familiärer und erzieherischer Traditionen und aktueller Praktiken unter schichtspezifischem Gesichtspunkt zeigen doch immer wieder, daß die Verhältnisse in Arbeiterfamilien anders liegen. Dort strukturieren z. T. auch ganz andere (als die für die Mittelschicht typischen) Arbeitserfahrungen das Familienleben, so unter anderem auch gelebte Solidarität und Kooperation.

Dies gilt nicht nur für Arbeiterfamilien, in denen beide Elternteile berufstätig sind, sondern auch dort, wo die Mutter zu Hause bleibt. Ganz besonders deutlich treten solche positiven Familienstrukturen dort in den Blick, wo soziale und politische Traditionen und diesen entsprechende Wohnformen, diesen – wie ich finde progressiven – Familientyp stabilisieren und zum Teil einer alternativen politischen Kultur werden lassen.

Noch einmal zurück zur These von der privatistischen Familie. Entpuppte sich schon die Setzung von Familie als ungesellschaftliche Reproduktionsinstanz als Fiktion, um so schneller die von der Ungesellschaftlichkeit und Privatheit der familiären Erziehung. Familienerziehung muß, wie Erziehung allgemein, die Produktion »brauchbarer«, »verwertbarer« Menschen sichern: Arbeitskräfte, Reservearbeitskräfte, Staatsbürger, Steuerzahler, unbezahlte Erzieherinnen und Krankenpflegerinnen. Sie kann damit nie der Privatheit überlassen bleiben und ist es auch nie, selbst wenn sie sich äußerlich so darstellt, als individuelle Leistung am Einzelnen, in einem isolierten Rahmen und vermeintlich nicht als Arbeit, sondern Liebesdienst geleistet.

Schon die Entstehung dieser Erziehungsform (einschließlich der dazugehörigen und nötigen mütterlichen Gefühlsausstattung) mit der Etablierung der bürgerlichen Gesellschaft (von Elisabeth Badinter z. B. für Frankreich geistreich analysiert) verweist darauf, daß mütterliche und Familienerziehung keinesfalls als trauriger Rest eines einstmals umfassenden Auftrags von Erziehung im Feudalismus interpretiert werden dürfen. Mütterliche und Gefühlserziehung in der Familie tauchen im siebzehnten/achtzehnten Jahrhundert als ganz neue Phänomene auf. Als Merkmale bürgerlicher Gesellschaft sind sie Ausdrücke veränderter Anforderungen an Arbeitskraft und gesellschaftliche Orientierung und Praxis der Individuen.

Wegen der Wichtigkeit des Funktionierens von Familienerziehung für das Funktionieren der Gesellschaft entwickelt letztere auch vielfältige Wege und Methoden, den Müttern die jeweils »richtigen« (= geforderten und angemessenen) Erziehungsziele und -praktiken zu vermitteln. Wandlungen in Abhängigkeit von sich ändernden gesellschaftlichen Bedingungen zu studieren, gehört deshalb immer zu den spannendsten Beschäftigungen in der Sozialisationsforschung, so z. B. zu zeigen, daß und wie heute die »neue Mütterlichkeit« der Mittelschichtfrauen notwendige Voraussetzung ist für die Produktion des neuen Sozialisationstyps (als tendenziell narzißtische, leistungs- und konkurrenzorientierte, von sozialen und Traditionsbindungen freie, disponible, hochqualifizierte Arbeitskraft). Das Beispiel veranschaulicht übrigens auch, daß bestimmte Formen der Familienerziehung von

Lohnerzieherinnen gar nicht geleistet werden können, die These von der Lückenbüßerfunktion der Familienerziehung so also nicht haltbar ist.

Überlegungen dieser Art haben wir oft angestellt, in der Emanzipationsdebatte dagegen verteidigen wir ganz andere Positionen wie z. B. diese: Erziehungsarbeit der Mütter enthalte kaum Momente planvollen Tuns und der Partizipation an gesellschaftlicher Realität. Würde es uns nicht weiterbringen, diesen Satz probeweise einmal umgekehrt zu denken, Sensibilität zu entwickeln dafür, wann und wodurch wir (oft ganz unbeabsichtigt) unsere Kinder doch immer wieder im Sinne der herrschenden Kräfte vergesellschaften, und – sofern wir solche Indienstnahme nicht mehr geschehen lassen wollen – nach humanitären und egalitären Erziehungsalternativen zu suchen? Wo immer uns in dieser Frage Lösungen gelingen, tragen wir, so meine ich, enorm zum gesellschaftlichen Fortschritt bei. Und was würde eigentlich dagegen sprechen, wenn sich Mütter (oder allgemeiner: Bezugspersonen), die ihre Kinder nicht mehr als Einzelkämpfer für den Krieg aller gegen alle fit machen, sondern zu neuen Formen von Kooperation und Verantwortung erziehen wollen, zusammentäten, um gemeinsam für diese Ziele zu arbeiten? Gibt es solche Zusammenschlüsse nicht auch schon ansatzweise (z. B. in Elterninitiativen: Spielkreisen, alternativen Krippen und Kindergärten, in Elternvereinen zur Förderung von Schulversuchen, Elternräten in integrierten Gesamtschulen usw.)?

Würden wir Familienerziehung in dieser Weise als politischen Prozeß begreifen und endlich die Behauptung von der per definitionem unpolitischen Hausfrau und Mutter fallenlassen, dann könnte erstmals auch klar werden, inwiefern die vermeintlich unpolitische Haltung vieler dieser Frauen tatsächlich politisch, aber konservativ, ist. Auf der anderen Seite ließen sich dann aber auch Perspektiven entwickeln für fortschrittliche Familienerziehung. Ich denke dabei nicht nur an die (oben geschilderte) Verwirklichung von unmittelbar aus dem pädagogischen Prozeß sich ergebenden politischen Zielsetzungen und Forderungen, sondern an eine umfassende Orientierung der Erziehung an der Verbesserung der Lebens- und Entwicklungschancen unserer Kinder. Sie könnte, etwa dem Satz verpflichtet, daß wir die Erde von unseren Kindern nur geliehen haben, sich beschreiben lassen als Einsatz für eine Welt, in der Kinder halbwegs gesund, in Würde miteinander leben könnten, ohne ständige Kriegs- oder Nuklearbedrohung. Das objektive Interesse jeder Mutter daran, ihrem Kind solche Lebensperspektiven sichern zu helfen, scheint mir nicht geringer zu veranschlagen zu sein als das Interesse des Arbeiters an mehr Lohn oder besseren Arbeitsbedingungen.

Sich als Haufrau und Mutter an solchen gesellschaftlichen Auseinandersetzungen zu beteiligen (Auseinandersetzungen, in denen mir die Kampflinie in ihrem Verlauf letztlich nicht stark abzuweichen scheint von der der Arbeitskämpfe), bedeutet schließlich auch, zu konzidieren, daß solche Frauen und Mütter einen eigenen Beitrag leisten zur Emanzipation unseres Geschlechts, vielleicht nicht direkt im Einsatz für Frauenfragen, sicher aber vermittelt, in der selbstbewußten Einflußnahme auf gesellschaftliche Prozesse, im solidarischen Zusammenstehen mit anderen.

Sicher, die großen gesellschaftlichen Entscheidungen fallen in den Auseinandersetzungen zwischen Lohnarbeit und Kapital. Und an dieser Front stehen Hausfrauen und Mütter nun einmal nicht. Aber da stehen auch viele andere nicht: weder Künstler, noch Intellektuelle, noch Christen. Und doch würden wir nicht auf die Idee kommen, diesen Gruppen die Möglichkeit fortschrittlichen Engagements per se abzusprechen. Denn sie unterstützen damit – und das gleiche gilt für fortschrittlich erziehende Mütter – den Kampf um bessere Verhältnisse auf ihre Weise. Daß solche Unterstützung übrigens bis in das solidarische Mittragen und -kämpfen in großen Streiks hineinreichen kann, hat uns die Geschichte der Arbeiterbewegung in vielen Beispielen gelehrt.

Ich komme zum Schluß. Folgendes wollte ich klar machen:

1. Lohnarbeit ist und bleibt für uns Frauen ein Hauptweg zur Emanzipation. Er war und ist steinig, verlangt frau etliches

ab an Belastbarkeit und Konfliktfähigkeit und führt auch nicht immer, und schon gar nicht automatisch, zum ersehnten Ziel.

2. Haus- und besonders Erziehungsarbeit haben nicht nur die von uns bisher stark betonten negativen Seiten, schon gar nicht von der vermeintlichen Natur der Sache her. Unter bestimmten gesellschaftlichen Bedingungen kann Familienarbeit kaputt und krank machen. Prinzipiell können von ihr aber auch Anstöße für ein über die Familie hinausreichendes soziales und politisches Engagement der Frauen ausgehen. Neben Konfliktpotentialen enthält diese Form der Tätigkeit also bisher wohl wenig bedachte Entwicklungsperspektiven, die sich zwar qualitativ von den in der Lohnarbeit angelegten unterscheiden, von uns aber nicht übersehen werden sollten.

3. Frauen haben es aufgrund der doppelten Zielsetzung ihre Sozialisation in beiden Bereichen nicht leicht. Damit will ich sagen: Mädchen werden heute auf zwei Rollen hin erzogen: sie sollen Ehefrauen und Mütter ebenso sein und werden wie tüchtige (und zunehmend qualifizierte) Arbeiterinnen (dies zumindest in bestimmten Lebensabschnitten). Meine Beobachtungen gehen nun dahin, daß diese beiden Erziehungsstränge sich nicht widerspruchsfrei in der Frauenpersönlichkeit verbinden lassen, jedenfalls bis jetzt Modelle dafür zu fehlen scheinen. Der Konflikt zwischen Lohn- und Hausarbeit steckt also als psychischer Widerspruch in uns. Er läßt sich weder wegfordern noch fortdiskutieren. Er ist auch nicht dadurch zu bewältigen, daß wir uns radikal für *eine* der zwei uns einsozialisierten Möglichkeiten entscheiden, weil wir damit nur die andere Seite unserer Möglichkeiten abschneiden. Vermutlich bleibt der Widerspruch auch dann oft bestehen, wenn wir uns bemühen, beides zugleich zu realisieren, weil nicht selten diese Lösung dazu führt, daß keine der Seiten der Frauenpersönlichkeit sich voll entfaltet. Wir werden also hart an uns und unserer Situation zu arbeiten haben, um in dieser Frage weiter und zu praktizierbaren Modellen zu kommen.

4. Was ist zu fordern? zu tun? Anstelle einer Antwort – die ich ohnehin nicht geben kann – möchte ich von der Diskus-

sion in einem Seminar über Mutterliebe und die historische Gewordenheit von Gefühlen berichten. Wir hatten über die neue Mütterlichkeit gesprochen, über den in den letzten Jahren wieder spürbar werdenden Druck auf Frauen, Mütter zu werden. Interessanterweise (für mich!) lehnten die anwesenden Studentinnen durchweg die Bemessung ihres Werts am Maßstab der Mutterschaft ebenso entschieden ab wie die pauschale Verpflichtung auf Nur-Berufstätigkeit als ausschließlicher Emanzipationsperspektive. Stattdessen forderten sie für sich und andere Frauen die Freiheit, von Frau zu Frau unterschiedlich, in Berücksichtigung der jeweiligen Lebenslage und des persönlichen Entwicklungsgstands zwischen den verschiedenen Frauenmöglichkeiten zu wählen, ohne sich damit ein für allemal festzulegen oder von anderen festgelegt zu werden, vielmehr erhofften sie sich gegenseitigen Respekt und Unterstützung in der Unterschiedlichkeit ihre Entscheidungen.

Wenn es uns gelänge, diese Idee in die Tat umzusetzen, wären wir uns in der Frauenbewegung alle ein Stück näher, jede von uns ein Stück weiter, gemeinsam wären wir stärker.

Heute
wird nicht
geputzt!
Heute
wird
Putz
gemacht

Marliese Dobberthien

Zur konservativen Familien- und Sozialpolitik der Wende

1. Einleitung

Es vergeht kein Tag, an dem konservative Politiker nicht eine Art Glaubensbekenntnis zur Familie ablegen. Familie gilt als unverzichtbar und als »wichtigste Gemeinschaft. . . des Staates«,[1] als »Widerstandsnest der Selbständigkeit«.[2] Da soll die Familie »aufgewertet«, die »Erziehungskraft der Familie« und der »Mut zur Hausfrau« gestärkt werden.[3] Und am »Schicksal der Familie« – und nicht etwa politischen Macht- und Mehrheitsverhältnissen – entscheidet sich »Humanität, Freiheit und Solidarität einer Gesellschaft«.[4] Wer sich kritisch über die Institution der Familie äußert, dem wird unterstellt, er wolle den Menschen »schutzlos der Öffentlichkeit und der Obrigkeit preisgeben« und die »Mutter eliminieren«, um den »Weg in eine plattgewalzte Gesellschaft« zu beschreiten.[5]

2. Zur konservativen Familienideologie

Auffällig bei allen konservativen Äußerungen zur Familienpolitik ist die enge Verknüpfung mit der Frauenfrage. Nach konservativem Verständnis ist die Familie durch den lauterwerdenden Ruf der Frau nach Gleichberechtigung und Emanzipation bedroht. Es wird der Anschein erweckt, als obliege die gesamte Verantwortung für die Familie und ihr Wohl und Wehe ausschließlich der Frau. In diesem Verständnis geht eine Familiengefährdung von solchen Frauen aus, die an der traditionellen Rollen- und Aufgabenzuschreibung rütteln.

Andere Gefährdungsfaktoren wie der von Familiensoziologen erkannte familiale Funktionsverfall oder die Unfähigkeit vieler Väter und Ehemänner zu kooperativem Verhalten oder materielle Restriktionen, unter denen Familien leiden und zerbrechen, haben in solcher Art frauenzentrierter Familienpolitik keinen Platz. Da die konservative Familienideologie vielmehr in der Frauenfrage einen politischen Antagonismus sieht, ist sie bestrebt, die Frauen der Familie unterzuordnen.

Konservative Familienideologie z. B. im Verständnis einer Elisabeth Motschmann zielt auf die Wiederherstellung traditioneller Arbeits- und Rollenteilung in der Familie und die Festlegung der Frauen auf Mutterschaft und Familie. Die CDU-Frau klagt in dem von Heiner Geißler herausgegebenen Buch »Abschied von der Männergesellschaft«[6] über Schulbuchreformen, die die geschlechtsspezifische Rollenfixierung der Frau abgemildert haben.[7] Für sie besteht die weibliche Identität schlechthin in der Bejahung der Mutterschaft, die nicht nur als biologische, sondern als soziale Mutterschaft gemeint ist: »Die Aufgaben einer Mutter (gehören) zu den schönsten und wichtigsten, die uns aufgetragen werden können.«[8]

Von wem sie »uns aufgetragen« werden, bleibt im Dunkeln. Wie ohnehin alles beim alten bleiben soll. Eine Welt gilt nicht mehr als »erstrebenswert«, in der Mütter »keine Opfer mehr bringen wollen« und ihre »Opferbereitschaft auf dem Altar der ›Selbstverwirklichung‹ opferten«.[9]

Auch Norbert Blüm denunziert die Selbstverwirklichung als Ursache einer Familiengefährdung. Wo Selbstverwirklichung angestrebt werde, »hat auch die Familie keinen Platz mehr«.[10] Blüm entdeckt »bestimmte Kreise«, die den Hausfrauen und Müttern »jahrelang eingeredet« hätten, »Stiefmütterchen und Depp der Nation« zu sein.[11] Um dem Verfall des traditionellen Frauenbildes entgegenzuwirken, will er daher die Leistung der Frauen innerhalb der Familie mehr anerkannt sehen.[12] Wie und durch welche Mittel diese Anerkennung erfolgen soll, darüber schweigt er sich jedoch aus.

In den als frauenfreundlich gerühmten Essener »Leitsätzen der CDU für eine neue Partnerschaft zwischen Mann und Frau« für 1985 wird die Hausarbeit und Kindererziehung als »unverzichtbar für unsere Gesellschaft« bezeichnet,[13] ohne daß eine geschlechtsspezifische Zuordnung erfolgt. Vor dem Hintergrund zahlreicher Äußerungen maßgeblicher CDU-Politiker[14] ist der Verzicht auf diese geschlechtspezifische Zuordnung der Aufgaben jedoch wenig glaubwürdig. Außerdem fehlt es an Ausagen, wie Hausarbeit und Kindererziehung anders als durch den schlichten Rollentausch von Vätern und Müttern organisierbar sein kann.

Aber nicht nur die erneute substantielle Reduktion der Frauen auf Hausfrauentum und Mutterschaft, sondern auch folgenschwere Umdeutungen zentraler Begriffe der Frauenemanzipation sind Kennzeichen konservativer Familienpolitik.

Unter den Stichworten »Chancengleichheit«, »Gleichberechtigung«, »Emanzipation« forderten Gewerkschafterinnen und Sozialdemokratinnen und seit Ende der sechziger Jahre auch die erwachende neue Frauenbewegung ihren Anteil an den liberalen Grundwerten der Gesellschaft. Sie forderten eine bessere schulische und berufliche Qualifizierung, bessere Berufschancen und den Abbau alter Benachteiligungen, eine höhere politische Partizipation und mehr Selbstbestimmung in Politik, Kultur und Gesellschaft. Die ideologische Festlegung *allein* auf das Dasein für die Familie, stieß bei der jüngeren Frauengeneration zunehmend auf Skepsis bis hin zur Ablehnung.

Der damalige Arbeitskräftemangel erleichterte die zunehmende Integration in die Berufswelt. Die Erwerbsarbeit der Frau galt als Bereicherung sowohl für die Frau selbst als auch für die Familie, und umgekehrt erschien ein ausschließliches Hausfrauendasein plötzlich als rückständig.

Erst mit der beginnenden Rezession Mitte der siebziger Jahre und darauffolgender Arbeitslosigkeit wendete sich das Blatt. Nach dem bis ins Mittelalter zurück verfolgbaren Konzept der Frauenerwerbsarbeit als »Konjunkturpuffer«[15] wurde die Berufstätigkeit von Frauen wieder einmal verfemt. Das Schlagwort von der »Doppelverdienerin« machte die Runde. Es war stets auf die erwerbstätige Mutter gemünzt.

Die Tendenzwende fand bald ihren Niederschlag in der konservativen Familienpolitik. Die 1981 verabschiedeten Leitsätze der christlich-demokratischen Arbeitnehmerschaft (CDA) unter Vorsitz von Norbert Blüm zur »sanften Macht der Familie«,[16] gegen den Protest der CDU-Frauen durchgesetzt, priesen Hausfrauentugenden und Mutterschaft. Es war die männlich dominierte christliche Arbeitnehmerschaft und nicht etwa die weiblichen Arbeitnehmer oder die CDU-Frauenvereinigung oder CDU-Familienpolitikerinnen, die sich mit der Familienpolitik befaßten und das Heil der Welt durch die sanfte Macht der Hausfrau und Mutter in der Familie daherkommen sahen.

Ein signifikanter Einfluß der CDA-Leitsätze ist zwar nicht nachweisbar, denn das tatsächliche weibliche Erwerbsverhalten ist von Faktoren wie dem Ausbildungsniveau und der ökonomischen Lage der Familie bestimmt, aber der ideologische Einfluß war unübersehbar. Erwerbstätige Frauen, insbesondere Mütter sahen sich wieder Rechtfertigungszwängen ausgesetzt, fühlten sich als »Rabenmütter« diffamiert und müssen sich bis heute gegen die Unterstellung wehren, mütterliche Erwerbsarbeit führe zu »schweren seelischen Schäden«[17] und sei für Schulschwächen, Drogensucht oder gar für Raubkriminalität, neurotische Depressionen, Verwahrlosungen der Kinder und Ehescheidungen verantwortlich.[18]

Die konservative Familienideologie versucht seither, die zentralen Begriffe der Frauenbewegung wie Beruf, Gleichberechtigung, Benachteiligung und Emanzipation umzudeuten. Es kam zu einer Irritation der Frauen und es entstand eine Kluft zwischen Hausfrauen und erwerbstätigen Frauen. Eine derartige Polarisierung bildete weder die Realität richtig ab, noch beachtete sie die tatsächlichen Lebensverläufe der meisten Frauen. Denn erwerbstätige Frauen sind fast alle zugleich auch Hausfrauen. Außerdem sind von den rund zehn Millionen erwerbstätigen Frauen dreieinhalb Millionen Mütter minderjähriger Kinder und fast eine Million Mütter mit Kindern unter sechs Jahren sind erwerbstätig.

Umgekehrt war die Mehrheit aller Familienfrauen einmal erwerbstätig, und ein wachsender Teil wird auch wieder erwerbstätig sein, denn Frauen suchen verstärkt ihren beruflichen Wiedereinstieg. Der von den Konservativen propagierte Gegensatz zwischen Hausfrauen und Erwerbstätigen war künstlich konstruiert und sachlich falsch. Es mag unterschiedliche Bewußtseinsinhalte zwischen Hausfrauen und erwerbstätigen Frauen geben, jedoch keine grundlegenden Widersprüche. Der forcierte und politisch geschürte Gegensatz löste Scheingefechte zwischen Frauen aus. Er förderte die Desorientierung und Spaltung der Frauen und damit die Schwächung der erstarkenden Frauenbewegung.

Zwar wagte es auch die CDU nicht, den Ruf nach Gleichberechtigung offen in Frage zu stellen, aber die Kernforderungen der Frauenbewegung wurden verdreht.[19] Während z. B. der Begriff des »Berufs« im üblichen Sprachgebrauch die bezahlte, auch außerhäusige Erwerbsarbeit meint, wird von konservativer Seite nun die Tätigkeit der Hausfrau und Mutter zum Beruf erklärt. Von Bezahlung ist nicht mehr die Rede.[20]

Bezog sich der Begriff der »Gleichberechtigung« stets auf die Gleichstellung von Männern und Frauen in allen gesellschaftlichen Bereichen, wird im konservativen Verständnis die Gleichberechtigung auf das Verhältnis erwerbstätige – nicht erwerbstätige Frau reduziert.[21] Gleichberechtigung meint danach die Gleichwertigkeit von Familien- und Berufsarbeit.

Erwerbstätige Mütter, die Familien- und Berufsarbeit leisten, sehen sich jedoch nicht anerkannt. Im konservativen Verständnis ist diese Mutter weder gleichberechtigt noch unterstützungsbedürftig, sondern nur noch ein Wesen, das unter Zwang handelt. Daher sollen erwerbstätige Mütter kleiner Kinder aus den materiellen »Zwängen zur Erwerbsarbeit« befreit werden.[22] Hilfen zur Vereinbarung von Beruf und Familie werden in diesem Zusammenhang nicht mehr erwähnt. Und Mütter kleiner Kinder, die ohne materiellen oder anderen Zwang ihre Erwerbsarbeit gern ausüben, tauchen in konservativem Familienverständnis nicht auf.

Auch der Begriff der »Benachteiligung« wird von konservativer Seite neu besetzt. Beschrieb er ursprünglich die Schlechterstellung der Frau gegenüber dem Mann, werden nun die Frauen in weniger oder mehr benachteiligte Klassen aufgeteilt. Benachteiligung konzentriert sich auf das Verhältnis Hausfrau – erwerbstätige Frau. Nach konservativer Auffassung wird aber die Hausfrau und Mutter viel mehr als die erwerbstätige Frau diskriminiert: »Die Benachteiligung der Mutter überholt die Benachteiligung der Frau im Beruf«.[23]

Auch in dieser Gegenüberstellung Hausfrau und Mutter einerseits und erwerbstätige Frauen andererseits irritiert die Nomenklatur. Häusliche und berufliche Diskriminierung sind kaum vergleichbar und schon gar nicht abwägbar. Auch ist die Frau im Beruf nicht gleichzusetzen mit einer kinderlosen Frau. Und nicht jede Hausfrau und Mutter fühlt sich diskriminiert. Vielleicht ist sie nur frustriert. Schließlich grenzt es an Hohn, erwerbstätigen Müttern eine hohe und vielschichtige Diskriminierung abzusprechen.

Wenn Heiner Geißler darüber lamentiert, daß die Hausfrau und Mutter viel mehr als die erwerbstätige Frau diskriminiert werde,[24] schweigt er sich tunlichst darüber aus, wer hier wen diskriminiert. Sind es die erwerbstätigen Frauen, welche die Mütter und Hausfrauen diskriminieren, oder »die« Väter oder »die« Männer oder »die« Gesellschaft? Derartige Aussagen jedenfalls bleiben nebulös.

Auch der Begriff der »Emanzipation« wurde von konservativer Seite umgedeutet, indem er auf die familiäre Lebenswelt bezogen wird. Gilt z. B. in der sozialistischen Emanzipationstheorie die berufliche Tätigkeit und damit die Möglichkeit der Teilhabe am Arbeitsprozeß und der damit verbundenen ökonomischen Unabhängigkeit als eine der großen *Vorausset-*

zungen weiblicher Emanzipation, betonen die Konservativen die Selbstverwirklichungschancen *innerhalb* der Familie. Nach Auffassung der CDA führt nunmehr die Mutterarbeit zur Selbstverwirklichung der Frau.[25] Von ökonomischer Unabhängigkeit ist keine Rede mehr. Stattdessen wird gewarnt vor einem »fehlverstandenem Emanzipationsbegriff« sowie der »Irrlehre«, die Befreiung der Frau sei »nur durch Eingliederung in den Produktionsprozeß« möglich.[26] Es sei daher auch nicht Aufgabe der Politik, »auch die noch letzte Frau ins Erwerbsleben zu drängen«.[27] Eine Sichtweise wie diese ignoriert schlichtweg Lebensvielfalt.

Selbst der von Konservativen geschätzte Begriff der »Wahlfreiheit« wird verdreht. Während des Arbeitskräftemangels bis zu den siebziger Jahren legte der Begriff Frauen auf die Entscheidung »Beruf oder Familie« fest. Nach neukonservativem Verständnis beinhaltet Wahlfreiheit nunmehr die Rückorientierung allein auf die Familie. Die krause Logik lautet: weil das Familiengeld den Zwang zur Erwerbsarbeit mindert, hilft es, die Wahlmöglichkeiten zwischen Erwerbs- und Mutterarbeit überhaupt wahrzunehmen. Erst wer nicht erwerbstätig sein muß, habe eine »echte« Wahlfreiheit. Wer aber keine Erwerbsarbeit mehr ausübt, dem bleibt nur noch die Mutterarbeit. Wahlfreiheit in dieser Deutung ist gleichzusetzen mit Mutterarbeit. Die Wahlfreiheit ist demnach hergestellt, wenn die Mutter – dank staatlicher Gelder – daheim bleibt.

3. Ziele der konservativen Familienpolitik

Bei so viel ideologischen Umdeutungen stellt sich die Frage nach dem »wofür?«. Im wesentlichen kristallisieren sich drei große Ziele konservativer Familienpolitik heraus:

a) die Festlegung der Frau auf die traditionelle Rollen- und Aufgabenteilung. Sie kommt im Gewande der »neuen Mütterlichkeit« mit der »sanften Macht der Familie« einher. Typische

Repräsentanten sind Norbert Blüm, Elisabeth Motschmann, Christa Meves.

b) Die Rückführung der Frauen in die Familie dient der Bevölkerungspolitik. Heiner Geißler stellt in seinem neuesten Buch offen die Verbindung zwischen Familienpolitik und Bevölkerungspolitik her.[28] Und auch Norbert Blüm beklagt im Zusammenhang mit der Forderung nach Selbstverwirklichung die sinkende Geburtenrate.[29] Die Erkenntnis, daß zur Steigerung der Geburtenrate die Frauen eine entscheidende Rolle spielen, macht Frauen zum zentralen Zielobjekt konservativer Familienpolitik. Väter werden zwar zunehmend auch erwähnt,[30] bleiben aber Randfiguren. Und nur eine untergeordnete Rolle spielt die institutionelle Kinderbetreuung. Krippen, Kindertagesstätten, Kindergärten, Kinderhorte und Ganztagsschulen kosten eben mehr Geld als die ideologische Einwirkung auf die Frau.

c) Die Rückorientierung der Frau auf die Familie dient der Entlastung des Arbeitsmarktes und der Unterlaufung der Frauenforderung nach verkürzten Arbeitszeiten. Die CDU hat familienpolitische Leistungen eingeführt, die nur bei Arbeitsplatzverzicht gewährt werden. In Baden-Württemberg wurde z. B. das bis Ende 1985 gewährte Familiengeld nur bei Arbeitsplatzverzicht ausgezahlt. Mochte eine Mutter noch so bettelarm sein; wenn sie erwerbstätig war, bekam sie keinen Pfennig Familiengeld.

Ähnlich wirkt das seit 1986 vergebene Landeserziehungsgeld. Ohne Arbeitsplatzgarantie und ohne besonderen Kündigungsschutz kann es nur unter dem Risiko des Arbeitsplatzverlustes in Anspruch genommen werden.

Alle drei Ziele konservativer Familienpolitik betrachten sowohl die Frau als auch die Familie als ein Instrument, bevölkerungs- und arbeitsmarktpolitische Ziele oder männliche Karrieren durchzusetzen. Die staatliche Bevölkerungspolitik mittels der Familienpolitik will dem tatsächlichen generativen Verhalten der Frauen entgegenwirken. Die Rückführung der Frau in die Familie und die Orientierung auf das Ehrenamt statt der beruflichen Wiedereingliederung dient der Beschönigung von Arbeitsmarktstatistiken, und das hohe Lied der Hausfrau und Mutter erlaubt manchem Mann das bequeme Leben daheim.

4. Die Taten konservativer Familienpolitik – eine ernüchternde Bilanz

Im Gegensatz zu den familienfreundlichen Reden konservativer Politiker läßt die tatsächliche Leistungsbilanz der konservativ-liberalen Wenderegierung Ernüchterung aufkommen. Sie entspricht dem alten restaurativ-konservativen Frauenleitbild, allerdings in einem modernen Gewande.

Da sich Familienpolitik weder scharf von der Frauenpolitik noch von der Sozialpolitik und Steuerpolitik trennen läßt, werden diese benachbarten Politikbereiche, die zentral in das Leben der Familien hineinwirken, auch mitbehandelt.

a) Mangelnde Anerkennung von Familienarbeit

Konservative Familienideologen werden nicht müde, die mangelnde Anerkennung der Familienarbeit zu beklagen. Doch auch ihre Politik ändert nichts Entscheidendes daran.

Als große familienpolitische Leistung wird die Anerkennung von Zeiten der Kindererziehung in der Rentenversicherung bezeichnet. Diese jahrzehntealte gewerkschaftliche Forderung geht auf die sechste DGB-Bundesfrauenkonferenz von 1968 zurück. Inzwischen werden seit Januar 1986 die Zeiten der Kindererziehung pro Kind für ein Jahr im Geldwert von ca. 25,– DM pro Monat rentenbegründend und rentensteigernd anerkannt. Diese Leistung ist durchaus als Fortschritt zu bezeichnen, wenngleich weder die Höhe noch die Dauer zu befriedigen vermag. Wieviel Kinder muß eine Frau gebären und großziehen, um die erlittene Lohn- und Rentenungerechtigkeit auszugleichen? Um nur 200,– DM mehr Rente zu erhalten, muß sie acht(!) Kinder großgezogen haben. Doch nicht nur die dürftige Leistung, sondern der Verstoß gegen das Gleichbehandlungsprinzip erbost ganze Müttergenerationen. Die sogenannten Trümmerfrauen,[31] vor 1921 geboren, werden nur gestaffelt nach Lebensalter anerkannt, und die durchgehend erwerbstätigen Mütter bleiben völlig außen vor. Die rentenrechtliche Neuregelung bedeutet, daß die Anerkennung der Erziehungsarbeit nicht von der Erziehungsleistung abhängt, sondern vom Lebensalter oder Berufsstatus der Mütter.

Die sozialversicherungsrechtliche Ungleichbehandlung diskriminiert mindestens 4,6 Millionen vor 1921 geborener und eine noch unbekannte Zahl durchgehend erwerbstätiger Mütter, deren Erziehungsleistung keine rentenrechtliche Anerkennung findet. Damit wird besonders die Erziehungsleistung der alleinerziehenden Mütter, die ihre Erwerbsarbeit nicht unterbrechen konnten, staatlicherseits völlig mißachtet.

Die Erziehungsarbeit findet auch nicht die notwendige arbeitsrechtliche Absicherung. Der vorhandene arbeitsrechtliche Schutz wurde von der Wenderegierung sogar noch verschlechtert. Die Kohl-Regierung kürzte zunächst das Mutterschaftsurlaubsgeld von den ohnehin dürftigen DM 750,– auf DM 510,–. Danach strich sie den gesetzlich geregelten Mutterschaftsurlaub, der im Anschluß an die Mutterschutzfrist bis zum sechsten vollendeten Lebensmonat des Kindes gewährt wurde.

Stattdessen gilt seit Januar 1986 das Bundeserziehungsgeldgesetz, das Müttern und Vätern einen Erziehungsurlaub bis zum vollendeten ersten Lebensjahr des Kindes sowie ein Erziehungsgeld bis zu DM 600,– pro Monat gewährt. Wie viele Väter mögen mit diesem Betrag auskommen?

Das als besonders familienfreundlich gepriesene Erziehungsgeld hat schwerwiegende Haken. Es erlaubt zwar eine Teilzeitbeschäftigung bis zu 19 Stunden, aber ein Rechtsanspruch auf die Rückkehr zur ehemaligen Vollzeitarbeit besteht nicht.

Manche Mutter kann durch diese Regelung in ungeschützte Arbeitsverhältnisse abgedrängt werden. Wer sich

z. B. auf die Teilzeitarbeit unterhalb der 20-Stunden-Grenze einläßt, ist nicht mehr arbeitslosenversicherungspflichtig.

Wer also nach Ablauf des Erziehungsurlaubes die Teilzeitarbeit mangels eines Rechtsanspruchs auf Vollzeitarbeit beibehalten muß, verliert den Schutz der Arbeitslosenversicherung. So kann der Erziehungsurlaub der schrittweisen Ausgrenzung von Müttern und damit der Deregulierung des arbeitsrechtlichen Schutzes dienen. Väter sind voraussichtlich nur äußerst selten betroffen, weil sie den Erziehungsurlaub nur selten in Anspruch nehmen können.

Auch die kündigungsschutzrechtliche Aufweichung des Erziehungsurlaubes beinhaltet eine große Verschlechterung gegenüber dem Mutterschaftsurlaub. Im Gegensatz zum Mutterschaftsurlaub kennt der Erziehungsurlaub nicht mehr den absoluten Kündigungsschutz. Kündigungen sind in Ausnahmefällen durchaus zulässig. Als Ausnahmefall gilt z. B. eine geringe Betriebsgröße, die Schließung von Betriebsabteilungen oder die Aussichtslosigkeit, eine Ersatzkraft für eine befristete Zeit zu finden. Damit erhalten das Ersatzbeschaffungsproblem des Arbeitgebers sowie betriebliche Rentabilitätsgedanken Vorrang vor einer kinderorientierten Familienpolitik.

Aber was kann ein Kind dafür, daß seine Mutter den Arbeitsplatz nur deswegen verliert, weil sie beim falschen Arbeitgeber arbeitet? Konservative Familienpolitik nimmt somit nicht genügend Rücksicht auf die beruflichen Belange der Mutter und bewertet das Arbeitgeberinteresse höher als das Elterninteresse.

Durch die Verweigerung des fehlenden Rechtsanspruches auf Vollzeitarbeit und die Abdrängung in Teilzeitarbeit wird eine schleichende Entwertung der beruflichen Tätigkeit der Frau oder gar der Verlust des Arbeitsplatzes von konservativer Familienpolitik billigend in Kauf genommen. Vor einem solchen Hintergrund verliert die Zusicherung, die Konservativen wollten die Gleichberechtigung von Mann und Frau,[32] an Glaubwürdigkeit. Auch unter dem Gesichtspunkt der Gleichbehandlung und der sozialen Gerechtigkeit ist es nicht gerechtfertigt, der Millionärsgattin das in den ersten sechs Monaten einkommensunabhängig gewährte Erziehungsgeld in voller Höhe auszuzahlen, es aber der Alleinerziehenden, die auf ihre Erwerbsarbeit angewiesen ist, bei Überschreitung der 19-Stunden-Grenze zu verweigern.

Das Erziehungsgeld macht deutlich, daß nicht die Erziehungsleistung, sondern nur der völlige oder zeitweilige oder teilweise Arbeitsplatzverzicht Anerkennung der konservativen Regierungsmehrheit findet.

Wie mit dem Kinderkriegen Arbeitsmarktpolitik getrieben wird, zeigt auch die Verweigerung der Gleichstellung von Mann und Frau bei der Lehrereinstellung.

In Baden-Württemberg werden Lehramtskandidaten nach Ablauf des Wehrdienstes bei der Bewerbung nach dem besseren Notendurchschnitt behandelt, der zu Beginn ihrer Wehrpflicht bestand.

Kandidatinnen, die Mutterpflichten erfüllten, wurde ein gleicher Bonus verwehrt. Nach Auffassung des konservativ geführten baden-württembergischen Kultusministeriums sei Kinderkriegen sowie Betreuung und Erziehung ausschließlich eine Privatsache der Frau.

Öffentliche Proteste und Landtagsanfragen nutzten nichts, die diskriminierende Verweigerung der Gleichstellung zwischen Mann und Frau aufzuheben.

Wie wenig den Konservativen – entgegen ihren Verlautbarungen – die Hausfrau tatsächlich wert ist, beweisen die von der konservativ-liberalen Regierung durchgesetzten Verschlechterungen im Rentenrecht. Mit dem Haushaltsbegleitgesetz 1984 wurden die Anspruchsvoraussetzungen für Erwerbsunfähigkeits- und Berufsunfähigkeitsrenten verschärft. Erwerbs- und Berufsunfähigkeitsrenten bekommen nunmehr nur noch Versicherte, die vor Eintritt des Rentenfalles innerhalb einer Rahmenfrist von fünf Jahren drei Jahre Sozialversicherungsbeiträge entrichtet haben. Kindererziehungszeiten erweitern die Rahmenfrist bis längstens zur Vollendung des fünften Lebensjahres des letzten Kindes.

Die Verschlechterung trifft fast ausschließlich Frauen, die vorübergehend aus dem Erwerbsleben ausgeschieden sind. Egal, wie lange sie zuvor versicherungspflichtig beschäftigt waren, verlieren sie den Erwerbs- und Berufsunfähigkeitsrentenanspruch gemäß den Voraussetzungen. Wer z. B. zugunsten pflegebedürftiger Familienangehöriger vorübergehend auf eine Erwerbsarbeit verzichtet hat und nach zwei Jahren und einem Tag durch einen Sturz von der Haushaltsleiter invalide wird, hat den Invaliditätsanspruch an die Rentenversicherung verloren, auch wenn er (sie) zuvor jahrzehntelang versicherungspflichtig tätig war.

Kindererziehungszeiten verlängern zwar die Rahmenfrist, bei Überschreitung verfallen jedoch alle versicherungsrechtlichen Ansprüche im Falle der Invalidität.

Die Mißachtung der Hausfrauenarbeit verdeutlicht auch die mit der liberal-konservativen Mehrheit durchgesetzte Verschlechterung des Ehescheidungsrechts. Wer als Familienfrau Mann und Kindern zuliebe den Beruf an den Nagel gehängt hat, muß im Falle der Scheidung büßen. Ihr Unterhalt kann heruntergesetzt, begrenzt oder ganz gestrichen werden. Sozialer Abstieg und Armut sind die Folgen.

Aber nicht nur familiäre Arbeit wird von konservativer Sozialpolitik stiefmütterlich behandelt, sondern auch die Familie selbst. Das Versprechen, die soziale Lage der Familien zu verbessern, erweist sich als Bluff. Es war die Wenderegierung, die das Kindergeld kürzte, das Bafög verschlechterte und stattdessen die unsozialen Kinderfreibeträge im Steuerrecht wieder eingeführt hat. Kinderfreibeträge begünstigen hohe Einkommensbezieher um ein Vielfaches mehr als Kleinverdiener. So ist z. B. das Kind des Herrn Generaldirektors dem Staat zweieinhalbmal mehr wert als das Kind des Arbeiters, obwohl der Herr Generaldirektor gewiß weniger als der Arbeiter auf Steuererleichterungen angewiesen ist.

Gewerkschaften und Sozialdemokraten fordern ein einheitliches Kindergeld, das mit der Zahl der Kinder, nicht aber mit dem Einkommen steigt.

Um Privilegiensicherung und nicht um eine sozialorientierte Familienpolitik geht es auch bei der Besteuerung der Eheleute. Wer verheiratet ist, ohne daß Kinder vorhanden sind, kommt in den Genuß der sog. »Splitting-Besteuerung«, gemäß der konservativen Steuergesetzgebung von 1957. Beim Splitting werden beide Eheleute gemeinsam zur Steuer veranlagt, und das Gesamteinkommen wird je zur Hälfte pro Ehepartner versteuert. Dadurch rutschen Steuerpflichtige in niedrigere Progressionszonen mit geringerer Steuerlast. Der Splittingeffekt wächst um so mehr, je mehr der eine und je weniger der andere Ehepartner verdient.

Durch das jüngste Steuersenkungsgesetz der Bundesregierung wurde der Splittingeffekt weiter gesteigert und liegt nunmehr bei 18 502,– DM pro Jahr. Diese Steuerersparnis streicht z. B. ein Manager mit über 250 000,– DM Jahreseinkommen allein dadurch ein, daß seine Frau nicht erwerbstätig ist. Bei »normalen« Lohnempfängern hingegen sinkt der Splittingvorteil gegen Null bei sich angleichenden Einkommen.

Dieser Splittingvorteil, der den Jahresnettolohn mancher Verkäuferinnen übersteigt, kommt ausschließlich der Ehe zugute, nicht aber der Familie. Ehepaare, auch wenn ihre Kinder längst das Elternhaus verlassen haben und bereits selber Kinder großziehen, erhalten noch immer den riesigen Splittingvorteil, wenn einer der Partner extrem viel verdient und der andere nichts. Dagegen gehen Alleinerziehende und ihre Kinder, die zwar keine Ehe, jedoch eine Familie bilden, leer aus. Somit wird staatlicherseits vorwiegend die *Ehe*schließung, nicht aber die Familienbildung gefördert. Die Alleinerziehenden mußten erst vor das Bundesverfassungsgericht ziehen, um den Staat zu steuerlichen Nachverbesserungen für Alleinerziehende zu zwingen. Sie wiegen aber längst nicht den Splittingvorteil auf.

In diesem Jahr (1986) werden die Steuermindereinnahmen aufgrund des Splittingeffekts bei knapp 28 Milliarden DM liegen. Nach dem Willen der Bundesregierung wird dieser Steuervorteil bis 1990 auf 34 Milliarden DM anwachsen.

Durch die Beseitigung, zumindest aber die Begrenzung der Splittingbesteuerung könnte der Staat Milliardenbeträge an Steuern mehr einnehmen. Diese Mehreinnahmen könnte er gezielt in den Familienlastenausgleich fließen lassen. Davon könnten mehrere Babyjahre in der Rentenversicherung sowie ein höheres Kindergeld ohne weiteres finanziert werden. Aber die konservativ geführte Bundesregierung war bisher zu keinerlei familienfreundlicherer Reform der Splittingbesteuerung bereit.

b) Unzureichende Hilfen zur Vereinbarkeit von Beruf und Familie

Relativ neu in ihre Programmatik haben konservative Familienpolitiker die Forderung nach der Vereinbarkeit von Beruf und Familie aufgenommen. Aber auch diese Forderung haben sie sinnentstellend mit anderen politischen Inhalten versehen.

Arbeitnehmerinnen haben unter dem Stichwort »Vereinbarkeit von Beruf und Familie« stets den Ausbau von familienunterstützenden Einrichtungen zur Kinderbetreuung verstanden, wie z. B. von Kindergärten, Kindertagesstätten, Kinderhorten, Schulkindergärten etc.[33] Ergänzend dazu wünschten die Gewerkschafterinnen die Einrichtung und den Ausbau von Ganztagsschulen.

Konservative Frauen- und Familienpolitiker gaben der Forderung nach Vereinbarkeit von Beruf und Familie jedoch völlig andere Inhalte, die auf eine Flexibilisierung der Arbeitszeiten und eine Erhöhung der weiblichen Verfügbarkeit für die Unternehmen hinauslaufen. Als zentraler Beitrag zur Vereinbarkeit von Beruf und Familie wird die Arbeitszeitflexibilisierung propagiert. Damit sind Teilarbeitsverhältnisse wie z. B. die Teilzeitarbeit, das Job-Sharing, befristete Zeitverträge, Abrufarbeitsverträge und Ähnliches gemeint.

Die konservative Flexibilisierungspolitik entspringt den Wünschen von Unternehmern, die seit langem die Flexibilisierung des Arbeitsrechts durchzusetzen streben und das Arbeitsrecht »gelenkig« machen wollen.

Die Flexibilisierung des Arbeitsrechts trifft bisher vorwiegend Frauen. Sie stellen die absolute Mehrheit sämtlicher Teilarbeitsverhältnisse, die arbeitsrechtlich weniger geschützt sind. Heimarbeiter und Teilzeitbeschäftigte sind zu über 90% Frauen, unterhalb der Sozialversicherungspflichtgrenze (DM 410,–) arbeiten – von wenigen Ausnahmen abgesehen – fast ausschließlich Frauen. Auch Abrufarbeit erledigen fast ausschließlich Frauen.

Das Beschäftigungsförderungsgesetz mit seiner Erleichterung befristeter Arbeitsverträge hat nach einer Erhebung der Gewerkschaft Textil-Bekleidung vor allem Frauen getroffen.

Die Leitsätze täuschen über die verbreitete Diskriminierung von Beschäftigten in teil- und deregulierten Arbeitsverhältnissen hinweg. Die These 18 der Leitsätze besagt zwar ausdrücklich, daß »Teilzeitarbeit und andere Formen flexibler Arbeitszeit berufliches Fortkommen und soziale Sicherheit nicht gefährden (dürfen)«.[35] Tatsächlich aber sind derartige Gefährdungen an der Tagesordnung, die besonders Väter abschreckt, Teilarbeitsverträge abzuschließen. Daher werden es – auch nach den gerühmten CDU-Leitsätzen zur Partnerschaft – auch weiterhin die Frauen sein, die – in Ermangelung akzeptabler Alternativen – die angebotenen weniger geschützten Arbeitsverhältnisse eingehen müssen. Auf dem Rücken der Mütter werden somit unternehmerische Flexibilisierungsstrategien durchgesetzt.

Der »Fortschritt« für Konservative besteht nun darin, auch Männern derartige Arbeitsverhältnisse anzubieten.[34] Ein solches Konzept entspringt nur scheinbar einem partnerschaftlichen Denken. Väter sollen zwar die gleichen flexibilisierten Arbeitsverhältnisse eingehen wie die Mütter, aber es sind die gleichen weniger geschützten Arbeitsverhältnisse, in denen bereits viele Mütter stecken. Es sind jene Arbeitsverhältnisse, die während einer Phase der Kleinkinderbetreuung weder den Rechtsanspruch auf verkürzte Arbeitszeiten mit Lohnausgleich kennen, noch den Rechtsanspruch auf eine Rückkehr zur Vollerwerbsarbeit. Der bloße Rollentausch zwischen Müttern und Vätern kann daher kein zukunftsorientierter Beitrag zur Lösung des Problems der Vereinbarkeit von Beruf und Familie sein, denn er bringt den Vätern nur die gleichen Restriktionen, unter denen die Mütter leiden. Gleichberechtigung sollte aber nicht durch die Deklassierung des Bessergestellten erfolgen. Die bloße Verteilung des Mangels an beide Geschlechter kann kein Ziel einer emanzipatorischen Frauen- und Familienpolitik sein. Es bedarf vielmehr eines ganzen Bündels von Maßnahmen, die von institutionellen Hilfen bis zu arbeitsrechtlichen Neuorientierungen reichen.

Die gesellschaftliche Forderung nach familienunterstützenden Einrichtungen ist den Leitsätzen nur einen einzigen Satz wert,[36] und dieser Satz verschweigt auch noch die Kürzungsmaßnahmen im Kindergartenbereich, die in konservativ regierten Bundesländern wie in Baden-Württemberg durchgesetzt wurden. Und von Ganztagsschulen ist überhaupt nicht mehr die Rede.

c) Das Wiedereingliederungsversprechen

Die konservative Familienpolitik ist geprägt vom Dreiphasenmodell der Alva Myrdal. Demnach folgt der ersten Ausbildungs- und Berufserfahrung eine rund fünfzehnjährige Familienphase, die mit der Wiedereingliederung in den Beruf endet.

Der von konservativer Seite geförderte berufliche Rückzug der Frauen zum ausschließlichen Zweck der Kindererziehung ist – vor dem Hintergrund einer steigenden Erwerbsneigung von Müttern – offenbar nur noch durchsetzbar, wenn das Versprechen der beruflichen Wiedereingliederung eingelöst werden kann. Die Verknappung der Arbeitsplätze durch Massenarbeitslosigkeit, ein rascher Qualifikationsverfall und neue berufliche Anforderungen haben faktisch die Wiedereingliederungschancen der Frauen rapide verschlechtert.

Um dennoch auch qualifizierte Mütter zur Aufgabe der Erwerbstätigkeit zu bewegen, muß bei ihnen der Eindruck erzeugt werden, eine Wiedereingliederung werde erleichtert. Das baden-württembergische Sozialministerium hat z. B. mit hohem publizistischen Aufwand den »Neuen Start ab 35«

Süddeutscher
Rundfunk
Bibliothek

propagiert, der bei wiedereingliederungswilligen Frauen auf große Resonanz stieß. Doch wie Teilnehmerinnen des Kursus berichteten, fühlten sich viele getäuscht. Statt der erhofften Wiedereingliederungshilfen erfolgten Orientierungen auf ehrenamtliche Tätigkeiten oder sogar Argumente gegen eine berufliche Wiedereingliederung.[37]

Entgegen den konservativen Verlautbarungen über den angeblich so hohen Stellenwert von Wiedereingliederungsmaßnahmen[38] wurde die berufliche Förderung von Frauen mit dem sog. Arbeitsförderungskonsolidierungsgesetz durchlöchert. Die berufliche Wiedereingliederung für Frauen wurde durch Verschlechterung der Teilnahmevoraussetzungen für Maßnahmen der Arbeitsförderung erschwert. Insbesondere die Kürzung des Unterhaltsgeldes bei beruflichen Bildungsmaßnahmen traf eingliederungswillige Berufsrückkehrerinnen. Manche Frau mußte – wegen des gestrichenen Unterhaltsgeldes – auf eine berufliche Bildungsmaßnahme wie z. B. einen Wiederauffrischungskursus verzichten. Das führte zu einer schleichenden Dequalifizierung von Frauen, die nur unterhalb ihrer inzwischen veralteten Berufsqualifikation eine neue oder gar keine Tätigkeit fanden.

Mit dem Beschäftigungsförderungsgesetz (BSchFG) vom Mai 1985 wurde ein Teil der gewerkschaftlichen Forderung nach Wiederherstellung der ursprünglichen gesetzlichen Regelung erfüllt. Einen Anspruch auf Unterhaltsgeld haben nunmehr Rückkehrerinnen, wenn sie nicht länger als fünf Jahre pro Kind pausiert haben. Glaubwürdig wird jedoch eine Wiedereingliederungpolitik erst, wenn ein Unterhaltsgeld *unabhängig* von der Dauer der familienbedingten Berufsunterbrechung gewährt wird. Nur dadurch kann vermieden werden, daß gerade jene zurückkehrenden Frauen von Maßnahmen der beruflichen Bildung ausgeschlossen werden, die ihrer am dringendsten bedürfen. Außerdem fehlen Landesprogramme bzw. ein Bundesprogramm zur Erleichterung der Wiedereingliederung von Frauen.

d) *Sparmaßnahmen zu Lasten der Familie*

Trotz gegenteiliger Verlautbarungen hat die konservativ-liberale Koalition eine unsoziale Familienpolitik durchgesetzt.[39]

- Die absoluten Ausgaben für Ehe und Familie sind zwar gestiegen, doch ihr Anteil am Bruttosozialprodukt sinkt. 1981: 4,2%; 1990: 3,8%. Dadurch werden Familien von der Wohlstandsentwicklung schrittweise abgehängt.
- Kinderreiche Familien werden besonders benachteiligt. Ausgerechnet bei Familien mit mehreren Kindern ist der Anteil der Familienförderung am Nettoeinkommen zurückgegangen.

Arbeitnehmerfamilien mit	Familienförderung 1983–1985
1 Kind	+3,5%
3 Kindern	0
5 Kindern	−3,5%

Es wird Herrn Geißlers Geheimnis bleiben, wie sich die CDU angesichts dieser Politik als »Anwalt von kinderreichen Familien« bezeichnen kann.

- Familien mit Kindern in der Ausbildung werden besonders benachteiligt. Massive Bafög-Verschlechterungen sowie die Kürzung des Arbeitslosengeldes für Berufsanfänger und Berufsanfängerinnen haben einkommensschwache Familien besonders betroffen. Das Sozialbudget weist eine Verringerung der Leistungen für die Ausbildungsförderung von 3,5 Milliarden DM (1982) auf 454 Millionen DM (ohne Studentendarlehen) aus. Das entspricht einem Rückgang von über 85,4%. Durch solche rigiden Sparmaßnahmen können Kinder aus wirtschaftlich schlechter gestellten Familien vielfach nicht mehr die gewünschte Ausbildung aufnehmen.

e) Ideologischer Begleitschutz

Seit der konservativen Wende ist mit neuer Heftigkeit der alte Streit um § 218 voll aufgeflammt. Auch er steht in einem engen Zusammenhang zur Familien- und Frauenpolitik. Ohne auf die Inhalte der Kontroverse und die ethische Problematik hier eingehen zu können, macht die Diskussion zwei bedeutende Funktionen der Strafrechtsregelung sichtbar.

- Die Strafandrohung dient als Mittel, bevölkerungspolitische Ziele durchzusetzen. Durch die Verhinderung des Schwangerschaftsabbruchs soll die Geburtenrate angehoben werden. Durch Strafandrohung sehen sich Frauen gezwungen, auch ungewollte Schwangerschaften gegen ihr Verantwortungsbewußtsein auszutragen, Kinder zu gebären, Familien zu gründen oder zu vergrößern.
- Der § 218 dient der Aufrechterhaltung traditioneller Abhängigkeiten der Frau. Das im Zusammenhang mit der § 218-Diskussion auftauchende Frauenbild wird von Gegnern jeglicher Liberalisierung außerordentlich negativ gezeichnet. Mit der Strafandrohung soll der Fötus *vor* der Mutter geschützt werden und nicht etwa mit ihr. Sie wird als blutrünstiges, verantwortungsloses und leichtfertiges Wesen dargestellt und gilt als Lebensvernichterin, der durch Strafandrohung das Handwerk gelegt werden muß.

Es ist immer wieder auffällig, daß es *männliche* Wortführer sind, seien es Kleriker oder Politiker oder Verfassungsrichter oder Ärzte, die glauben, die Gewissensentscheidung jeder einzelnen Betroffenen präjudizieren zu müssen. Der Frau wird offenbar nicht zugetraut, verantwortlich, nachdenklich und überlegt selbst entscheiden zu können.

Obwohl genügend international vergleichende Erkenntnisse vorliegen,[40] welche die Untauglichkeit der Kriminalisierung als Mittel zur Verhinderung des Abbruchs nachweisen, sind die Voreingenommenheiten gegenüber der Frau offenbar unausrottbar. Fast alle Gegner des § 218 beschränken sich nicht auf durchaus ernstzunehmende ethische, religiöse oder moralische Bedenken. Sie holen vielmehr zum Generalschlag gegen Frauen, gegen Erwerbstätigkeit, gegen Selbständigkeit, gegen Gleichberechtigung und gegen Emanzipationsideen aus. Frauenfeinde aller couleur sammeln sich auf dem Flaggschiff des § 218 gegen die Frauen. Deshalb sei die These aufgestellt, daß die Regelung des Schwangerschaftsabbruchs einer der großen Gradmesser für den Stand der Gleichberechtigung der Frau, für ihre Achtung und die Anerkennung ihrer politischen Forderungen ist.

Die bevölkerungspolitisch orientierte Familienpolitik der Konservativen zielte bisher nicht darauf ab, familienfreundliche Rahmenbedingungen zu schaffen, sondern primär darauf, auf die Frau Zwang auszuüben. Sonst wäre eine Stiftung »Mutter und Kind« mit großzügigeren Mitteln und Rechtsansprüchen für die betroffenen Frauen ausgestattet worden. Oft waren es nicht mehr als 500 Mark für die Umstandskleidung und die Babyerstausstattung, manchmal nichts, was die Gewissensentscheidung der Frau der staatlichen Stiftung wert war. Entgegen allen öffentlichen Zusicherungen eines Heiner Geißler funktionierte die Stiftung alles andere als unbürokratisch und großzügig. Und ginge es wirklich nur um die Verhinderung des Schwangerschaftsabbruchs, würde die Aufklärung zumindest ein schulisches Pflichtfach werden. Das aber wird gerade in konservativen Bundesländern wie Bayern und Baden-Württemberg verhindert. So verwundert es nicht, daß ausgerechnet mit der Restauration konservativer Politik auch der § 218 erneut zum familien- und gesellschaftspolitischen Generalthema der Auseinandersetzungen wurde, um von anderen politischen Themen eines humanen, friedlichen und unbedrohten Lebens abzulenken.

5. Ausblick

Konservative Familienpolitik der achtziger Jahre zu klassifizieren, ist nicht einfach, denn sie ist durch einen tiefen, aber folgenreichen Bruch gekennzeichnet. Die Zeitrechnung gilt bis zum Essener CDU-Frauenparteitag 1985 und seit diesem Parteitag.

Bis zum Essener Parteitag war die »sanfte Macht der Familie« eines der großen Grundsatzpapiere. Es war zwar gegen die Stimmen der wenigen Frauen der CDA, aber dennoch durchgesetzt worden und diente als Orientierung in der Frauen- und Familienfrage. Die Männer der CDA legten ihr Leitbild von Frauen fest. Familie und Kindererziehung wurden zu zentralen Arbeitsfeldern der Frau erklärt.

Doch die Rechnung ging nicht auf. Wohl das erste Mal in der Geschichte setzten sich Frauen gegen den konjunkturell bedingten Umschwung der Ideologie zur Wehr. Der Protest war leise und unspektakulär, aber nichtsdestotrotz wirkungsvoll. Der CDU liefen die jüngeren Frauen in Scharen davon; schulisch und beruflich besser gebildet als ihre Mütter, akzeptierten sie nicht mehr das traditionelle Frauenleitbild der aufopferungsvollen Hausfrau und selbstlosen Mutter. Die Stimmeneinbußen für die CDU/CSU bei jüngeren Frauen waren enorm.[41] Die Reaktion der Frauen dürfte historisch völlig neu sein. Zum ersten Mal in der deutschen Geschichte ist es Frauen gelungen, die Frauenfrage von der Konjunkturentwicklung abzukoppeln. Auch die während der rezessiven Konjunkturentwicklung wieder auflebende Hausfrauenideologie vermochte es nicht mehr, den Frauen die Botschaft zu vermitteln, daß ihr eigentlicher und wahrhaft bedeutsamer, einflußreicher Platz am Herd sein.

Der Protest war politisch wenig kanalisiert und trug mehr die Züge des persönlichen, individuellen aber auch des überfraktionellen Protestes der Parteifrauen als einer breiten politischen Antibewegung.

Die CDU und ihr Generalsekretär Heiner Geißler sahen sich – um ihre Bastionen zurückzugewinnen – gezwungen, sich ihrer weiblichen Wählerschaft nunmehr »modern« zu präsentieren: Der Essener Frauenparteitag ward geboren. Bei allem Pathos der Rede: Ein Peter Radunski, Bundesgeschäftsführer der CDU, hat durchaus Recht, wenn er behauptet, seit Essen gehöre das Thema der Frauenpolitik zur Tagesordnung der achtziger Jahre.[42] Er vergaß leider nur hinzuzusetzen: ». . . für die CDU«.

In der Tat manifestierte der Essener Frauenparteitag nunmehr auch bei den Konservativen, wie wenig Bildungs- und Ausbildungsfortschritte bei den Frauen rückgängig zu machen sind. Auch eine CDU kann sich nicht der Einsicht verschließen, daß Bildungs- und Ausbildungsprozesse für niemanden mehr zurückschraubbar sind.

Historisch sensationell und ein Durchbruch für die um Gleichberechtigung und Emanzipation kämpfenden Frauen ist die Erkenntnis, daß es auch einer politischen Partei und ihrem Machtapparat nicht mehr gelingt, das Rad der Geschichte zurückzudrehen, wenn Frauen sich wehren. Denn Bildung und Ausbildung verändern nachhaltig Menschen und ihre Lebensperspektiven und machen Frauen unabhängiger von fremder Einflußnahme.

Mit dem Essener Frauenparteitag hat die CDU den Fluchtweg nach vorn angetreten, aber auf konservative Art. Mit Essen haben zum ersten Mal auch Konservative den Wandlungsprozeß unter den Frauen zur Kenntnis genommen. Die Ernennung einer Rita Süssmuth zur Familienministerin und neuerdings auch zur Frauenministerin ist ebenfalls Ausdruck einer gewandelten Frauenpolitik.

Aber wie glaubwürdig sind die neuen Erkenntnisse konservativer Familien- und Frauenpolitiker? Der neuen Frauenministerin wurden jedenfalls fast keine neuen Kompetenzen übertragen.

Und im Bereich der materiellen Familienpolitik wird von vornherein der Rahmen beschränkt. Familienpolitik soll nur im »Rahmen des Möglichen« soziale Nachteile und finanzielle Einbußen der Familien ausgleichen.[43]

Was aber ist eine konservativ-liberale Regierung bereit als »möglich« zu definieren? Jedenfalls hat die Regierung auch nicht annähernd ihr Versprechen eingelöst, soziale Nachteile und finanzielle Einbußen auszugleichen. Wie dargelegt, vergrößerten sich seit der Wende Ungerechtigkeiten zuungunsten kinderreicher und einkommensschwacher Familien.

Auch für die Frauen hat sich nach dem Essener Parteitag nichts Wesentliches geändert. Blüms Thesen wurden von keinem Parteitag widerrufen, und Geißler räumt in seinem Buch restaurativen Wortführerinnen viel Platz ein.

So bleibt festzuhalten: Auch nach Essen ist es den Konservativen nicht gelungen, den Dualismus zwischen Frauen- und Familienpolitik aufzuheben. Die konservative Familienpolitik zielt nach wie vor mehr auf die Frauen und die Festlegung ihrer angeblichen Aufgaben als auf den Mann oder die Verbesserung der ökonomischen Situation kinderreicher und ärmerer Familien.

Als Gegenleistung zu der Familienorientierung der Frau werden Hilfen zur Vereinbarkeit von Beruf und Familie sowie zur Wiedereingliederung versprochen. Doch die Wiedereingliederungshilfen sind besonders vor dem Hintergrund hoher Arbeitslosigkeit nach wie vor unzureichend und die Hilfen zur Vereinbarkeit wurden von den unternehmerischen Flexibilisierungsstrategien eingeholt und ihnen untergeordnet.

Der Verzicht auf eine Einflußnahme und finanzielle Förderung von Kindergartenträgern verhindert den bedarfsgerechten Ausbau der institutionellen Kinderbetreuung.

Und eine Interessenpolitik zugunsten des Bürgertums, das zäh seine Bildungsprivilegien verteidigt, verhindert den Ausbau von Ganztagsschulen als Gesamtschulen zugunsten der Kinder erwerbstätiger Eltern.

Der Appell an die Väter ist zwar lobenswert, bleibt aber oberflächlich und täuscht eine partnerschaftliche Perspektive vor, die sich nicht erfüllen kann. Wenn sich die Hilfen zur Vereinbarkeit auf das Job-Sharing, auf Teilzeitarbeit, auf Abrufarbeit, auf befristete Arbeitsverträge usw. beschränken, ist eine solche »Hilfe« keine Alternative für Väter, besonders nicht der unteren Einkommensklassen.

Der Essener Frauenparteitag kann nicht darüber hinwegtäuschen, daß die Thesen Blüms von der sanften Macht der Familie nach wie vor für die CDA Gültigkeit besitzen, obwohl sie in krassem Widerspruch zu den Leitsätzen des Essener Frauenparteitages stehen.

Aber die konservativ-liberale Familienpolitik ist nicht nur defizitär, sondern sie zielt auch in die falsche Richtung. Sie trägt nicht dazu bei, das Verhältnis Arbeit – Familie – Freizeit – Arbeitsverteilung zwischen den Geschlechtern neu zu definieren. Darum ist sie doch nichts anderes als der alte Senf in neuen Tuben. Von den Frauen gehen immer stärkere Impulse zu einer Veränderung der starren Strukturen zwischen der männlich dominierten Arbeitswelt und der als weiblich definierten Familienarbeit aus. Viele Frauen akzeptieren nicht mehr die Vorstellung, die Gleichberechtigung der Frauen lasse sich schon dadurch herstellen, daß sie neben der Familienarbeit auch »hinzuverdienen« oder in einer männlich dominierten Arbeitswelt den Männer nacheifern dürfen – wodurch nur ihre Verfügbarkeit erhöht wird.

Wie Umfragen belegen, wollen Frauen heute alles: berufliche Erfüllung und die Familie und beides zugleich. Unter den gegenwärtigen gesellschaftlichen Bedingungen ist eines zuwenig, aber beides zuviel. Frauen wollen wegen einer biologischen Fähigkeit (Gebären) und ihrer sozialen Verantwortung ihren Kindern gegenüber nicht länger beruflich bestraft werden. Kein Vater erleidet vergleichbare Nachteile, nur weil er Vater wird. Frauen verlangen von einer staatlichen Familien- und Frauenpolitik Rahmenbedingungen, die helfen, z. B. durch kürzere Arbeitszeiten und eine veränderte Arbeitswelt, eine bessere institutionelle Kinderbetreuung und eine neue Arbeitsaufteilung zwischen den Geschlechtern, Beruf, Familie und Freizeit in eine humane und sinnvolle Beziehung zueinander bringen zu können. In den Frauenforderungen steckt eine große gesellschaftsverändernde Kraft.

Anmerkungen

1 Heiner Geißler, Für eine neue Partnerschaft zwischen Mann und Frau, in: Abschied von der Männergesellschaft, hrsg. von Heiner Geißler, Frankfurt – Berlin 1986, S. 14.

2 Norbert Blüm, Nicht jeder Unterschied ist eine Unterdrückung, in: Abschied von der Männergesellschaft, a. a. O., S. 47.

3 Elisabeth Motschmann, Die Schattenseiten der Emanzipation – Kinder ohne Mutter, in: Abschied von der Männergesellschaft, a. a. O., S. 21.

4 Blüm, a. a. O., S. 55.

5 Blüm, a. a. O., S. 47.

6 Siehe Anm. 1.

7 Motschmann, a. a. O., S. 25.

8 Ebd.

9 A. a. O., S. 26.

10 Blüm, a. a. O., S. 51.

11 A. a. O., S. 53.

12 A. a. O., S. 54.

13 These 7 der Leitsätze der CDU für eine neue Partnerschaft zwischen Mann und Frau, in: Abschied von der Männergesellschaft, a. a. O., S. 195.

14 Neben Blüm, Geißler, Motschmann vgl. auch Christa Meves, Werden wir ein Volk von Neurotikern?, Osnabrück 1984.

15 Vgl. Marliese Dobberthien, Frauenerwerbsarbeit gleich Frauendiskriminierung?, in: Zeitschrift für Rechtssoziologie, Heft 2/1984, S. 276 ff.

16 Leitsätze der CDA, Die sanfte Macht der Familie, verabschiedet auf der 19. Bundestagung der CDA vom 9. bis 11. Oktober 1981 in Mannheim, o. S.

17 Geißler, a. a. O., S. 14.

18 Meves, a. a. O.

19 Vgl. zum folgenden: Elisabeth Beck-Gernsheim, Frauen zurück in die Familie?, in: WSI-Mitteilungen 1/1984, S. 23 ff.

20 »Beruf ist für uns aber nicht nur die außerhäusige Erwerbstätigkeit; Beruf ist für uns ebenso die Tätigkeit der Hausfrau in der Familie und bei ihren Kindern«, Helmut Kohl, Reg.-Erkl. Oktober 1982.

21 »Gleichberechtigung beinhaltet aber auch die grundsätzliche Gleichwertigkeit der Tätigkeit in der Familie und der Tätigkeit im Beruf«, aus: Die Regierung handelt, wir stärken die Familie, CDU-Dokumentation Nr. 38, 1982.

22 Vgl. Norbert Blüm, in: Elisabeth Beck-Gernsheim, a. a. O., S. 24.

23 Vgl. »Die sanfte Macht«, a. a. O.

24 Zit. nach Beck-Gernsheim, a. a. O., S. 24.

25 Vgl. These 16 der sanften Macht der Familie, a. a. O.

26 Zit. nach Beck-Gernsheim, a. a. O., S. 24.

27 Vgl. These 16 der sanften Macht der Familie, a. a. O.

28 Geißler, a. a. O., S. 14.

29 Blüm, a. a. O., S. 51.

30 Vgl. Rita Süssmuth, Der Vater als Bezugsperson des Kindes, in: Abschied von der Männergesellschaft, a. a. O., S. 33 ff.

31 Nach Beschluß des Bundeskabinetts sollen in die Babyregelung einbezogen werden:

- ab 1. Oktober 1987 die Mütter der Jahrgänge 1906 und älter,
- ab 1. Oktober 1988 die Mütter der Jahrgänge 1911 und älter,
- ab 1. Oktober 1989 die Mütter der Jahrgänge 1916 und älter und
- ab 1. Oktober 1990 die Mütter der Jahrgänge vor 1921.

Mit einem Gesetzesentwurf ist in der laufenden Legislaturperiode nicht mehr zu rechnen.

32 Vgl. Präambel der Leitsätze, a. a. O., S. 192.

33 Vgl. auch Geschäftsbericht des DGB zur Frauenarbeit 1981–1984, Frankfurt o. J., S. 78 ff.

34 Vgl. These 18 und 19 der Leitsätze, a. a. O., S. 200 ff.

35 Ebd., S. 201.

36 Vgl. Leitsätze, a. a. O., These 19, S. 201/202.

37 Vgl. »Weiterbildung und Wiedereingliederung der Frauen in das Berufsleben«, Anhörung der baden-württembergischen SPD-Landtagsfraktion am 27. Juni 1986 in Stuttgart.

38 Vgl. Thesen 20–22 der Leitsätze, a. a. O., S. 202 ff.

39 Vgl. auch Informationen der sozialdemokratischen Bundestagsfraktion, Ausgabe 1517 vom 1. August 1986.

40 Vgl. z. B. Evert Ketting, Philip van Praag, Schwangerschaftsabbruch, Gesetz und Praxis im internationalen Vergleich, Tübingen 1985.

41 Vgl. auch Joachim Hofmann-Göttig, Emanzipation mit dem Stimmzettel, 70 Jahre Frauenwahlrecht in Deutschland, Bonn 1986.

42 Peter Radunski, Der CDU-Frauenparteitag als Modell der politischen Willensbildung, in: Abschied von der Männergesellschaft, a. a. O., S. 171.

43 Vgl. These 9 der Essener Leitsätze, a. a. O., S. 196.

Wer sagt,
daß Mädchen
dümmer sind:
der spinnt

Petra Drohsel

Schule, Beruf, Hochschule

Die Tatsache, daß Frauen in unserer Gesellschaft immer noch benachteiligt sind, wird nicht einmal mehr von den konservativen Kräften dieses Landes bestritten. Nach oberflächlicher Betrachtung ließe sich allerdings vermuten, daß zumindest an einer Stelle, im Bildungsbereich nämlich, die Welt schon in Ordnung sei.

Hierfür würde z. B. sprechen, daß Lehrerinnen und Lehrer bei gleicher Arbeit im Prinzip den gleichen Lohn erhalten. Der folgende Aufsatz zeigt aber, in welcher Weise das Bildungssystem nach wie vor zur Ungleichbehandlung von Mädchen und Jungen bzw. Frauen und Männern beiträgt.

1. Schulausbildung und Berufsausbildung

Haben die Mädchen gleichgezogen? Dies wird behauptet, und Statistiken scheinen es zu bestätigen. An den Gymnasien sind die Mädchen inzwischen mit 50% vertreten, während es 1960 erst 36,5% waren.[1] Sie müssen seltener eine Klasse wiederholen und haben bessere Abschlüsse als ihre Mitschüler.[2]

Die sich hier abzeichnende positive Auswirkung läßt vermuten, die Bildungsreform der siebziger Jahre habe eines ihrer Ziele erreicht. Sie leistete dem damaligen Ruf der Wirtschaft nach qualifizierten Arbeitskräften Folge. Gleichzeitig wurde unter der sozial-liberalen Regierung unter dem Schlagwort »Chancengleichheit« auch ein ideologischer Umdenkungsprozeß eingeleitet.

Sind alle bildungspolitischen Versäumnisse aufgeholt? Schon in den sechziger Jahren wurde darauf hingewiesen, daß Lernziele und -inhalte des Unterrichts von traditionellen Rollen und Rollenerwartungen ausgehen, die häufig der Realität nicht entsprechen. In den Schulbüchern, besonders in Mathematik und den Naturwissenschaften, werden weiterhin Rollenklischees zementiert. In Geschichtsbüchern wird noch zu oft verschwiegen, daß auch Frauen Geschichte machen; es ist keine Rede von ihrer Unterdrückung und Ausbeutung. Wenn vom Wahlrecht gesprochen wird, bleibt unerwähnt, daß Frauen davon 1871 noch ausgeschlossen waren. Ähnlich ist es mit den Menschenrechten, die in den USA und in Frankreich im 18. Jahrhundert proklamiert wurden: Frauen, Kinder und Verrückte galten nicht als Bürger.

Die Hauptrollen in den gängigen Schulmedien spielen Männer. Mädchen und Frauen sind ihnen entweder zu- oder untergeordnet. Sie sind ängstlich, anpassungsfähig, und Schwestern sind z. B. nicht so allwissend wie ihre Brüder. Wenn Frauen überhaupt als Erwerbstätige auftauchen, dann in den typischen Frauenberufen; Männern bleibt das gesamte Spektrum von interessanten Berufen vorbehalten.[3] Es fehlen emanzipatorische Vorbilder als Identifikationsangebot, die es Mädchen erleichtern, sich selbstbewußt und selbstbestimmend zu verhalten.

Die ernsthafte Wahrnehmung des Erziehungszieles »Gleichberechtigung« ist zwingend erforderlich!

In Norwegen wurde bereits 1979 ein Gesetz verabschiedet, in dem es heißt: »In der Schule und anderen Unterrichtsinstitutionen sollen die Lehrmittel, die verwendet werden, auf der Gleichberechtigung der Geschlechter aufbauen.«[4] Das Gesetz verbietet gleichfalls den Gebrauch von Schulbüchern mit sexistischem Inhalt. 1983 forderte die GEW auf ihrem Gewerkschaftstag die Überarbeitung von solchen Schulbüchern, die bisher die gesellschaftliche Wirklichkeit nicht widerspiegeln und ein einseitiges Rollenbild vermitteln. Mittlerweile gibt es hierzu einen Runderlaß des Kultursministers in Nordrhein-Westfalen, und in Bremen wurde ein Kriterienkatalog für die Beurteilung von Schulbüchern aufgestellt, in dem u. a. gefordert wird, daß die »Rolle der Frau in Familie, Gesellschaft und Beruf – auch in der heutigen Doppelbeanspruchung – zeitgemäß und gebührend«[5] zu berücksichtigen ist.

Konkrete Anhaltspunkte finden sich in der für Hessen gewählten Formulierung. Dort wird empfohlen, keine Schulbücher mehr zuzulassen, die gegen die Gleichberechtigung verstoßen und keine Identifikationsangebote enthalten.[6] Zu befürchten ist allerdings, daß es bei diesen Absichtserklärungen bleibt. Für eine ernsthafte Wahrnehmung müßten nämlich selbstverständlich auch Richtlinien und Lehrpläne dem Erziehungsziel »Gleichberechtigung« gerecht werden. Schulbücher müßten dann auch bei Verstoß gegen dieses Erziehungsziel konsequent abgelehnt werden, damit sie – als Vermittler von Wissen – nicht weiterhin bestehende Herrschaftsverhältnisse transportieren.

Spiegeln die offiziellen Lehrpläne schon geschlechtsspezifische Arbeitsteilung und Diskriminierung wider, so trägt auch der heimliche Lehrplan oder die Interaktion zwischen Lehrenden und Lernenden mit dazu bei, daß die geschlechtsspezifische Sozialisation weiter tradiert wird. Jungen erfahren im Unterricht weit mehr Beachtung als Mädchen. Sie ziehen Lob und Tadel auf sich, verhalten sich auffälliger und werden folglich im Unterricht öfter aufgerufen. Insofern kann sich Koedukation, wenn mit ihr nicht bewußt und konstruktiv umgegangen wird, benachteiligend auf Mädchen auswirken. Die Einbeziehung von Mädchen müßte berücksichtigen, daß zur Herstellung von Gleichheit Mädchen nicht an den Leistungs- und Charakterstrukturen von Jungen gemessen werden dürfen. Noch ist es so, daß sie für die gleiche Beachtung mehr leisten müssen. Ihre Stärken und Fähigkeiten werden nicht positiv gewertet, sondern oft zurückgewiesen. Die Chance der Koedukation, über gleiche Lerninhalte Mädchen für technische und mathematisch-naturwissenschaftliche Fächer zu interessieren, ist bisher nicht ausreichend genutzt worden. Dies impliziert, daß Lerninhalte kaum auf die Bedürfnisse von Mädchen abgestellt werden. Die Berücksichtigung anderer

Interessen, Sichtweisen und Verständnisebenen muß sowohl im regulären Unterricht als auch durch separate Förderungen, z. B. durch Förderkurse und Projekte, aufgefangen werden. An den neuen Technologien läßt sich unschwer feststellen, daß hier ein weites Feld für die Benachteiligung von Mädchen eröffnet wird. Partnerschaftliches Rollenverständnis wird bisher auch in diesem Bereich nicht vermittelt. Lehrerinnen (als Vorbild) und Schülerinnen sind erschreckend unterrepräsentiert. Erschwerend kommt hinzu, daß in der Arbeitswelt ohne Computer bald nichts mehr gehen wird. Wenn Frauen aus diesen Arbeitsfeldern ausgegrenzt oder nur im Bereich ihrer Bedienung (Schreibkräfte) eingesetzt werden, bleibt ihnen ein großer Teil des Arbeitsmarktes verschlossen.

Mädchen haben es schwerer! Die seit Jahren währende ökonomische Krise hat zur Folge, daß der überfüllte Arbeitsmarkt den ausbildungsplatzsuchenden Frauen kaum Chancen bietet. Unter den nicht vermittelten Ausbildungsplatzsuchenden sind immerhin zwei Drittel Mädchen.

Die Arbeitsämter haben sich in dieser Situation auch nur bedingt als hilfreich erwiesen. In jüngster Zeit wurde bekannt, daß sie sich immer mehr dem Diktat der Arbeitgeber beugen, indem sie deren geschlechtsspezifischen Wünschen nachgeben. Damit reduziert sich das geringe Ausbildungsplatzangebot für Mädchen erschreckend. Das öffentliche Beklagen der einseitigen Berufswahl der Mädchen wird so zur Farce, da die Berufswahl entscheidend vom Angebot auf dem Ausbildungsmarkt geprägt wird. So klingt es fast wie Hohn, wenn die Bundesregierung behauptet: »Die Bildungspolitik ist bestrebt, im Rahmen der eigenen Möglichkeiten, aber auch im Zusammenwirken mit anderen Politikbereichen, sicherzustellen, daß auch jungen Frauen alle Ausbildungschancen offenstehen.«[7]

Wenn aber nur die Hälfte der Ausbildungsplätze für Mädchen angeboten[8] wird, bleibt den Mädchen u. a. nur die Möglichkeit der Berufsfachlehrgänge, auch wenn sie damit keinen anerkannten Berufsabschluß erhalten.

Es macht wenig Sinn, lediglich zu beklagen, daß Mädchen sich für technische Berufe nicht interessierten. Dies ist nur ein Teil der Wahrheit. Wenn Interesse geweckt werden soll, müssen auch realistische Chancen bestehen. Zum Abbau der Diskriminierungen im dualen Schulsystem (und auch schon vorher) ist nämlich zum einen die Konzentration auf die sog. Frauenberufe zu durchbrechen und zum anderen die Umsetzung der Forderung nach »Quotierung« anzustreben.

Erforderlich ist ein Gleichstellungsgesetz, das private und öffentliche Arbeitgeber verpflichtet, Ausbildungsplätze je zur Hälfte für Mädchen und Jungen zu vergeben. Hierzu faßte die 11. DGB-Bundesfrauenkonferenz einen Beschluß. »Je zur Hälfte sind die Ausbildungsplätze Frauen und Männern anzubieten. Erst wenn nicht genügend Bewerberinnen vorhanden sind, werden andere Bewerber berücksichtigt.« Eine gleichlautende Forderung wurde für die Unternehmen der Gemeinwirtschaft angenommen. Diese Forderung nach Quotierung von Ausbildungsplätzen ist z. B. in den USA und in der DDR bereits gesetzlich verankert. Hinter diesen gesetzlichen Regelungen stehen unterschiedliche gesellschaftliche Interessen: Die zunehmende Arbeitslosigkeit von Mädchen, Forderungen der Gewerkschaften und der Frauenbewegung nach Gleichberechtigung und Chancengleichheit und der Wunsch der Wirtschaft nach qualifizierten Erwerbstätigen.

Gewerkschaften, Betriebsräte und Arbeitgeber sind deshalb gefordert, damit neben der Quotierung der Ausbildungsplätze und Übernahmegarantien auch Vorurteilen wirksam begegnet werden kann und Jungen und Mädchen eine gleichwertige qualifizierte Ausbildung erhalten können.

In diesem Zusammenhang wird deutlich, daß bildungs- und arbeitsmarktpolitische Maßnahmen ineinandergreifen müssen, um zukunftsorientierte Berufsfelder in den Vordergrund zu rücken. Die Vorbereitungen hierzu müssen bereits in der Schule beginnen. Hinderlich für dieses Vorhaben ist die in einigen Bundesländern übliche Praxis der Wahlmöglichkeit zwischen hauswirtschaftlichen und technischen Lehrinhalten.

Lehrerinnen und Lehrer müssen sich also nicht nur in der Aus- und Weiterbildung mit diesem Thema auseinandersetzen, sondern auch im Schulalltag berücksichtigen, daß gezielte Hilfestellung und Förderung der Mädchen notwendig ist, z. B. durch

- verbesserte Berufsberatung in Schulen und Arbeitsämtern ab dem 7. Schuljahr,
- verstärktes Angebot von Betriebspraktika, in denen Mädchen für gewerblich-technische Berufe motiviert werden,
- Durchführung von Projektwochen zu diesem Thema (einschließlich Betriebsbegehungen),
- Förderkurse für Mädchen in technischen Fächern.

Außerdem müssen im berufsvorbereitenden Unterricht geschlechtsspezifische Berufsvorstellungen in Frage gestellt werden, um die Entwicklung einer lebenslangen Berufsperspektive für Mädchen zu fördern und die Verantwortung für die familiären Aufgaben bei Jungen zu wecken.

2. Hochschulausbildung

Die von 1960 bis 1983 steigende Zahl der Studentinnen von 23,8% auf 37,9%[9] läßt vermuten, daß die guten Schulabschlüsse der Mädchen hier ihre Früchte tragen.

Zunächst veränderte sich nicht nur das äußere Bild in der Wissenschaft, sondern es ändern sich auch deren Inhalte. Durch Frauenseminare, Frauenprojekte und schließlich Frauenforschung wurde die Benachteiligung der Frau zu einem neuen Gegenstand wissenschaftlicher Untersuchung.

Mit zunehmender »Rotstiftpolitik«, Leistungsdruck, Abbau des Zweiten Bildungsweges und dem Ruf nach Elitebildung werden alle bis dahin existierenden positive Ansätze weitgehend zunichte gemacht. Erkämpfte Rechte müssen nun zunehmend einer restriktiven »Verschulung« der Hochschulen weichen.

Gegenwärtig sinkt der Frauenanteil an den Hochschulen wieder.[10] Besonders Töchter aus Nichtakademikerfamilien spüren die Auswirkungen der Bafög-Streichungen. Mit den ständig geringer werdenden Beschäftigungsaussichten reduziert sich auch die Studierwilligkeit.

Frauen werden aus der Hochschule vertrieben! Der Arbeitsplatz Hochschule bietet den Wissenschaftlerinnen fast ausschließlich Beschäftigungsverhältnisse mit befristeten Verträgen oder als sog. nebenberufliche Tätigkeiten.

Nach Ablauf der Verträge wandert jedesmal eine ganze Generation von Frauen aus den Hochschulen ab.

Die Arbeitslosenzahlen unter den Akademikern von 1973 bis 1984 steigen um das neunfache, die bei Akademikerinnen um das 25fache. Das akademische Proletariat ist also vorzugsweise weiblichen Geschlechts.

Wissenschaftliche Machtpositionen sind und bleiben von Männern besetzt! Wissenschaftlerinnen, die das Glück hatten, sich einen Platz an Hochschulen zu erobern, werden auf den unteren Stufen der Karriere-Leiter abgespeist. Sie sind Hilfskräfte, Zuarbeiterinnen und stellen für Männer meist keine ernstzunehmende Konkurrenz. Der Frauenanteil nimmt mit jeweils höheren Positionen drastisch ab. Obwohl mehr Frauen promovieren und sich habilitieren, bleib der weibliche Anteil unter den Professoren konstant (5,2%).[11] Man bleibt im Herrenclub auch weiterhin unter sich. Stelleneinsparungen bringen es mit sich, daß die von Frauen besetzten Stellen nicht oder nicht wieder von Frauen besetzt werden. Der Andrang ist groß und damit auch die (männliche) Konkurrenz.

Daß Frauen an den Hochschulen völlig unterrepräsentiert sind, hat ursächlich mit der geschlechtsspezifischen Arbeitsteilung und dem männlichen Verständnis von Wissenschaft zu tun. Für Frauen würde dies Verzicht auf Familie und Kinder bedeuten, um den »Anforderungen« des Wissenschaftsbetriebes gerecht werden zu können. Denn bisher sind Frauen »kaum in innerwissenschaftliche Reputationssysteme eingebunden. Sie gehören den hochschulbezogenen ›Männer-Netzwerken‹ nicht an. Den wissenschaftlichen Publikationsritualen stehen manche Wissenschaftlerinnen eher ablehnend gegenüber; auch fehlt ihnen oft der Zugang zu den Veröffentlichungsorganen«.[12]

Solange Wissenschaftlerinnen aus den Hochschulen verdrängt werden, wird es schwierig sein, die Mitte der 70er Jahre begonnene feministische Analyse fortzusetzen und den Theoriebedarf über den weiblichen Lebenszusammenhang mit den tangierenden gesellschaftlichen Bereichen zu befriedigen. Für Frauenforschung, die Parteilichkeit in den Fragestellungen zulassen muß, bleibt wenig Raum. Die weiterhin von männlichen Werten geprägte Wissenschaft muß sich dann auch die Frage nach der »Freiheit der Wissenschaft« gefallen lassen. Feministische Standpunkte, Fragen an die Geschichte, Parteilichkeit und Berücksichtigung der eigenen Betroffenheit können nur unter erschwerten Bedingungen erschlossen werden. Institutionell abgesicherte Frauenforschung gibt es aber erst in wenigen Städten. In Nordrhein-Westfalen z. B. in Bonn (Frauengeschichte), Paderborn (Frauenliteratur) und Bielefeld (Frauenforschung). Die geplanten Forschungs- und Modellvorhaben der Bundesregierung bedeuten allenfalls einen Tropfen auf den heißen Stein.

Was ist zu tun? In der letzten Novellierung des Hochschulrahmengesetzes (HRG) wurde bestätigt, daß Frauen an den Hochschulen diskriminiert werden. Die dazu eingefügte Klausel im § 2,2 hat aber mehr den Charakter einer politischen Willenserklärung. Es heißt dort:

»Die Hochschulen wirken bei der Wahrnehmung ihrer Aufgaben auf die Beseitigung der für Wissenschaftlerinnen bestehenden Nachteile hin.« Weitergehende Forderungen nach einer Frauenbeauftragten und die Festlegung von Frauenquoten wurden nicht aufgenommen. So kann keine ernsthafte, d. h. systematische und kontrollierte Frauenförderung entstehen.

Eine konsequente Aufhebung der Benachteiligung von Frauen an den Hochschulen ist zur Zeit nur möglich, wenn

Frauen nach Quoten, die sich zumindest an ihrem Anteil an den Studierenden, wenn nicht gar an ihrem Bevölkerungsanteil orientieren, beschäftigt und befördert werden. Ohne verbindliche Quoten ist zu befürchten, daß Professoren und Dozenten weiterhin unter sich bleiben.

Einen Anfang machte die Freie und Hansestadt Hamburg, an deren Universität zur Erhöhung des wissenschaftlichen Personals eine Richtlinie erlassen wurde, nach der zukünftig »weibliche Bewerber bei gleicher Qualifikation wie ihre männlichen Mitbewerber so zu berücksichtigen (sind), daß die Überrepräsentation von Männer abgebaut wird«.

Für den Fall, daß eine Frau nicht berücksichtigt werden kann, ist vorgesehen, daß »grundsätzlich die höchste freiwerdende Hochschulassistentenstelle in dem betreffenden Fach mit einer qualifizierten Bewerberin zu besetzen« ist.[13]

Auf die Hilfe der Bundesregierung ist in dieser Frage nicht zu hoffen. Sie lehnt kategorisch entsprechende Zielvorgaben ab.[14]

Die Behauptung, daß nur dann etwas zu bewirken sei, »wenn Neueinstellungen und Beförderungen in größerer Zahl vorgenommen werden«, und dies auf »absehbare Zeit« nicht zu erwarten sei, zeigt das Dilemma auf. Wissenschaftlerinnen befinden sich in einer Sackgasse, ihre aussichtslose Position läßt ihnen nur die Flucht nach vorn, so daß sie pragmatisch die Quotierung fordern.

Diese Forderung wird z. B. von den Hochschul-Frauen in der GEW so formuliert: »Bei hinreichender Qualifikation sind bei allen Statusgruppen Frauen so lange zu bevorzugen, bis eine dem Mitgliederstand entsprechende Quote erreicht ist. . . .In Auswahl- und Stellenbesetzungskommissionen müssen Frauen vertreten sein.«[15]

Die Entfristung der Verträge von promovierten und habilitierten Frauen (und Männern) ist ebenso notwendig, wie es Maßnahmen zur Förderung von Frauenforschung und Maßnahmen zur Vereinbarkeit von wissenschaftlicher Tätigkeit und Familie sind. Hierzu sind Änderungen der Laufbahnverordnungen anzustreben und die Einführung eines dreijährigen bezahlten Elternurlaubes.

Vor dem Hintergrund von Stellenstreichungen und den nur geringen Neubesetzungen, sind Forderungen, die die Unterrepräsentanz von Frauen an Hochschulen beseitigen wollen, ein Beitrag zum Abbau männlicher Privilegien. Frauen fordern hier zu Recht ihre »Hälfte«. Natürlich bringt dies einen Teil der Männer auf die Barrikaden, aber wie lange sollen Frauen noch warten, bis sie an den Hochschulen integriert sind. Sie haben Nachholbedarf.

Gibt es eine Feminisierung des Lehrberufs?

Mehr Studentinnen an den Hochschulen bedeutete bislang einen erhöhten Frauenanteil in den Bereichen Sprache, Kultur und Kunst. Die Belegung der Studienfächer nach weitgehend traditionellen Gesichtspunkten führte häufig zum Studium des Lehramtes. Erst mit negativen Beschäftigungsaussichten zeichnete sich hier eine rückläufige Tendenz ab. Die allgemeinbildenden Schulen sind inzwischen von dieser geschlechtsspezifischen Fächerwahl der Lehrerinnen und Lehrer geprägt.

»Männer wenden sich eher der ›kalten‹ Technik, den ›rationalen‹ Naturwissenschaften zu, während für Frauen der Kontakt mit Menschen und sozialen Problemen im Vordergrund steht.«[16]

Frauen werden Lehrerinnen, weil sie die Auffassung vertreten, daß sich dieser Beruf bei halbtägiger Abwesenheit besonders gut mit der Rolle von Ehefrau und Mutter vereinbaren läßt. Das relativ hohe gesellschaftliche Prestige des Lehrerinnenberufes erleichtert diese Wahl.

Es ist ein Beruf, »mit dem jedes Mädchen im Verlauf seiner Schulzeit in Berührung kommt (und) dessen Praxis subjektiv erfahrbar die Möglichkeit positiver Identifikation bietet«.[17]

»Die Ausübung des Lehrerberufs verlangt im Gegensatz zu den meisten anderen akademischen Berufen noch am wenigsten Konkurrenzorientierung, Durchsetzungsvermögen und Fähigkeiten individueller Profilierung«.[18]

Dies erklärt zumindest teilweise, warum Frauen – trotz gleicher Qualifikation – die Schulleitungen und Schulaufsicht den Männern überlassen. Sie lassen sich weiterhin in Geschlechtsstereotypen drängen und beeinflussen in diesem Sinne die Interaktion zwischen Lernenden und Lehrenden.

Interessieren sich Frauen nicht für Beförderungsstellen? Verwaltungsarbeit an Schulen treibt die Beschäftigten oft in die soziale Isolation. Frauen wollen offenbar nicht zwischen Schulaufsicht und Kollegium zerrieben werden; ihnen sei die pädagogische Arbeit lieber und wertvoller, da sie Anerkennung und Bestätigung bringe. Diese häufig zu hörenden Behauptungen berücksichtigen nicht, daß Frauen eine dann vermehrte Verantwortung mit der Familienarbeit in Verbindung zu bringen haben. Daß in diesen Fällen der Verzicht näher liegt als der Reiz, sich mit neuen Aufgaben auseinanderzusetzen und/oder auch beweisen zu können, daß eine Schulleiterin vielleicht pädagogisch und sozialintegrativ vieles anders (und besser) machen würde, ist leider nur zu alltäglich. Hier sollen die von mehreren Bundesländern beschlossenen Frauenförderpläne bzw. Frauenförderungskonzepte für den öffentlichen Dienst helfen. Sie sollen bei zielgerichteter Anwendung dazu beitragen, daß die Unterrepräsentanz von Frauen in aller Hierarchien abgebaut wird. Aber wer entscheidet darüber?

Die Personalräte und Personalrätinnen sind gefordert. Sie haben bei Beförderungen ein Wort mitzureden. Ausnahmen und Hintertüren, warum es in diesem oder jenem Fall nicht möglich gewesen sei, z. B. die Mitbewerberin nicht genügend Autorität für eine besonders von Ausländern stark frequentierte Schule besitze, gibt es reichlich. Dennoch: Förderung heißt auch, Frauen darauf vorbereiten, Funktionsaufgaben zu übernehmen. Damit dies auch für Teilzeitarbeitende möglich ist, sollte gesichert sein, daß Funktionsaufgaben auch teilbar sind. Teilbar wird damit auch die Verantwortung, vor der sich viele zunächst scheuen. Teilbar werden dann auch Vorbehalte. Was spricht eigentlich gegen eine Schulleitung, die als Team arbeitet?

Die Übernahme von Funktionen durch Frauen muß selbstverständlich werden. Auf allen Ebenen der Schulaufsicht und Schulverwaltung muß das Bewußtsein dafür geschaffen werden, daß es im gesellschaftlichen Interesse liegt, daß Männer und Frauen gleichermaßen in allen Bereichen vertreten sind.

Mit der zunehmenden Arbeitslosigkeit, die mehr noch als Lehrer verstärkt die Lehrerinnen trifft, werden – wenn kein politischer Druck erfolgt – viele dieser Forderungen illusionär. Im Rahmen von Einstellungsgesprächen wird mitgeteilt: »Ihr Mann verdient doch« oder »Widmen Sie sich doch ihren Familienpflichten«. Männer bekommen durch das Arbeitsplatzschutzgesetz einen sog. Bundeswehrbonus. Der GEW-Bundesfrauenausschuß sprach sich gegen diese Einseitigkeit aus und forderte für Frauen die gesellschaftliche Anerkennung von Mutterschaft mit der Berücksichtigung entsprechender Zeiten.

»Schwangerschaft und Mutterschaft dürfen bei der Einstellung in den öffentlichen Dienst nicht zur Benachteiligung der Betroffenen führen. Frauen, die wegen einer Schwangerschaft einen Bewerbungstermin nicht wahrnehmen konnten, (dürfen) nicht schlechter (gestellt werden) als Wehr- oder Zivildienstleistende.

Frauen haben, sind sie doch in den Schuldienst gekommen, nach Ablauf des Mutterschaftsurlaubs durchaus mit Schwierigkeiten zu rechnen. Sie werden leichter zum Versetzungspotential, und Schwierigkeiten mit der Gewährung von Stillzeiten sind an der Tagesordnung.

Der Arbeitsplatz Schule ist Spiegelbild der Gesellschaft. Auch er, genauer gesagt, die dort arbeitenden Frauen, bleiben von der Problematik der Teilzeitarbeit betroffen. Es gibt Bestrebungen, die hohe Arbeitslosenzahl u. a. mit dem »Zaubermittel« Teilzeitarbeit zu bekämpfen. Hier verbinden sich teilweise Gewerkschafter und Politiker zu einer unheiligen Allianz und propagieren Teilzeitarbeit als Mittel zur Überwindung der traditionellen Rollenverteilung.[19]

Tatsache ist aber, daß aus beschäftigungs- und familienpolitischen Überlegungen Frauen, indem sie Teilzeitarbeit beantragen, zu mehr als 90% die Arbeitszeitverkürzung ohne Lohnausgleich ausüben. Schon diese Zahl bietet wenig Garantie dafür, daß sich an der innerfamiliären Aufgabenverteilung Grundlegendes ändert.

Das Wirtschaftswissenschaftliche Institut des DGB kam zu dem Ergebnis, daß Teilzeitarbeit »die geschlechtsspezifische Arbeitsteilung bzw. die Diskriminierung der Frauen verfestigt«. Sie »unterläuft tendenziell die Forderung der Gewerkschaften nach allgemeiner Arbeitszeitverkürzung«.[20] Dies anzuerkennen und dem gegenzusteuern fällt offenbar schwer. Unter dem Motto »Anstoß für eine neue Solidarität« warben Gewerkschafter, Gewerkschafterinnen und Politiker für eine Teilzeitarbeit im Schulbereich. Obwohl die Beschlußlage der GEW gegen die Ausweitung der Teilzeitarbeit spricht, wird – auch von Funktionären der GEW – so immer wieder versucht, Teilzeitarbeit als Lösung der häuslichen Belastung der Frau darzustellen. Dies ist durchaus im Sinne des Gesetzgebers, denn dieser tut, was er kann, um Teilzeitarbeit auszubauen. Ob über oder unter zwanzig Stunden, Frauen bilden die Mehrheit.[21]

Teilzeitarbeit – Nachteile statt Vorteile! Die halbe Stelle und damit auch der halbe Lohn wird auf dem Konto der teilzeitarbeitenden Frau verbucht. D. h., daß Frauen die Verluste bei Rentenansprüchen allein tragen. Halbierter Unterricht heißt nicht auch halbierter Aufwand für Konferenzen, Elternabende, Klassenreisen und Unterrichtsvertretungen. Das Mehr an vermeintlicher Zeit wird für die Unterrichtsvor- und nachbereitung und für intensivere Gespräche mit Schülern und Schülerinnen verwendet. Dies ist sicherlich von Vorteil für die Schüler und Schülerinnen, unterm Strich leisten Frauen hier aber unbezahlte Mehrarbeit. Statt Teilzeitarbeit brauchen wir gesellschaftliche Hilfen wie dreijährigen Elternurlaub, Krabbelstuben, Kinderbetreuungseinrichtungen und Ganztagsschulen und schließlich Arbeitzeitverkürzung, auch damit Neueinstellungen vorgenommen werden können.

Damit ist deutlich geworden, daß die Kultusbürokratien mehr oder weniger zur Reproduktion frauendiskriminierender

Strukturen beitragen – sei es durch die Genehmigung von Unterrichtsmaterial oder durch Unterrepräsentanz von Frauen auf Funktionsstellen in Schulen, Schulverwaltungen und Schulaufsicht.

Gewerkschaften, SPD und Grüne setzen auf Frauenförderpläne. Damit Frauen sich in männlich dominierten Institutionen wie z. B. Hochschulen durchsetzen können, sind stringente Maßnahmen nötig. Deren Wirksamkeit wird auch davon abhängen, inwieweit Sanktionen (Bußgelder etc.) vereinbart werden.

Die formulierten Erwartungen, z. B. des GEW-Bundesfrauenausschusses u. a. für den öffentlichen Dienst sind hoch. Sie benennen klare Ziele. Das öffentliche Bewußtsein für die Diskriminierung von Frauen muß geschärft werden. Für den Organisationsbereich der GEW gilt die Forderung, »die Grundlagen für eine Erziehungs- und Bildungspolitik zu formulieren, mit denen die Überwindung bisheriger für Mädchen und Frauen in der Regel negativer geschlechtsspezifischer Rollen und Normen gezielt angegangen werden kann«, damit Mädchen und Frauen »ihr Leben und ihre Lebensformen eigenverantwortlich« bestimmen können.

Für die Bereiche Bildung, Erziehung und Wissenschaft ergeben sich folgende Zielvorgaben:

- »Bei der Gestaltung und Umsetzung von Frauenförderplänen ist die Mitbestimmung gewerkschaftlicher Frauenausschüsse, der Betriebs- und Personalrätinnen sowie gewerkschaftlicher Vertrauensfrauen sicherzustellen.
- Im Tarifkampf sind Frauenförderpläne tariflich abzusichern. Sie müssen in das Betriebsverfassungsgesetz, in das Bundesbeamtengesetz, in das Personalvertretungsgesetz und in die Betriebsvereinbarung aufgenommen werden.
- Bei der Vergabe von Aufträgen und Förderungsmitteln an Einzelpersonen sind Frauen besonders zu berücksichtigen

- Betriebe und Dienststellen müssen gegenüber den zuständigen Gleichstellungsstellen, den Frauenbeauftragten, den Vertrauensleuten und den Beschäftigten berichtspflichtig sein, insbesondere in bezug auf Einstellungsverfahren, Beförderungen sowie in bezug auf die Vergabe von Mitteln oder Aufträgen. Besonders zu begründen ist jeweils, wenn Frauen nicht entsprechend ihrer Quote berücksichtigt werden.
- Bei Nichteinhaltung von Frauenförderplänen ist sicherzustellen, daß arbeitsrechtliche Bestimmungen und strafrechtliche Sanktionen greifen.
- Im Rahmen von Dienstbesprechungen muß das Thema »Anwendung und Umsetzung von Frauenförderplänen« als ständig wiederkehrender Tagesordnungspunkt behandelt werden, in Schulungs- und Weiterbildungsmaßnahmen ist entsprechend zu verfahren.
- Bei der Ausübung von öffentlichen Funktionen sowie bei der Wahrnehmung von beruflichen und dienstlichen Aufgaben ist die Betreuung von Kindern aller Altersgruppen im öffentlichen und/oder privaten Rahmen sicherzustellen; das gilt ebenso für die Teilnahme an Schulungs- und Weiterbildungseinrichtungen.«[22]

Anmerkungen

1 Grund- und Strukturdaten 1985/86, hrsg. vom BMBW, S. 34.

2 Bt.-Dr. 10/1716, S. 61.

3 *Heide Vogt*, Leitstelle Gleichstellung der Frau Hamburg (Hrsg.), Die Darstellung von Mädchen und Frauen in Hamburger Schulbüchern, S. 14 ff.

4 *AG »Frauen und Schule«*, im Verein Sozialwissenschaftlicher Forschung und Praxis für Frauen, Rundbrief 3, Köln 1983, S. 6.

5 Vgl. Der Senator für Bildung, Wissenschaft und Kunst, Kriterienkatalog für die Beurteilung von Lehrbüchern, Februar 1984, S. 2.

6 Hessisches Fraueninfo, Die Bevollmächtigte der hessischen Landesregierung für Frauenangelegenheiten, Nr. 1, Mai 1986, S. 5.

7 Bt.-Dr. 10/1716, S. 61.

8 Vgl. ebd., S. 62.

9 Bt.-Dr. 10/2805, S. 2.

10 Tagesspiegel v. 19. Januar 1986.

11 Bt.-Dr. 10/2029.

12 *Schmarsow, C.*, Zur Situation von Frauen im Hochschulbereich, in: Mitteilungen des Hochschulverbandes, 1982, Heft 1, S. 33 ff.

13 Richtlinien zur Erhöhung des Anteils von Frauen am wissenschaftlichen Personal der Universität Hamburg, Februar 1985.

14 Bt.-Dr. 10/2029, S. 2.

15 Antrag der Fachgruppe Hochschule zum Gewerkschaftstag der GEW 1986.

16 *Schmarsow, C.*, ebd., S. 34.

17 *U. Bock*, u. a. (Hrsg.), Frauen an den Universitäten, Frankfurt u. New York 1983, S. 25.

18 Gewerkschaft Erziehung u. Wissenschaft, Pressedienst, Frankfurt 15. 11. 1983.

19 Neue deutsche Schule 4/86, S. 16 f.

20 WSI, Tarifarchiv?, Tarifvertragliche Regelungen, Bestimmungen zur Teilzeitarbeit, Düsseldorf 1984.

21 Bt.-Dr. 10/4565, S. 11.

22 Antrag zum Gewerkschaftstag der GEW Ende 1986.

Wende weg vom
SCHEIDUNGSRECHT
Die Braut trägt Schwarz...

Ute Gerhard

Recht – nicht nur als Prinzip, sondern weil wir es brauchen

Frauen haben ein problematisches Verhältnis zum Recht, sind skeptisch geworden gegenüber dem Nutzen von Gleichberechtigung, denn sie wissen aus eigener und überlieferter Erfahrung nur zu gut: Recht haben und Recht bekommen sind zweierlei. Dabei ist mit der Gleichberechtigung durch Gesetz, der zumindest formalen Anerkennung der Frau als Gleiche, als Person eigenen Rechts (mit dem gleichen Wahlrecht der Frauen seit 1919 zunächst als staatsbürgerliche, seit 1949 auch als zivilrechtliche Gleichberechtigung) ein wesentlicher Schritt getan. Denn allen Machtungleichheiten und Benachteiligungen zum Trotz steht das Recht seitdem auf der Seite der Frauen, ist ihre Rechtsgleichheit ein »Sieg des Prinzips« über gewohnheitsmäßige Bevormundung und Gewalt gegen Frauen, die die jahrtausendalte patriarchale Herrschaft kennzeichnen. Wer sich heute, um die Gleichberechtigung der Frauen abzuwehren, auf Gewohntes und Bestehendes beruft, seien es Vorurteile, Gewohnheits»rechte«, selbst in der Form herrschender Rechtslehren, hat dennoch den Rechtsgedanken der Gleichheit verfehlt, verletzt positives Recht.

Aber was nützt uns das? fragen viele Frauen, mehr denn je ungeduldig geworden und sensibilisiert auch für eingefahrene und selbstverständliche Ungerechtigkeiten. Die Rechtstatsachen, d. i. die tatsächliche Rechtslage der Frauen, konterkarieren die Prinzipien und Ideale des Rechts, oder anders gesagt: Erst seitdem Frauen wenigstens prinzipiell, in der Form von Gesetzen, gleichberechtigt sind, konnte zunehmend die Ernüchterung und Erkenntnis darüber einsetzen, daß formal gleiches Recht noch keine soziale Gleichheit herstellt oder garantiert.

Die etablierte Frauenpolitik in der Bundesrepublik in Frauenverbänden, Parteien und auch in den Gewerkschaften sonnte sich nach 1949 zu lange im trügerischen Schein formaler Gleichberechtigung. Noch in den sechziger Jahren ging sie davon aus, daß es keine Frauenfrage mehr gebe, allenfalls noch einzelne Frauenfragen, die durch Reparaturen im Rechtssystem, auf dem Wege der Reform zu beantworten wären. Erst die neue Frauenbewegung hat das Scheitern versprochener Gleichberechtigung bloßgelegt. Aber sie stützte sich zur Begründung ihres Protestes nicht auf Rechtsprinzipien, etwa das Menschenrecht auf Gleichheit, so wie die alte Frauenbewegung zur Zeit der 1848er-Revolution oder auch noch um die Jahrhundertwende, sondern auf die vielfältige und vielen bewußt gewordene Erfahrung gesellschaftlicher Ungleichheit und privater wie auch struktureller Gewalt. Und obgleich sich die Bewegung zu Beginn um eine Rechtsforderung – die Abschaffung des § 218 StGB – mobilisierte, wäre sie dennoch nicht als Rechtsbewegung zu kennzeichnen, im Gegenteil. Abgeschnitten von den Erfahrungen der alten Frauenbewegung und in Unkenntnis ihrer radikalen Rechtstradition war sie immer wieder bemüht, sich von der »alten« Politik der »nur«-Gleichberechtigung als Kennzeichen einer gemäßigten, ja konservativen Frauenpolitik abzugrenzen. Denn nur dies war die Frauentradition, die uns von den etablierten Frauenverbänden überliefert und von den Vertretern einer Gleichberechtigungspolitik als »spezifisch historisches«[1] Verständnis von Gleichheit rezipiert wurde: Gleichberechtigung im Sinne von allenfalls »Gleichwertigkeit«, »harmonischer Ergänzung des Mannes«, niemals »formale Gleichberechtigung als letztes Ziel«.[2]

Ohne Zweifel ist Gleichberechtigung nicht gleichzusetzen mit Emanzipation.[3] Doch dieser linke Gemeinplatz, soweit er die Begründung für ein explizites Desinteresse an Rechtsfragen, ja, sogar einen Rechtsnihilismus liefert, spielt der üblichen Denunziation der Gleichheit als »Gleichmacherei«, ihrer Abwertung zu bloßer »Gleichwertigkeit« in die Hände, die den Status quo der Ungleichheit, alltäglichen Unrechts legitimiert. Spätestens seit den Rechtsverschlechterungen im Zuge der ökonomischen Krise auch für Frauen werden daher zunehmend auch Feministinnen in Rechtsfragen aktiv. Denn Frauen können, vermutlich weil sie die Hälfte der Menschheit sind, noch weniger als andere dem Recht entkommen bzw. es sich gar nicht leisten, es zu ignorieren. Die »vornehme« Zurückhaltung gerade auch gegenüber einem partriarchalischen Recht und Staat läßt sich nicht durchhalten, wenn Frauen vom Abbau sozialer Rechte besonders betroffen sind, mühsam errungene Rechtsfortschritte wieder verloren gehen. Auch der Widerstand gegen Verrechtlichung, die von Linken und Rechten zeitweise in »seltsam anmutender Übereinstimmung«[4] geführte Debatte um die Kehrseite der Verrechtlichung, Bürokratisierung, Reglementierung und zuviel Staat gerät zu einseitig, solange die von den Männern so emphatisch verteidigten »rechtsfreien Räume«, insbesondere die Familie, potentiell immer noch Gewaltverhältnisse sind – nicht nur zwischen Männern und Frauen, sondern auch zwischen Eltern und Kindern.

Der neue Feminismus kann sich daher »nicht ins Gras legen (aus) der verfrühten Einsicht, daß derjenige Staat am besten wäre, den es am wenigsten gibt«.[5] Weil alltäglich Unrecht geschieht, kümmern sich zunehmend Juristinnen – keineswegs als Avantgarde der Frauenbewegung wie die Stimmrechtlerinnen um 1900, doch endlich gleichermaßen gründlich und engagiert[6] um den Rechtsalltag der Frauen in der Beratung in Frauenzentren und Frauenhäusern oder als solidarische Anwältinnen bei Ehescheidungs- und Vergewaltigungsprozessen. Weil die Widersprüche zwischen gesellschaftlichem Reichtum und individueller Diskriminierung immer größer wurden, ist die Lohnungleichheit aufgrund gemeinsamer Klagen von Arbeitnehmerinnen höchstrichterlich erneut gescholten worden, ohne daß faktisch an der geschlechtsspezifischen Lohndifferenz viel geändert wurde.

Den Dreh- und Angelpunkt der Frauenunterdrückung, die private, sexuelle Gewalt in den Geschlechterbeziehungen haben die Frauenhäuser durch ihre praktische Hilfe und Politik zu einem öffentlichen Thema gemacht und damit das Unrechtsbewußtsein von Frauen gestärkt, allgemein ein neues Rechtsbewußtsein geschaffen. Schließlich ist aufgrund der Tatsache, daß Frauen potentiell mächtige Wählerinnen sind, die Frauenfrage in neuer Virulenz in die Institutionen und Parteien geschwappt und wird dort z. B. in der neuen Forderung nach einem umfassenden Antidiskriminierungsgesetz oder nach Quotierung verhandelt.

Ist die Bilanz in Rechtsfragen nach über fünfzehn Jahren Frauenbewegung darum vorwiegend positiv? – Vor dieser vorschnellen Schlußfolgerung möchte ich warnen, vielmehr der Frage in der gebotenen Kürze unter drei Rechtsaspekten nachgehen, die m. E. für die Beurteilung der Rechtslage von Frauen kennzeichnend sind: der »Wende« auch im Familienrecht, dem »Recht der Frauen auf Erwerb« sowie den staatlichen Reaktionen auf die Forderung nach Finanzierung von Frauenhäusern.

1. Die »Wende« auch im Familienrecht

Das Familienrecht ist traditionell Frauenrecht, weil es immer schon insbesondere die Pflichten von Frauen (Ehefrauen) regelte und sie damit von den allgemeinen Rechten des Menschen, selbständig Träger von Rechten und Pflichten zu sein (§ 1 BGB), ausschloß. Das galt auch noch für das 1957 verabschiedete Gleichberechtigungsgesetz, weil es neben anderen Diskriminierungen, z. B. im Namensrecht oder Scheidungsrecht, nach wie vor die Hausfrauenehe als normatives Leitbild vorsah, d. h. trotz Art. 3 GG jeder Frau mit der Eheschließung vorrangig die Hausarbeits- und Familienpflichten übertrug. Das bedeutete konkret, Frauen verletzten ihre »ehelichen Pflichten«, falls sie ohne oder gegen den Willen ihres

Ehemannes erwerbstätig waren und verloren damit bei einer Ehescheidung als Schuldige möglicherweise ihre Unterhaltsansprüche.

Erst 1977, durch die Reform des Ehe- und Familienrechts, gelang insofern ein entscheidender Schritt zu mehr Gleichberechtigung, als von nun an die Arbeitsteilung in der Ehe der Vereinbarung durch die Ehegatten überlassen war (§§ 1356, 1360 BGB). Selbst wenn damit die traditionelle Arbeitsteilung vorerst de facto unangetastet blieb, dieser Rechtsfortschritt von den Frauen daher auch gar nicht als solcher wahrgenommen, als nur formal und ineffektiv abgetan wurde, so war diese Rechtserrungenschaft doch im Falle der Scheidung die andere Seite eines Marksteins für mehr Gerechtigkeit: der Abkehr vom Schuldprinzip. Für die Regelung der Scheidungsfolgen sollte nun nicht mehr die ohnehin von Dritten nicht feststellbare »Schuld« eines Ehepartners ausschlaggebend sein. Vielmehr stand dem-/derjenigen ein Unterhaltsanspruch zu, die objektiv nach der Scheidung die ökonomisch Bedürftige war – das waren und sind nun einmal in anbetracht der traditionellen Arbeitsteilung in der Regel die Frauen, weil sie die Kindererziehung übernommen haben, nach langer Berufspause keine Arbeitsplätze finden oder weil sie zu alt und krank geworden sind.

Damit war das Familienrecht entgegen seiner herkömmlichen Zielsetzung zu einem Vorposten für mehr Gleichberechtigung geworden. Doch soviel ausgleichende Gerechtigkeit überforderte offensichtlich das männliche Rechtsgefühl. Und zwar entzündete sich die patriarchalische Reaktion, unterstützt von einer polemischen Presse und männlichen »Schutz- und Trutzbünden« wie dem »Bürgerbund gegen Scheidungs-Unrecht«[7] an der angeblichen »Unterhaltsknechtschaft« all der Männer, die auch dann zur Unterhaltszahlung verpflichtet waren, wenn die ehemalige Ehefrau es nach beendeter Ehe wagte, »sich einem anderen Partner zuzuwenden«. Die Weigerung von Männern, »das Konkubinat der Ehefrau mit einem Dritten zu unterstützen oder gar zu finanzieren« – so die sehr bald nach 1977 überwiegende

Rechtssprechung zur Auslegung der sog. Härteklausel des § 1579 I Nr. 4 BGB – verkannte jedoch, daß der Unterhaltsanspruch nicht als »Gratifikation für Wohlverhalten der Ehefrau auch nach beendeter Ehe«[8] entstanden war, sondern lediglich einen angemessenen Ausgleich für die zurückliegende Arbeit im Haus und für die Familie und die damit verschlechterten Berufschancen intendierte.

Die von der CDU/CSU und FDP-Koalition im Familienrecht unter dem Motto »Mehr Gerechtigkeit im Einzelfall« inszenierte Gesetzesreform zementierte daher einerseits nur, was in der Rechtspraxis schon »usus« geworden war, andererseits gelang es ihr durch die Ausdehnung von Billigkeits- d. h. Schuldgründen auf andere Tatbestände (die Unterhaltsansprüche wegen Erwerbslosigkeit, § 1573, und den sog. Aufstockungsunterhalt, § 1578 BGB) die wohlerworbene Sachlichkeit und Rücksicht auf die Ökonomie einer Ehe zu untergraben und erneut eine doppelte Moral zu legalisieren. Für männliche Rechtsansprüche und Unterhaltspflichten hat dagegen eheliche oder nacheheliche Treue nie eine Rolle gespielt – und dies alles, obwohl das Unterhaltselend geschiedener Frauen vor und nach 1977 das gleiche geblieben ist: Nur ein Drittel aller geschiedenen Mütter haben einen rechtskräftigen Anspruch auf Unterhalt, der 1978/79 durchschnittlich 420 DM im Monat betrug.[9]

Mit der Kritik an der Wende auch im Scheidungsrecht soll nicht einer Wiederherstellung der Versorgungsehe das Wort geredet werden, ganz im Gegenteil. Doch es geht um das Prinzip der Bevormundung und Benachteiligung von Frauen, das sich hier in selten peinlicher Einmütigkeit als patriarchalisches entlarvt hat – gegen den empörten Widerstand von Frauen aus allen Parteien und Initiativen (vgl. die Aktion Kassensturz der Fraueninitiative 6. Oktober) und gegen den juristischen Sachverstand beinahe aller Familienrechtsexperten, sogar des Deutschen Richterbundes, des Deutschen Anwaltsvereins und des Deutschen Familiengerichtstags.

2. Das Recht der Frauen auf Erwerb

Dabei ist das Familienrecht nur die Kehrseite des gleichen Problems, für Frauen auch auf dem Arbeitsmarkt Rechtsgleichheit herzustellen. Ihre Benachteiligung hier, Lohndiskriminierung, ungeschützte Arbeitsverhältnisse, mangelnde »Verfügbarkeit« für den Arbeitsmarkt gründen sich auf die familiäre Alleinzuständigkeit der Frauen trotz garantierter Gleichberechtigung und aller Wahlfreiheiten im Familienrecht. Über die Verwirklichung der rechtlichen Gleichheit aber wird auf dem Arbeitsmarkt entschieden. Aus diesem Grund sind die Arbeitsrechte, das gleiche »Recht der Frauen auf Erwerb« – so der Titel einer frauenrechtlerischen Schrift von Louise Otto Peters aus dem Jahr 1866 – auch aus dem Blickwinkel von Frauenrechten *der* zentrale Problembereich.

Die Klage über den Mangel an Rechtsgleichheit ist dabei in zwei verschiedene Richtungen zu führen, einmal gegenüber den Tarifparteien, d. h. gegenüber Arbeitgebern *und* Gewerkschaften, zum anderen gegenüber dem Staat und seiner Bürokratie unter dem Gesichtspunkt seiner Arbeitsmarktpolitik und dem zu Unrecht immer noch so genannten Arbeits*förderungsrecht*.

Daß es trotz fortwährender Nachhilfe durch die Gerichte nach fast vierzigjähriger verfassungsrechtlicher Gleichberechtigung immer noch nicht gelungen ist, den Frauen für gleiche und gleichwertige Arbeit gleichen Lohn zu zahlen, wird deshalb kaum als gesellschaftlicher Skandal bezeichnet, weil dies eine uralte Ungerechtigkeit ist, und wir uns anscheinend daran gewöhnt haben, bzw. in Anbetracht dieser festgefügten Schwierigkeiten zur Resignation neigen. »Unrecht gewinnt oft Rechtscharakter allein dadurch, daß es häufig vorkommt«, heißt es in den Geschichten des Herrn Keuner bei Bertolt Brecht – eine Erkenntnis, die gerade den Sachverhalt der Lohndiskriminierung trifft. Doch m. E. ist die Lohnungleichheit ein entscheidender Hebel zur Frauenunterdrückung am Arbeitsplatz und in der Familie, zu ihrer Anbindung an die Familienaufgaben sowie zu lebenslanger materieller Benachteiligung. Sie ist an handfesten Zahlen abzulesen: Immer noch verdienen Frauen durchschnittlich nicht einmal zwei Drittel der Löhne von Männern, ja, die Lohnschere, die sich bis zur Mitte der siebziger Jahre einmal angenähert hatte, ist sogar wieder größer geworden.[10] Die Lohndifferenz beruht zum Teil auf sog. indirekten oder mittelbaren Diskriminierungen, d. h. darauf, daß typische Frauenarbeiten und -belastungen in der Arbeitsplatzbewertung grundsätzlich niedriger eingestuft werden, oder daß die anscheinend objektiv formulierten Bedingungen überwiegend nur von einem Geschlecht erfüllt werden.[11] »Tarifliche Lohn- und Gehaltsgrupentexte« lesen sich »wie patriarchalische Zunftordnungen«, schrieb Ingrid Kurz-Scherf in ihrer gründlichen Analyse gewerkschaftlicher Tarifpolitik.[12] Daß diese Ordnungen so unumstößlich sind, mit immer neuen juristischen Tricks (von den Lohnabschlagsklauseln bis zu Leichtlohngruppen, mit Hilfe von Zulagen, einzelvertraglichen Vereinbarungen usf.) verteidigt werden, ist nur damit zu erklären, daß vor allem die Arbeitgeber, versteht sich, aber eben auch die besser verdienenden männlichen Arbeitnehmer von solchen Regelungen auf Kosten von Frauen profitieren und die Privilegien noch als wohlerworbenes Arbeitnehmerrecht verteidigen.

Die Entgeltdiskriminierung aber hat auch deshalb so weitreichende Folgen, weil sie sich in der mangelnden sozialrechtlichen Absicherung von Frauen bei Erwerbslosigkeit und vor allem in der Rente fortsetzt. Gewiß sind die niedrigen Renten von Frauen, ihre Armut im Alter, das Ergebnis vielfältiger und lebenslanger Benachteiligungen im Erwerbsleben und als Hausfrauen. Doch mehr noch als die wegen Familienarbeit unterbrochene Erwerbstätigkeit und die damit fehlenden Versicherungszeiten schlägt die Lohnungleichheit im Ergebnis der Frauenrenten negativ zu Buche. Da sich bei der Berechnung der Rente die persönliche Bemessungsgrundlage aus dem Verhältnis von eigenem Verdienst zum durchschnittlichen Einkommen aller Versicherten ergibt, bedeutet dies, daß die Lohndiskriminierung von Frauen in der Konsequenz rentenerhöhend auf die Männerrenten wirkt.[13]

Weil das bestehende Rentensystem als Lohnersatzsystem organisiert ist, das sich allein an der Lebens- und Erwerbsbiographie männlicher Lohnarbeiter ausrichtet, nur ihre Arbeit honoriert, haben Frauen, die »nur« Hausarbeit geleistet haben, auch im Alter das Nachsehen, sind sie notwendigerweise arm, in jedem Fall ärmer als ihre Männer. Denn unentgeltliche Familienarbeit zahlt sich nicht aus, im Gegenteil, mindert die Rentenansprüche auch dort, wo wegen der Betreuung von Kindern ein frauenspezifischer Kompromiß, d. h. eine nur schlecht bezahlte Teilzeitarbeit gewählt wird. Alle Rentenanpassungen und -reformen seit dem Bestehen der BRD – ausgenommen lediglich kurzfristig die sog. Rente nach Mindesteinkommen – haben mit ihrer zunehmenden Ausrichtung am Leistungslohn die geschlechtsspezifischen Unterschiede verschärft. Die eigenständige soziale Sicherung der Frau – einmal viel beteuertes Reformziel – ist mithilfe des Blüm'schen Anrechnungsmodells, von dem nur einige Witwer profitieren, zulasten der wenigen besser verdienenden Frauen dem Kostenargument geopfert worden. Aber schon vorher in der »Sachverständigenkommission für die soziale Sicherung der Frau und der Hinterbliebenen«[14] sind alle denkbaren Lösungen am gemeinsamen Widerstand der Männer in Parteien und Gewerkschaften gescheitert unter Berufung auf die sog. 100-Prozent-Garantie der vom »Ernährer« selbst erworbenen Rentenansprüche. Was aber ist von einer sog. Beitragsgerechtigkeit zu halten, mit der das Rentenunrecht gegenüber Frauen begründet und verteidigt wird?

Die Aufrechterhaltung der geschlechtsspezifischen Arbeitsteilung mit all ihren für Frauen diskriminierenden Folgen wird seit dem Beginn der Wirtschaftskrise (d. h. schon seit 1976 mit dem 1. Haushaltsstrukturgesetz) wieder verstärkt über die staatliche Arbeitsmarktpolitik organisiert. Das Instrument, mit dem diese Politik gesetzlich ermöglicht wird, ist das Arbeitsförderungsgesetz (AFG), das 1981 durch die sog. Spargesetze (das Haushaltskonsolidierungsgesetz von 1981 und die nachfolgenden Haushaltsbegleitgesetze, verabschiedet 1982 und 1983) eindeutig zulasten von Frauen revidiert und restringiert wurde.

Das Arbeitsförderungsgesetz, 1969 auf dem Höhepunkt staatlicher Reformpolitik als wichtigstes Instrument einer »aktiven Arbeitsmarktpolitik« verabschiedet, hatte insbesondere auch den Frauen als einer »der Problemgruppen des Arbeitsmarktes« (vgl. § 2 Ziff. 5 AFG) versprochen, durch Maßnahmen zur Förderung der beruflichen Fortbildung und Umschulung und zur Wiedereingliederung in den Beruf mehr Gleichheit herzustellen. Mittlerweile aber ist es durch die wiederholten und kurzzeitigen Änderungen zu einem politischen Maßnahmegesetz verkommen, das keine Rechte mehr garantiert, sondern Arbeitslosigkeit nur schlecht verwaltet. Anders als das individuelle und kollektive Arbeitsrecht, das sich zwischen den Tarifpartnern oder auf dem Markt im Wege des sog. freien Arbeitsvertrages bewähren muß, liegt die Rechtsanwendung und Entscheidungspraxis beim AFG ausschließlich in den Händen der staatlichen Bürokratie, die der Bundesanstalt für Arbeit in der Form eines öffentlich rechtlichen Monopols untersteht. Gerade in Zeiten der Krise und der Massenarbeitslosigkeit entscheiden damit die Arbeitsämter – gewiß nicht frei von Sachzwängen – über Partizipations- und Lebenschancen von Frauen, werden also der gegenwärtige Sozialstaat und seine Institutionen mit ihren Versprechen der Gleichberechtigung und sozialen Gerechtigkeit auf die Probe gestellt.

Wie wenig der Staat seine Versprechen gehalten hat, ist von allen Seiten ausführlich kommentiert worden und ins Kreuzfeuer sozialpolitischer Kritik geraten. In der berechtigten Klage über den rigiden Abbau entschiedener Rechtserrungenschaften für alle Arbeitnehmer aber droht insbesondere in Anbetracht von Massenarbeitslosigkeit die besondere Benachteiligung von Frauen erneut als Nebensache behandelt zu werden.

Das »Recht der Frauen auf Erwerb« – nicht nur auf Arbeit, denn Arbeit haben die Frauen – wird immer wieder mit dem

Hinweis auf ihre angebliche »Alternativrolle« abgewehrt, ohne das veränderte Erwerbsverhalten in die Überlegungen zur Lösung der Probleme auf dem Arbeitsmarkt, zu einer neuen Form der Arbeitsteilung, in den gewerkschaftlichen Kampf um Arbeitszeitverkürzung einzubeziehen. Die Kürzungen und Rechtsverschlechterungen im AFG sind daher Teil einer reaktionären, nach rückwärts gewandten und frauenfeindlichen Politik, die wieder einmal die ökonomische und politische Krise auf Kosten von Frauen zu bewältigen meint. Zu den gravierendsten Verschlechterungen, die insbesondere Frauen treffen,[15] gehören die materiellen Kürzungen der Arbeitslosengeldsätze hinsichtlich der Höhe (von 69 auf 63% bei Erwerbslosen ohne Kinder) sowie der Bezugsdauer (von bisher im Verhältnis 2:1 auf 3:1, d. h., wer jetzt sechs Monate Arbeitslosengeld erhalten will, muß vorher achtzehn Monate und nicht nur zwölf Monate versicherungspflichtig beschäftigt gewesen sein). Geschlechtsspezifisch besonders nachteilige Folgen aber hat die Verschärfung der Anspruchsvoraussetzungen für Arbeitslosengeld und -hilfe und für alle anderen Maßnahmen der beruflichen Fortbildung, Umschulung und Wiedereingliederung, weil Frauen wegen der Familienarbeit häufiger ihre Berufstätigkeit unterbrechen, nur kurzfristig, ohne Sozialversicherung oder in Teilzeit beschäftigt sind und deshalb nicht die erforderliche Anwartschaftszeit erreichen. Mit der Beschränkung aller Maßnahmen und Ansprüche auf Arbeitslose, die kontinuierlich ausreichende beitragspflichtige Beschäftigungszeiten nachweisen können, ist wiederum nur das »normale«, vorzugsweise männliche Arbeitsverhältnis gegen die Risiken auf dem Arbeitsmarkt versichert, werden gezielt die Arbeitnehmergruppen ausgegrenzt, ins Abseits gedrängt, denen einst die aktive Arbeitsmarktpolitik galt.

Der entscheidende Hebel, mit dem die Arbeitsämter arbeitssuchende Frauen zurückweisen, entmutigen, erst gar nicht als arbeitslos registrieren, ist die Rechtspraxis zur »Verfügbarkeit«. Denn nur wer »dem Arbeitsmarkt zur Verfügung steht« (§ 103 AFG), hat Anspruch auf Arbeitslosengeld oder andere Leistungen des Arbeitsamtes. Doch entgegen dem neuen Familienrecht, das durchaus eine anderen Rollenteilung ermöglicht, stehen auf dem Arbeitsamt nach wie vor nur Frauen unter dem Verdacht, aus Familienrücksichten dem Arbeitsmakt nicht »zur Verfügung zu stehen«. Das zweifelhafte Vorrecht, sich bei der Arbeitssuche wegen der Betreuung aufsichtsbedürftiger Kinder zeitlich beschränken zu dürfen (vgl. § 103 AFG), führt dabei faktisch oft zum Verlust der ganzen, mindestens aber der Hälfte der Arbeitslosenunterstützung – selbst wenn eine Frau vorher ganztags berufstätig und als solche versichert war.

Um diese Frauen diskriminierende Rechtspraxis zur Verfügbarkeit hat es auch in der Vergangenheit immer wieder Wirbel, Nachfragen und Dementi gegeben. Doch diese Praxis, die zu der Routine, dem Alltag der Ämter gehört, bleibt nahezu unkontrollierbar, ist richterlich kaum nachprüfbar, weil es sich um die Auslegung eines unbestimmten Rechtsbegriffes handelt, und weil Frauen nicht rechtskundig genug sind, um sich zu wehren, ihre mögliche Gleichberechtigung in jedem Einzelfall auch gegen eine bürokratische und herrschaftliche Verwaltung durchzusetzen.

3. Die Finanzierung von Frauenhäusern

Das Herrschaftswissen der Sozialbürokratie hat viele Jahre auch ein feministisches Projekt geknebelt, zu verhindern gesucht, das m. E. zu den wirksamsten und notwendigsten der neuen Frauenbewegung gehört: die autonomen Frauenhäuser. Seit der Eröffnung eines ersten autonomen Frauenhauses in Westberlin im Jahre 1976 sind in der Bundesrepublik, selbstorganisiert von Frauen, etwa 100 Zufluchtsstätten für geschlagene Frauen und ihre Kinder eingerichtet worden und kämpfen immer wieder aufs neue um ihr Überleben.[16] Dennoch haben sie ein neues Unrechtsbewußtsein über das Ausmaß sexueller und im Privaten verborgener Gewalt gegen

Frauen geschaffen, haben sie mit ihrem Selbsthilfekonzept die etablierte Wohlfahrtspflege zur Nachahmung herausgefordert und mit ihrer Rechtsinitiative, ein Bundesgesetz zur Finanzierung von Frauenhäusern zu fordern, die leeren Versprechen von Ministern (auch Ministerinnen) entlarvt. »Man übt nicht nur Macht aus, indem man schlägt, sondern auch, indem man Gesetze macht«, meinte eine Teilnehmerin auf der publikumswirksam inszenierten Tagung des Bundesfamilienministeriums »Gewalt gegen Frauen« im Januar 1984[17] und brachte damit das Problem auf den Punkt.

Kennzeichnend für die Initiativen und Einrichtungen aus der autonomen Frauenhausbewegung ist ihr Motiv und ihre politische Zielsetzung. Ihrem Selbstverständnis nach geht es nicht nur um die Beratung und den Schutz für geschlagene Frauen, um solidarische Hilfe in einer akuten Notlage oder um ein neues Berufsfeld sozialer Frauenarbeit, sondern vor allem um die Thematisierung und Veröffentlichung bisher im Privaten verborgener und im Alltag tolerierter Gewalt, d. h. auch um die Veränderung und den Abbau von Gewaltverhältnissen zwischen Männern und Frauen. Der in den Frauenhäusern offenbar gewordene gesellschaftliche Skandal alltäglicher Gewalt ist für Feministinnen nicht nur eines unter vielen anderen sozialen Problemen, sondern ein Politikum, weil sich in ihm die Machtverhältnisse dieser Gesellschaft abzeichnen, und zwar Unterordnung und Abhängigkeit und die ungleichen Ressourcen für Männer und Frauen, Benachteiligungen auf dem Arbeitsmarkt, schlechtere Berufschancen für Mädchen, die Unterrepräsentation von Frauen in der Politik usw. Wenn aber Gewalt gegen Frauen auf sozialer Ungleichheit und gewohnter Ungerechtigkeit beruht, ist sie nicht nur das Problem einer bedauernswerten Randgruppe, der mit den üblichen Mitteln sozialer Praxis zu helfen ist. Vielmehr sind potentiell alle Frauen von ihr betroffen, geht das Problem alle Männer an: »Was ist mit den Männern, mehr, was ist mit der Gesellschaft los,« so ist zu fragen, »die diese Gewalt fortdauernd äußert?«[18] Tatsächlich haben schutzsuchende wie helfende Frauen oftmals ähnliche Erfahrungen mit der fast selbstverständlichen und immer gegenwärtigen Bedrohung durch Männer im Privaten, nachts auf der Straße und im beruflichen Alltag. Insoweit die neue Frauenbewegung die Verständigung über solche vereinzelten, individuellen Erfahrungen ermöglichte, ist hier bereits Privates öffentlich und politisch geworden.

Als die autonomen Frauenhäuser vor einiger Zeit begannen, mit Hilfe einer Petition und über 20 000 Unterschriften die finanzielle und gesetzliche Absicherung ihrer Projekte zu fordern, weil Frauen nicht mehr unbezahlt und selbstausbeuterisch – ehrenamtlich – typische Frauenarbeit leisten wollten, hat es heftige Debatten gegeben. Stimmen aus den eigenen Reihen wurden laut, daß damit das politische Ende der Frauenhausbewegung gekommen sei. Der Vorwurf lautete, der Anpassungsdruck sei so groß, die Vereinnahmung geglückt, es gehe den in den Frauenhäusern Arbeitenden um nichts mehr als den Erhalt von Arbeitsplätzen. Es war das wohl berechtigte Mißtrauen gegen Staat und Recht, oder richtiger, bisher patriarchalisches Recht, das hierin zum Ausdruck kam. Dennoch, meine ich, hat die Frauenhausbewegung in kurzer Zeit (in nur zehn Jahren) doch einen durchschlagenden Erfolg zu verzeichnen, weil Gewalt gegen Frauen inzwischen ein öffentliches Thema ist, weil ihre Arbeit Anerkennung und Nachahmung gefunden hat, und weil selbst die etablierten Verbände, ja selbst die konservative Gegenbewegung nicht umhinkommt, wesentliche Teile ihrer Konzepte zu übernehmen. Problematisch ist dieser Zulauf nur insofern, als es den etablierten Einrichtungen offensichtlich ums Geld geht, um Terrain in einem neuen sozialen Problemfeld, und insofern den autonomen Inititativen das Wasser abgegraben wird.

Bei den Schwierigkeiten, die gerade die autonomen Frauenhäuser alltäglich mit den Sozialbehörden und der mit juristischen Argumenten verteidigten Sozialpolitik haben, geht es im Grund noch um etwas ganz anderes; um die Grundsätze, nach denen unser Fürsorgesystem aufgebaut ist, das Prinzip der Individualisierung und der Subsidiarität. Denn die institutionelle Förderung, die Subventionierung eines sogar noch autonomen Projektes sprengt nicht nur den Rahmen des Bundessozialhilfegesetzes, sondern scheint einen Sozialstaat infragezustellen, der sich Hilfe zur Selbsthilfe nicht anders als bürokratisch zugeteilt, degradierend und kontrollierend denken kann.

Für den Fortbestand der Frauenhäuser wird es darauf ankommen, inwieweit sie ihre Autonomie, auch in finanzieller Abhängigkeit vom Staat, behalten oder weiterentwickeln können. Wer verstanden hat, daß die Frauenhäuser als Spitze des Eisberges struktureller Gewalt und sozialer Ungleichheit zwischen Männern und Frauen möglicherweise ein Prüfstein sind für eine wirklich gleichberechtigende Politik, wird sich unvoreingenommen fragen müssen, warum eigentlich die »Abhängigkeit (vom Staat), realistisch zur Kenntnis genommen, nicht (trotzdem) zum Hebel gesellschaftlicher und politischer Weiterentwicklung werden kann«.[19] Davon zu träumen, ein alternatives Selbsthilfeprojekt könne sich sozusagen aus diesem Staat und dieser Gesellschaft herausstehlen oder käme gar ohne sie, ihre Ökonomie und ihr Recht aus, wäre illusionär, verträgt sich nicht mit dem Anspruch, gerade diese gesellschaftlichen Verhältnisse und die Beziehungen zwischen Männern und Frauen ändern zu wollen.

4. Schlußbemerkung

Aus der Fülle noch immer ungeklärter Rechtsfragen für Frauen habe ich drei Problematiken herausgegriffen, die sich im weiblichen Lebenszusammenhang verschränken, ihn entscheidend bestimmen: das Familien- und Scheidungsrecht, Arbeits- und Arbeitsförderungsrecht, schließlich die immer noch mögliche Gewalt in den privaten Beziehungen zwischen Männern und Frauen. Sie zeigen, daß wir ein Stück vorangekommen sind, aber mehr noch, wieviel Recht wir noch brauchen. Resümierend möchte ich folgende Gründe für das immer erneute Scheitern der Gleichberechtigung nennen:

- Gegen die Verwirklichung der Gleichberechtigung stehen Gewohnheiten und die Macht des Faktischen. Dieser Widerstand, der von subjektiven Dispositionen (Rollenverhalten, Routine, Bequemlichkeitsbedürfnissen und Herrschaftsinteressen) bis zur materiellen Basis unserer Eigentumsverhältnisse reicht, ist kaum zu überschätzen.
- Da in der kapitalistischen Warengesellschaft nur das zählt, was Geld bringt, erfaßt bürgerliches Recht die Menschen auch nur von *der* Seite ihrer Arbeit, die einen Preis erzielt. Unentbehrliche Hausarbeit, glückbringende Erziehungsarbeit haben keinen Wert, führen zu faktisch rechtlicher Ungleichheit, da der Inhalt der Gesetze nicht der weiblichen Produktionsweise entspricht. Das Übel ist nur durch die Aufhebung der geschlechtsspezifischen Arbeitsteilung zu beseitigen. Kompensationen, auf denen unser Familien- und Sozialrecht aufbaut, können nicht helfen, verlängern die Zweiteilung des Sozialstaats.
- Durch die Rechtsgeschichte der Frauen zieht sich wie ein roter Faden die Sicherung der männlichen Verfügungsgewalt über den Körper der Frau und ihr besonderes Arbeitsvermögen, die Fähigkeit, Menschen großzuziehen. Alle Versuche der Befreiung der Frauen haben hier ihren Ausgang genommen: »Daß die Frauen auch heute nicht über ihren Körper verfügen, zeigt erschreckend die männliche Faust in der heutigen Staatsidee«, hieß es 1920 in der Zeitschrift »Die Frau im Staat«. Das stimmt auch heute noch.

Anmerkungen

1 *Maunz-Dürig-Herzog* u. a. Grundgesetzkommentar, zu Art. 3 II, RdNr. 11

2 *G. Bäumer,* Die Frau und das geistige Leben, Leipzig 1911, S. 97/98

3 Vgl. stellvertretend für die ganze Diskussion *J. Menschik*, Gleichberechtigung oder Emanzipation? Frankfurt 1971

4 *R. Voigt*, Positionsbestimmungen, in: Ders. (Hrsg.) Verrechtlichung, Königstein i. T. 1980, S. 15

5 *E. Bloch*, Naturrecht und menschliche Würde, Frankfurt 1972, S. 25

6 Vgl. etwa ›Streit‹, Feministische Rechtszeitschrift 1982 ff.

7 Vgl. zur ›Wende‹ im Familienrecht insgesamt *B. Wiegmann*, in: Feministische Studien 2/1986, S. 82 ff.

8 Vgl. *J. Limbach*, Unterhaltsverlust wegen grober Unbilligkeit bei Getrenntleben, NJW 1980, S. 871 f.

9 *B. Wiegmann* a. a. O., sowie Dies., Das Ende der Hausfrauenehe, Reinbek 1980

10 Der Bundesminister für Jugend, Familie und Gesundheit (Hrsg.), Frauen in der BRD, Bonn 1984, S. 23

11 Im einzelnen *H. Pfarr/K. Bertelsmann,* Lohngleichheit, Schriftenreihe des BMJFG, Stuttgart-Berlin-Köln-Mainz 1981

12 *I. Kurz-Scherf,* Von der Emanzipation des Brunnenmädchens in Heilbädern, in: WSI-Mitteilungen 8/86, S. 537 ff (539)

13 Die durchschnittliche Entgeltrelation der Frauen in der Arbeiterrenten-Versicherung (Stand 1984) betrug 0,49, die der Männer 1,01, in der Angestellten-Versicherung 0,77 zu 1,41. Hierzu *A. Kohleiss*, demnächst in: Frauenrechte im Sozialstaat, hrsg. v. U. Gerhard

14 Vgl. die Gutachten der Sachverständigenkomission, hrsg. v. Bundesminister für Arbeit und Sozialordnung, Stuttgart-Berlin-Köln-Mainz 1979

15 Im einzelnen *U. Gerhard/R. Metz*, Gleichberechtigung und ökonomische Krise, in: Vorgänge 69 (1984), S. 71. Vgl. auch *M. Weg*, Dienen und Verzichten: Sozialabbau statt Gleichstellung der Frauen, in: WSI-Mitteilungen 1/1984, S. 47 f

16 Vgl. Arbeitsgruppe Frauenrechte im Komitee für Grundrechte und Demokratie (Hrsg.), »Droht das Aus für's Frauenhaus«. Bestandsaufnahme zur Situation der autonomen Frauenhäuser, Sensbachtal 1983

17 Der Bundesminister für Jugend, Familie und Gesundheit, Arbeitsstab Frauenpolitik (Hrsg.), Dokumentation der Fachtagung ›Gewalt gegen Frauen‹, Bonn 1984, S. 78

18 *W.-D. Narr,* Vergewaltigung als Staats- und Männersache, in: Sexuelle Gewalt, hrsg. v. Arbeitskreis Sexuelle Gewalt beim Komitee für Grundrechte und Demokratie, Sensbachtal 1985, S. 161

19 *H. Steinert*, »Alternativ-Bewegung« und Sozialarbeit oder wie »der Staat« die Probleme enteignet. . ., in: Informationsdienst Sozialarbeit 28/29, 1981, S. 45 f

FEMINISMUS =
LEBENSLUST
PATRIARCHAT =
LEBENSFRUST

Verena Krieger

Radikale Utopien in Gesetzesform

Das Antidiskriminierungsgesetz der Grünen

Im Herbst 1985 legten die Bundesarbeitsgemeinschaft Frauen der Grünen und der Arbeitskreis Frauenpolitik der Grünen im Bundestag der Öffentlichkeit einen Entwurf für ein Antidiskriminierungsgesetz (ADG) vor. Seitdem wird darüber diskutiert. In zahlreichen Orten fanden und finden Veranstaltungen über den Gesetzesvorschlag statt. Juristinnen, Frauengruppen und Verbände befaßten sich mit dem Entwurf, gaben Stellungnahmen ab und machten Verbesserungsvorschläge. Ganz bewußt wurde der Text weder Parteivorstand noch Bundestagsfraktion zum »Absegnen« vorgelegt. Der Entwurf – nur von Frauen geschrieben – sollte zunächst von grünen und autonomen Frauen an der Basis verbessert und gebilligt werden, bevor er – mit solcherart verstärkendem Votum versehen – den üblichen Weg jedes Gesetzesvorschlags antritt. Er soll im Bundestag eingebracht werden. Argumentieren und kämpfen werden die grünen Frauen jedoch mit dem und für das ADG über den Zeitpunkt seiner parlamentarischen Verhandlung hinaus.

Die Idee eines Antidiskriminierungsgesetzes ist nicht neu, sie stammt auch nicht von den Grünen. Schon seit Beginn der siebziger Jahre gibt es gesetzliche Regelungen gegen Diskriminierung von Frauen – insbesondere im Erwerbsbereich – in den USA, England, Frankreich und skandinavischen Ländern. In der Bundesrepublik wurde das Thema 1978 von der Humanistischen Union aufgegriffen, die einen eigenen Gesetzentwurf, der sich am englischen Sex Discrimination Act orientierte, in die Diskussion brachte. Die damalige sozialliberale Koalition machte sich die Forderung nach einem ADG zunächst zueigen und führte 1982 eine Expertenanhörung zu diesem Thema durch. An diesem Hearing nahmen u. a. auch Vertreterinnen der autonomen Frauenbewegung (Emma, Courage) teil. Interessanterweise waren sich DGB und Arbeitgeberverbände in ihren Stellungnahmen einig darüber, daß ein ADG überflüssig sei.[1] Wohl nicht zuletzt deshalb ließ die damalige Regierungskoalition das Thema fallen, das somit für mehrere Jahre in der politischen Versenkung verschwand.

Die grüne Bundes-Frauen-Arbeitsgemeinschaft, die in Zusammenarbeit mit Juristinnen über ein Jahr lang an ihrem Entwurf gearbeitet hat, konnte also in einigen Punkten auf die ältere Diskussion zurückgreifen. Mit in den Gesetzentwurf flossen insbesondere Forderungen der autonomen Frauenbewegung ein, die aus der jahrelangen praktischen Arbeit der Notrufe, autonomen Frauenhäuser, Prostituiertengruppen etc entstanden waren. Manches am grün-feministischen Gesetzentwurf ist aber auch ganz neu, so z. B. das Quotierungsgesetz, das eine 50% Quote zugunsten von Frauen bei allen Ausbildungs- und Erwerbsarbeitsplätzen vorsieht.

1. Warum überhaupt ein ADG?

Daß ein ADG notwendig ist, wird inzwischen kaum mehr bestritten. Zu offenkundig weicht die Realität von der in Art. 32 des Grundgesetzes postulierten Gleichberechtigung von Frauen und Männern ab. Aus dem Sozialstaatsgebot des Grundgesetzes schließen zahlreiche Jurist/innen/en, daß der Staat verpflichtet sei, den gesellschaftlich bedingten Benachteiligungen von Frauen aktiv entgegenzuwirken, also die Gleichberechtigung positiv zu fördern.[2] Ein ADG hätte insofern reine Kompensationsfunktion und wäre überflüssig, sobald sich die gesellschaftliche Realität dem in der Verfassung postulierten Gleichheitsgrundsatz angeglichen hätte. Zusätzlich zur ohnehin seit langem gegebenen Notwendigkeit solcher staatlichen Gegensteuerung argumentiert Barbelies Wiegmann (Initiative 6. Oktober) mit den sich abzeichnenden Verschärfungen im Verhältnis zwischen den Geschlechtern. Gerade weil Frauen seit einiger Zeit zunehmend ihre Interessen artikulieren und bereit sind, für ihre Durchsetzung zu kämpfen, sei »mit wachsenden Aggressionen und mit wachsendem Widerstand vieler Männer« zu rechnen.[3] Sie schließt daraus, daß umso dringlicher ein ADG »klare Rechtspositionen für Frauen« schaffen müsse.

Als die »Emma« 1980 gegen den »Stern« wegen seiner sexistischen Titelbilder prozessierte, verlor sie den Prozeß, weil schlicht keine rechtliche Grundlage für eine derartige Klage existiert. Frauen als Gruppe sind nicht beleidigungsfähig – im Gegensatz zu Großgrundbesitzern und Polizisten. Es ist für Frauen daher nicht möglich, sich z. B. gegen frauenfeindliche Werbung mit juristischen Mitteln zu wehren. Ein ADG kann hierfür die Grundlage liefern. Es erhält so den Charakter eines Instruments der Gegenwehr.

Doch es reicht nicht aus, neue Gesetze zu schaffen, die Frauen dienlich sein können, ihre Interessen effektiver durchzusetzen. Zahlreiche bereits existierende Gesetze sind frauenfeindlich in ihrer Bestimmung und Wirkung. Sei es der § 218 im Strafgesetzbuch (Abtreibung), den es ersatzlos abzuschaffen gilt, seien es die §§ 177 und 179 StGB (Vergewaltigung und sexuelle Nötigung), die dringend der Veränderung bedürfen: die zweite Aufgabe eines ADG ist das Abklopfen bestehender Gesetze und Regelungen unter frauenpolitischen Gesichtspunkten.

Bleiben schließlich solche Regelungen, die zwar auf den ersten Blick geschlechtsneutral sind, sich aber beim genaueren Hinsehen als gerade deshalb nachteilig für Frauen entpuppen. Ein Beispiel: die Einstellgrenze von 32 Jahren bei manchen Laufbahnen. Faktisch betroffen sind fast ausschließlich Frauen, weil ihre Lebensalltag durch Kinder etc. sie im Gegensatz zu Männern eher daran hindert, ihre Ausbildung und berufliche Weiterentwicklung im staatlich normierten Zeitraum zu absolvieren. Hier müssen Gesetze und Regelungen die Lebensrealität von Frauen berücksichtigen – nicht, weil diese Realität und die dahinterstehenden gesellschaftlichen Strukturen gutgeheißen werden, sondern um auf diese Weise konkrete Benachteiligungen zu beenden.

Solch eine umfassende Aufgabenstellung war für die grünen Frauen selbstverständlich nicht vollständig zu bewältigen. Wir haben deshalb Schwerpunkte gesetzt und einen Anfang gemacht, dem weitere Aktivitäten folgen sollen und müssen. Mit unserem ADG-Entwurf haben wir uns auf die drei Bereiche konzentriert, in denen Frauendiskriminierung, -benachteiligung und -unterdrückung am massivsten stattfindet, und in denen die Widerstände und Formulierung konkreter Forderungen durch einzelne betroffene Frauen, autonome Frauengruppen und einige Verbände am weitesten entwickelt sind: Erwerbsarbeit, Familie und Sexualität. Die wichtigsten Bestandteile des Gesetzentwurfs sollen im folgenden kurz dargestellt werden.[4]

2. Eine Generalklausel gegen alle Diskriminierungen

Herzstück und Grundlage des Gesetzes ist die Generalklausel. Ihre Funktion ist es, den Gleichberechtigungsauftrag des Grundgesetzes dahingehend zu präzisieren, daß nicht nur allen staatlichen Instanzen, sondern auch allen Privatpersonen ein Diskriminierungsverbot bzw. Gleichstellungsgebot auferlegt wird (sog. »Drittwirkung«). Darüberhinaus definiert sie, was unter Ungleichbehandlung und Diskriminierung zu verstehen ist, und verpflichtet zur Bevorzugung von Frauen solange, bis die gleichberechtigte Teilhabe und gesellschaftliche Macht für Frauen verwirklicht sind. Diese Bevorzugung bedeutet konkret, daß alle Ausbildungs- und Erwerbsarbeitsplätze sowie alle Funktionen und Ämter zu mindestens 50% mit Frauen besetzt werden müssen. Über die Einhaltung des ADG wacht eine Frauenbeauftragte, die als unabhängige Behörde auf Bundes-, Länder und Gemeindeebene mit eigenem Etat und verschiedenen Rechten ausgestattet ist. Damit der Kampf um Frauenrechte nicht zur rein bürokratischen Angelegenheit verkommt, wird zudem für Vereine und Verbände, die sich die Bekämpfung von Frauendiskriminierung zum Ziel gesetzt haben, das Verbandsklagerecht eingeführt. Die laut Vera Slupik »politisch interessanteste und praktisch vielversprechende«[5] Verbandsklagebefugnis ermöglicht es, Gruppen der Frauenbewegung, nicht nur auf die Hilfe staatlicher Institutionen zu hoffen, sondern aktiv einzelne, betroffene Frauen zu unterstützen bzw. gegen Frauen insgesamt betreffende Diskriminierungen wie z. B. sexistische Werbung anzugehen.

Welchen Nutzen eine Generalklausel haben kann, ist in der Diskussion um ein Antidiskriminierungsgesetz bislang umstritten. Gegen eine Generalklausel wird von den Emma-Vertreterinnen eingewendet, daß bei allgemeinen Klauseln eher die Gefahr bestände, daß die Gerichte sie zuungunsten von Frauen auslegen, und daß ein öffentliches Bewußtsein für Frauendiskriminierung nur durch konkrete Tatbestände entwickelt werden könne.[6] Dagegen spricht für eine Generalklausel, daß sie als Auffangtatbestand und Auslegungsregel für die Bereiche herangezogen werden kann, die nicht im Einzelnen gesetzlich geregelt sind. Außerdem hat sie programmatische und eine gewisse Signalfunktion. Die Bundesfrauen-AG entschied sich daher für eine Kombination von Generalklausel und zahlreichen Einzelgesetzen, die das Sexualstrafrecht, Arbeitsrecht etc. an die Bestimmungen der Generalklausel angleichen.

3. Eine Frauenbeauftragte mit Eingriffsmöglichkeiten

Als Konkretisierung der Generalklausel dient auch das Frauenbeauftragtengesetz. Es regelt, welche Rechte und Pflichten die Frauenbeauftragte als Kontrollbehörde hat. Anders als die seit einigen Jahren von der SPD favorisierten kommunalen Gleichstellungsstellen sollen die Frauenbeauftragten unabhängig, also nicht einer anderen Behörde unterstellt sein. Sie sind berechtigt, Forschungsaufträge zu vergeben und eine eigenständige Pressearbeit zu betreiben. Außerdem haben sie das Recht, von Behörden und Betrieben Zutritt zu deren Räumen zu verlangen, Einsicht in ihre Unterlagen zu nehmen und Auskunft zu fordern. Neben der Beratung und Unterstützung von Frauen, die der Ansicht sind, diskriminiert zu sein, gehört es zu ihren Aufgaben, Maßnahmen zur Verbesserung der Situation der Frauen vorzuschlagen. Bei allen Vorhaben der Regierung ist die Frauenbeauftragte zu beteiligen. Sie hat ein Einspruchsrecht, sofern ein Vorhaben gegen die Bestimmungen des ADG verstößt. In diesem Fall muß das Vorhaben unter Berücksichtigung ihrer Einwände erneut behandelt werden. Die Bundesfrauenbeauftragte wird für die Dauer von drei Jahren auf Vorschlag einer Komission, die aus je fünf Vertreterinnen des Deutschen Frauenrates und der autonomen Frauenbewegung besteht, ernannt. Bleibt noch zu erwähnen, daß die Behörde »Frauenbeauftragte« selbstverständlich von einer Frau geleitet und ausschließlich mit Frauen besetzt wird. Es gibt allerdings auch den Vorschlag, einen Anteil von 20% männlicher Mitarbeiter in untergeordneten Positionen zuzulassen. . .[7]

4. Die Hälfte der Erwerbsarbeit (Quotierung)

Unter dem Gesichtspunkt des unmittelbaren, materiellen Nutzens für Frauen hat das Quotierungsgesetz von Einzelmaßnahmen des ADG sicherlich den höchsten Stellenwert. Es schreibt vor, daß im öffentlichen Dienst und in der Privatwirtschaft mindestens 50% der Ausbildungs- und Erwerbsarbeitsplätze an Frauen vergeben werden müssen. Zur Erlangung dieses Ziels sind bei Einstellungen, Beförderungen etc. Frauen so lange zu bevorzugen, bis sie in allen Besoldungs-, Vergütungs- und Lohngruppen mindestens zu 50% vertreten sind. Diese Regelung zielt ausschließlich auf die Bereiche, in denen Frauen bislang unterrepräsentiert sind. Die Überrepräsentanz von Frauen in einigen wenigen Berufen und Bereichen dagegen wird nicht angetastet – daher die »mindestens«-Formulierung. Selbstverständlich geht es hierbei nicht darum, den geschlechtsspezifischen Arbeitsmarkt aufrechtzuerhalten. Eine geschlechtsneutrale Quotierungsregelung könnte jedoch allzu leicht dazu führen, daß sie Männern mehr nützt als Frauen – zumal die Tendenz, daß Männer in frauenspezifische Berufe eindringen (z. B. Erzieher), in den letzten Jahren deutlich zugenommen hat.

Alle Behörden, bundeseigene Unternehmen und private Arbeitgeber sind verpflichtet, jährlich eine schriftlichen Bericht vorzulegen, der eine Analyse des Ist-Zustandes sowie geplante bzw. vollzogene Maßnahmen zur Erreichung der angestrebten Mindestquote (50%) enthält. Die Vergabe von Aufträgen, Subventionen, Zuschüssen und Krediten aus öffentlichen Mitteln ist an die Vorlage und Einhaltung dieser Förderprogramme gebunden. In Betrieben und Behörden mit mehr als fünf Arbeitnehmerinnen wird von den weiblichen Mitgliedern der Betriebs- bzw. Personalversammlung eine Ombudsfrau gewählt. Diese Ombudsfrau hat dieselben Rechte und Pflichten wie die Betriebsrats- bzw. Personalratsmitglieder. Sie hat die Aufgabe, Arbeiterinnen und Angestellte in Fällen innerbetrieblicher Diskriminierung zu beraten und zu unterstützen.

Die Forderung nach Quotierung ist nicht neu, wohl aber diese konsequente Variante einer starren Quote, d. h. Bevorzugung von Frauen, bis 50% erreicht sind. Doch selbst wesentlich »harmlosere« Quotierungsmodelle, wie sie beispielsweise in Bremen oder Hamburg beschlossen wurden, werden einer scharfen juristischen Kritik unterzogen. So wird behauptet, Quotierung sei verfassungswidrig, weil sie mit der unternehmerischen Berufsfreiheit (Art. 12 GG), der Eigentumsgarantie (Art. 14 GG) oder der allgemeinen Handlungsfreiheit (Art. 2 GG) kollidiere, mit anderen Worten: die Arbeitgeber in ihrer »Freiheit«, nach geschlechtsspezifischen Kriterien einzustellen, beeinträchtige. Für den öffentlichen Dienst wird insbesondere der Art. 33 GG herangezogen, nach dem bei Stellenbesetzungen einzig »Eignung, Befähigung und fachliche Leistung« als Kriterien verwandt werden dürfen. Wird die Aussage in Art. 3, Abs. 2 GG »Männer und Frauen sind gleichberechtigt« jedoch nicht nur als programmatischer Satz, sondern im Sinne des Sozialstaatsgebots (Art. 20 GG) als Verfassungsauftrag verstanden, so resultiert daraus eine ausdrückliche Verpflichtung des Staates zur Förderung von Frauen, um auf diese Weise Diskriminierung zu beseitigen. Mit den Worten des Staatsrechtlers Prof. Dr. Friauf: »Der Verfassungsgeber ist offensichtlich davon ausgegangen, daß ein zunächst bestehendes Defizit an Gleichberechtigung abgebaut werden müsse. Ein solcher Abbau aber erfordert zwangsläufig ein aktives Eingreifen des Staates, also eine positive Förderung der Gleichberechtigung.[8]

Der Vorwurf der Verfassungswidrigkeit kann somit zurückgewiesen werden. Das grüne Quotierungsgesetz geht allerdings weiter als die bisher diskutierten und praktizierten Modelle: es schaltet die Frage der beruflichen Qualifikation als Einstellungskriterium in beschränktem Maße aus. Konkret heißt es in dem Gesetz: »Bewerberinnen sind . . . einzustellen, wenn sie den betrieblichen, schulischen oder akademischen Bildungsabschluß nachweisen, der für die Ausübung der Stelle, der Laufbahn oder der Funktion gefordert ist.[9] Die Bevorzugung von Frauen bei Einstellungen und Beförderungen findet folglich auch dann statt, wenn möglicherweise männliche Konkurrenten höhere Qualifikationen nachweisen können.

Ein Aufschrei fast aller Männer und vieler Frauen spätestens an dieser Stelle ist gewiß; der Vorwurf der Ungerechtigkeit noch der harmloseste.[10] Deshalb sind zu diesem Aspekt des ADG einige Ausführungen notwendig.

Zunächst: Die Realität sieht heute so aus, daß Frauen gegenüber Männern benachteiligt werden, obwohl sie häufig höher qualifiziert sind als ihre männlichen Konkurrenten. Dies fängt bei der Ausbildungssuche an – Mädchen haben bessere Schulabschlüsse als Jungen vorzuweisen, bewerben sich im Schnitt häufiger und erhalten trotzdem doppelt so viele Absagen[11] – und setzt sich im Berufsleben fort. So ist es z. B. belegt, daß im öffentlichen Dienst Männer auch bei geringerer Qualifikation gegenüber Frauen bevorzugt werden.[12] Weitere Beispiele gibt es genug. Dies alles sind nichts anderes als informelle Quoten zugunsten von Männern, d. h., es ist in der Regel nicht einmal nötig, Männerquoten formell zu beschließen, da die Bevorzugung von Männern stillschweigend praktiziert wird – ganz unabhängig von der Qualifikation weiblicher Konkurrenz. Darüber hinaus existieren aber auch formelle Quoten zugunsten von Männern, von denen Prof. Dr. Heide Pfarr eine ganze Reihe aufführt; genannt seien hier nur eine Bundesbahndirektion in Niedersachsen, eine Oberpostdirektion, die Polizei in Hamburg. 100%-Quoten für Männer gibt es z. B. bei den Saaldienern im Bundestag, im Agrargroßhandel etc.[13] Häufig haben Quoten sogar eindeutig die Funktion, besserqualifizierte Frauen fernzuhalten: Ginge es tatsächlich nur um die Qualifikation, müßten nämlich Mädchen mit ihren im Schnitt besseren Zeugnissen mehr als 50% der angebotenen Stellen erhalten. Prominentes Beispiel für solche Versuche, sich die weibliche Konkurrenz vom Hals zu halten: Überlegungen in Juristenkreisen, die erforderliche Mindestnote für männliche Bewerber für das Richteramt herabzusetzen, damit die im Schnitt schlechter abschneidenden jungen Männer bessere Chancen haben!

Daß die Realität auch unter dem Qualifikationsgesichtspunkt keineswegs der Verfassung oder anderen hehren Grundsätzen entspricht, und insofern Skrupel oder Entsetzen bei einer konsequenten Quotierung überhaupt nicht angebracht sind, ist der eine Aspekt. Der andere bezieht sich auf das Kriterium »Qualifikation« selbst. Was heißt überhaupt,

»qualifiziert(er)« zu sein, und wer entscheidet darüber, wer diesem Kriterium entspricht?[8] Die Juristin Vera Slupik kritisiert den grünen Quotierungsvorschlag als »leistungsfeindlich«, außerdem gebe es genügend qualifizierte Frauen.[14] Welche Leistung ist damit gemeint? Die Anforderungen des Erwerbslebens, so wie es heute organisiert ist, setzen die totale Verfügbarkeit der Erwerbspersonen voraus. Auch wenn es unbestrittenermaßen zahlreiche hochqualifizierte Frauen gibt, die einen Ausschluß von Qualifikationskriterien nicht benötigen: generell ist die Lebensrealität von Frauen so beschaffen, daß sie diese völlige Verfügbarkeit – einschließlich konsequenter Karriereplanung, ohne zeitweiligen Ausstieg aus der Berufstätigkeit – weder bieten können noch wollen. Dies ist als Faktum zunächst zur Kenntnis zu nehmen, ohne daraus den Schluß zu ziehen, daß die Familienorientiertheit von Frauen unhinterfragt positiv zu beurteilen sei. Wenn aber die Quotierung nicht nur den gutausgebildeten »Karrierefrauen«, die um ihre berufliche Existenz häufig genug kämpfen müssen, nützen soll, sondern gerade den Frauen den Zugang zur Erwerbstätigkeit und damit zumindest potentiellen ökonomischen Unabhängigkeit ermöglicht werden soll, die diesen Zugang heute aufgrund mangelnder Berufserfahrung (Ausstieg wegen Kindern), mangelnder Zusatzqualifikationen oder auch nur mangelnden Zutrauens nicht besitzen – dann wird ausschließlich eine starre Quote von Nutzen sein. Anders herum formuliert: Quotierungsregelungen, die die »andere Seite« des Frauenlebens – Kinder und Haushalt – nicht berücksichtigen, sind Pseudo-Gleichstellungsmaßnahmen, die durch ihre Quasi-Neutralität an den bestehenden Strukturen nichts ändern werden.

Verschiedentlich wurden inzwischen Erfahrungen mit der »weichen« Quotierungsvariante gesammelt, wonach bei gleicher Qualifikation Frauen bevorzugt eingestellt werden (z. B. beim Hamburger öffentlichen Dienst). Diese Regelung ist in Einzelfällen nützlich für Frauen, hat ansonsten aber große Nachteile: Zum einen unterliegt die Entscheidung, ob und wann zwei Bewerber/innen gleich oder doch nicht ganz gleich qualifiziert seien, einem gewissen – auch subjektiven – Spielraum. Faktisch muß die Frau also in der Regel wesentlich höher qualifiziert sein als der Mann.[15] Und schließlich wird durch diese Regelung das Problem wieder einmal individualisiert, d. h. die Bewerberin muß mit dem besten aller männlichen Bewerber konkurrieren können, um eine Chance zu haben. Es ist aber gerade anzustreben, das Problem zu entindividualisieren! Wenn die Ursachen für Frauendiskriminierung gesellschaftliche sind, müssen sie auch gesellschaftlich angegangen und nicht an die einzelne Frau zurückverwiesen werden.

Die praktischen Auswirkungen der Quotierung würde für einzelne, betroffene Männer sicherlich Härten bedeuten. Es ist aber festzuhalten, daß Frauen diesen Härten hier und heute täglich ausgesetzt sind. Wer sich über das angeblich drohende »Berufsverbot für junge Männer« aufregt, sollte bitteschön wenigstens die Hälfte dieser Emotionen für das real stattfindende Berufsverbot für Frauen aufbringen. Quotierung ist keine »Rache« am männlichen Geschlecht und auch keine »Umkehrung der Verhältnisse«, sie ist die ganz banale, selbstverständliche und nichtsdestotrotz kompromißlose Forderung nach der Hälfte.

In der Praxis würden sich solcherart extreme Befürchtungen vermutlich ohnehin als übertrieben herausstellen. Wenngleich ich Stufenpläne und sog. flexible Modelle, die gezielt Männern Chancen offenhalten, ablehne, so ist doch verstärkt davon auszugehen, daß die Frauen das Angebot weder in dem Umfang noch in dem Tempo annehmen werden, wie es theoretisch möglich wäre. Hinzu kommt, daß in zahlreichen Berufsgruppen bislang kaum Frauen mit einer abgeschlossenen Ausbildung existieren, d. h., zunächst die Ausbildung im Vordergrund stehen wird. Insgesamt zielt Quotierung darauf ab, daß die Mädchen und Frauen selbst entscheiden sollen, in welchen Bereichen und wie schnell sie männliche Domänen stürmen wollen. Hierbei werden sowohl sozialisationsbedingte Hemmungen (z. B. bei schmutziger, schweißtreibender Arbeit) eine Rolle spielen als auch die mangelnde Attraktivität vieler Arbeitsplätze aufgrund von Streß, Monotonie oder Gesundheitsgefährdungen. Prognosen sind hier kaum möglich; fest steht jedoch, daß der Prozeß der Aneignung männlicher Berufsfelder durch Frauen in den einzelnen Bereichen sehr unterschiedlich vonstatten gehen wird.

Auch wenn die Erwartungen nicht zu hoch geschraubt werden sollten, so kann eine starre Quotierung durchaus manches in Bewegung setzen. Ihre wichtigste Funktion dürfte darin bestehen, daß sie Frauen ermutigt und ihnen die Perspektive eines materiell eigenständigen Lebens eröffnet. Den materiellen Spielraum für Frauen zu erweitern, es zu ermöglichen, neue Lebensentwürfe zu denken und neue Wege auszuprobieren, ist das Ziel einer so angelegten Frauenpolitik.

Juristische, insbesondere verfassungsrechtliche Streitfragen haben vor diesem Hintergrund eine untergeordnete Rolle zu spielen. Quotierung wie überhaupt die Regelungen des ADG sind zuallererst politisch zu diskutieren. Die juristischen Aspekte sind dabei zwar interessant, sie dürfen jedoch nicht zur Knebelung berechtigter politischer Ansprüche werden. So hat beispielsweise die Juristin Dr. Annemarie Mennel gegen den Einwand der Verfassungswidrigkeit der Quotierung aufgrund Art. 33 GG (Eignung, Befähigung etc.) den respektlosen Vorschlag gemacht, diesen Artikel entweder ersatzlos zu streichen oder aber entsprechend neu zu formulieren. . .[16] Genau diese Respektlosigkeit ist grundsätzlich angebracht, wenn es darum geht, bestehende Gesetze auf ihre Frauenfeindlichkeit oder -freundlichkeit hin zu überprüfen!

5. Die Lebensform selbst wählen können

Genauer betrachtet ist es ein Skandal, daß von seiten des Staates eine bestimmte Lebensform – die Ehe und Kleinfamilie – gegenüber anderen Lebensformen bevorzugt und damit den Menschen ideologisch und materiell in massiver Weise nahegelegt wird. Dies beginnt bereits im Grundgesetz und setzt sich im Familien-, Steuer- und Erbrecht und überhaupt in allen Bereichen fort. Art. 6 GG stellt Ehe und Familie unter den besonderen Schutz des Staates. Von diesem Schutz und den sich daraus ergebenden steuerlichen u. a. Vergünstigungen sind Menschen, die anders leben – z. B. schwule Paare, Ledige, Alleinerziehende etc. – ausgeschlossen. Weder ist ein derartiger staatlicher Eingriff in die individuelle Lebensgestaltung akzeptabel, noch ist es inhaltlich gerechtfertigt, die Lebensform Kleinfamilie mit ihrer hierarchischen Struktur, die auf Kosten von Frauen und Kindern geht, zu unterstützen und zu propagieren. Ziel der Grünen ist es, daß alle Menschen ihre Lebensform selbst wählen können, ohne dadurch Nachteile zu erleiden. Eine besondere Förderung ist ausschließlich bei denjenigen angebracht, die Kinder erziehen und dadurch besonderen finanziellen, sozialen und zeitlichen Belastungen ausgesetzt sind. Unser Vorschlag für eine Neufassung dieses Teils des Art. 6 im Grundgesetz lautet daher:

»(1) Jede Lebensform von Menschen ist schutzwürdig.

(2) Personen, die Kinder erziehen, betreuen und pflegen, werden besonders gefördert.«[17] Hierbei zielt die Förderung im übrigen nicht nur auf leibliche Eltern, sondern alle Personen, die – z. B. in Wohngemeinschaften – an der Kinderbetreuung beteiligt sind. Um der gesellschaftlichen Normierung der Heterosexualität entgegenzuwirken, wird außerdem vorgeschlagen, Art. 3 Abs. 3 dahingehend zu erweitern, daß niemand wegen seiner sexuellen Orientierung benachteiligt werden darf.

6. Für das sexuelle Selbstbestimmungsrecht der Frauen

Gerade im Sexualstrafrecht findet sich die Vorstellung von der Frau als nichtsexuellem Wesen, das sexuelle Handlungen passiv über sich ergehen läßt und dazu innerhalb der Ehe faktisch verpflichtet ist. So gibt es z. B. den Straftatbestand der Vergewaltigung in der Ehe nicht und gelten Sexualstraftaten, die von Verwandten oder Bekannten des Opfers begangen werden, häufig als »minderschwerer Fall«. Vergewaltigte Frauen müssen oft noch ihre Vergewaltigung »nachweisen« durch möglichst sichtbare Verletzungen und sich als Zeuginnen in den Gerichtsverfahren demütigenden Fragen aussetzen. Die §§ 177 und 178 StGB (Vergewaltigung und sexuelle Nötigung) müssen deshalb dahingehend geändert werden, daß

- Vergewaltigung auch in der Ehe strafbar ist,
- es reicht, wenn die Tat gegen den Willen des Opfers verübt wurde,
- der minderschwere Fall ersatzlos gestrichen wird
- und jede erzwungene Penetration – also auch orale und anale – als Vergewaltigung definiert wird.

Außerdem sind Änderungen der Strafprozeßordnung dahingehend notwendig, daß

- bei Sexualstraftaten Fragen nach dem sexuellen Vorleben des Opfers unzulässig sind,
- der Angeklagte während der Vernehmung des Opfers das Sitzungszimmer verlassen muß, sofern bei der Anwesenheit des Angeklagten ein »erheblicher Nachteil für das Wohl der Geschädigten« zu befürchten ist,
- die Geschädigte das Recht zur Nebenklage hat
- und der Nebenklägerin schon im Vorverfahren ein/e Rechtsanwält/in beizuordnen ist.

Eine zentrale Frage des sexuellen Selbstbestimmungsrechts von Frauen ist seit jeher das Abtreibungsverbot (§§ 218 und 219 StGB). Diese Paragraphen dienten noch nie dazu, das ungeborene Leben zu schützen, sondern ihre Funktion war von Anfang an, Frauen das Recht über die für sie existentielle Frage – Kinder zu bekommen oder nicht – und damit das Recht auf eine eigenständige Lebensgestaltung abzusprechen. Das ADG sieht daher vor: ersatzlose Streichung der §§ 218 und 219!

Massive Diskriminierungen von Frauen, nicht etwa von Männern, finden sich im Strafgesetzbuch auch bei der Prostitution. Als nunmal gesellschaftlich notwendig wird Prostitution nicht unterbunden, sondern »geregelt«, und zwar in einer Weise, die nicht etwa die männlichen Freier, sondern die in diesem Bereich arbeitenden Frauen erheblichen Benachteiligungen aussetzt. So wird Prostitution in Sperrbezirken verboten, was bedeutet, daß die Frauen auf staatlich festgelegte Reservate verdrängt werden, wo sie der Willkür von Zuhältern ausgeliefert sind, dafür aber kein »öffentliches Ärgernis« für unbescholtene Bürger sind. Im ADG ist daher die Streichung der Paragraphen vorgesehen, die dazu dienen, die Prostituierten zu kriminalisieren: 183 a StGB (Sexuelle Handlungen) sowie 184 a und b (Sperrbezirke und jugendgefährdende Prostitution).

7. Was kann ein ADG politisch bewirken?

Das ADG stößt auf zahlreiche Grenzen: es kann Arbeitsplätze umverteilen, aber keine neuen schaffen; es kann Vergewaltigung in der Ehe unter Strafe stellen, sie aber nicht verhindern; es kann den Kampf gegen Diskriminierung erleichtern, ihn aber nicht ersetzen. Solche Ansprüche oder Erwartungen an das ADG zu richten, wäre völlig verfehlt. Der Kampf um Arbeitszeitverkürzung, Ausbau von Kindergärten, Lohngleichheit etc. ist weiterhin notwendig; all diese Forderungen machen erst im Zusammenhang einen frauenpolitischen Sinn.

Aber auch dann hat das ADG nur beschränkte Wirkungsmöglichkeiten. Bei aller Radikalität der Quotierungsforderung ist durch die Berufstätigkeit von Frauen die geschlechtsspezifische Arbeitsteilung noch keineswegs tangiert – eher besteht die Gefahr, weibliche Doppelbelastung festzuschreiben. Die Erwerbsarbeitssituation von Frauen ist von ihrem privaten Arbeitsplatz, der Familie, nicht losgelöst zu denken, doch gerade auf den Privatbereich wirkt sich ein ADG stets nur mittelbar aus. Insbesondere die Frage der Kindererziehung wird durch das ADG nicht gelöst und kann auch nicht durch ein Gesetz gelöst werden – aber ohne eine Lösung dieser Frage wird es kaum möglich sein, die Strukturen der Frauenerwerbsarbeit grundlegend zu ändern. Gerade deshalb werden Frauen auch bei einer starren Quotierung der Erwerbsarbeitsplätze vermutlich nur in begrenztem Umfang diese Möglichkeit wahrnehmen. Zusätzliche Maßnahmen, wie z. B. eine Verpflichtung für Betriebe, ab einer bestimmten Größe Betriebskindergärten einzurichten,[18] sind in dieser Hinsicht allemal sinnvoll, stellen aber die Tatsache der primären Verantwortung und Belastung der Frauen durch Kinder nicht infrage. Solange die Arbeitsteilung zwischen den Geschlechtern im Privatbereich nicht dahingehend verändert wird, daß Männer in demselben Umfang die Verantwortung für Reproduktionstätigkeiten übernehmen, wird sich auch an der geschlechtsspezifischen Gestaltung des Arbeitsmarktes und der Erwerbsarbeitsbedingungen nicht wesentlich etwas ändern. Umgekehrt allerdings ist von massiven Eingriffen in den Arbeitsmarkt – wie ihn Quotierung zweifelsohne darstellt – zu erwarten, daß die dadurch entstehenden materiellen Spielräume für Frauen von diesen genutzt werden, um sich aus der Zwangssituation der Abhängigkeit von Männern zu befreien und die Anforderungen an Männer zu verschärfen. Materielle Eigenständigkeit eröffnet immer auch bessere Ausgangsbedingungen für Konflikte!

Bei aller Radikalität der Einzelforderungen geht uns das ADG bei weitem nicht weit genug. Wie alle Versuche, gesellschaftlichen Diskriminierungen auf der Basis von Gesetzen entgegenzuwirken, zielt es letztlich nur auf die Verwirklichung des Verfassungsgrundsatzes auf Gleichstellung von Frauen. Es ist bezeichnend, daß das bürgerliche Gleichheitspostulat für Frauen noch heute erst erkämpft werden muß! In diesem Sinne ist ein Antidiskriminierungsgesetz seit langem überfällig. Allerdings wäre es verkürzt, »gesellschaftliche Zustände anzustreben, in denen lediglich die Chancen von Frauen verbessert werden, die an der männlichen Normalbiographie ausgerichteten Qualifikationsmerkmale im Beruf und im sogenannten öffentlichen Leben besser ausfüllen zu können«[19] und damit in der patriarchalen Logik befangen zu bleiben. Wenn Benachteiligungen von Frauen und Rollenzwänge für beide Geschlechter wirklich überwunden werden sollen, erfordert dies die Aufhebung der geschlechtsspezifischen Arbeitsteilung. Mit anderen Worten: nicht nur das Leben der Frauen, vor allem das der Männer muß sich verändern!

Trotz der Beschränktheit der Forderung nach Gleichstellung sollte diese nicht unterschätzt werden. Gleichberechtigung für Frauen ist keineswegs etwas Banales, Selbstverständliches, leicht zu Erreichendes. Ganz im Gegenteil ist davon auszugehen, daß eine reale Gleichberechtigung in diese patriarchalische Gesellschaft nicht bruchlos zu integrieren, quasi aufzustülpen ist. Gerade weil die doppelte Ausbeutung von Frauen im Reproduktions- und Produktionsbereich untrennbar mit der kapitalistischen Wirtschaftsweise der Gesellschaft verbunden ist, sind wir von Gleichberechtigung im späten zwanzigsten Jahrhundert soweit entfernt. Gleichheitsforderungen, die nicht nur kosmetisch an der Fassade herumdoktern, sondern es ernst meinen mit der »Hälfte«, zeigen schnell, wie »exotisch« die Forderung nach dieser »Hälfte« faktisch ist. Anders ist der massive Widerstand gegen Quotierung nicht zu erklären: hier geht es ans Eingemachte, und das merken die Männer schneller als die Frauen, sind sie es doch, die etwas zu verlieren haben.

Ein Vorwurf, der gegen das ADG aus den Reihen der autonomen Frauenbewegung gelegentlich erhoben wird, ist der der »Staatsfixierung« bzw. der »Verstaatlichung der Frauenbewegung«. Zunächst ist diese Verstaatlichungsgefahr gegenüber Inhalten und Aktivitäten der Frauenbewegung eine ohnehin festzustellende Tendenz. Es hängt in erster Linie von der autonomen Frauenbewegung selbst ab, inwieweit sie die notwendige Stärke entwickelt bzw. sich erhält, solchen Integrationsversuchen von oben zu widerstehen. Der »Problem(um)formulierung durch die Herrschenden«, ihrer »Definition von oben« kann vor allem die »Vielfalt der Frauenkämpfe, ihrer Themen, Orte und Praxen entgegenwirken – ihre Verknüpfung vorausgesetzt«.[20] Eine abstinente Haltung gegenüber der parlamentarischen Ebene kann möglicherweise zu einer Begünstigung dieser Integrationsversuche von der falschen Seite führen. Zahlreiche Forderungen, die im ADG enthalten sind, stammen aus der Frauenbewegung selbst (Prostitution, Vergewaltigung), d. h., auch autonome Gruppen haben stets Forderungen an den Staat gerichtet, die sich in der Logik des Systems bewegen und dennoch für Frauen wichtig sind. Das ADG bündelt diese Forderungen und komplettiert sie, es spiegelt den Diskussionsstand der Frauenbewegung – einschließlich ihrer Unklarheiten und Widersprüche. Der Gefahr, daß staatliche Maßnahmen zur Ersatzfunktion für eigene Kämpfe werden, kann nur durch eigene Kämpfe begegnet werden. Für die politischen Kämpfe haben die Rahmenbedingungen eine nicht zu unterschätzende Bedeutung. Das ADG kann diese Rahmenbedingungen verbessern. Nicht mehr, aber auch nicht weniger.

Trotz all dieser genannten Bedenken, Probleme, Grenzen, verfassungsrechtlichen Fragen und fehlenden politischen Mehrheiten ist also das ADG ein nützlicher Baustein feministischer Politik.

- Es thematisiert, wo und wie der vorgeblich so »neutrale« Staat eingreift, Frauenunterdrückung praktiziert und zementiert; es legt generell Umfang und Ausmaß von Frauendiskriminierung im rechtlichen Bereich offen.
- Es bündelt zahlreiche Forderungen der Frauenbewegung und verschafft ihnen damit eine neue Öffentlichkeit; in Bereichen wie der Abtreibungsfrage – wo Konservative auf dem Vormarsch sind und sich der Widerstand dagegen auf's Verteidigen des Status quo beschränkt – kommen wir erneut in die Offensive; Fragen, die bisher nur in kleinen Kreisen diskutiert wurden – die Kritik an Ehe und patriarchaler Kleinfamilie – werden in

eine breitere Öffentlichkeit gebracht, und damit wird kräftig an Tabus gerüttelt.

- Es legt – ganz »realpolitisch« – hier und heute umsetzbare Forderungen vor, die es dennoch an Radikalität und Konsequenz nicht mangeln lassen, die an die Grenzen des in dieser Gesellschaft bruchlos möglichen stoßen und diese dadurch erst richtig sichtbar machen.

Anmerkungen

1 Sachverständigenanhörung am 21./22. 1. 82 in Bonn zum Thema »Kann die Situation der Frauen durch ein Antidiskriminierungsgesetz verbessert werden?«

2 *Karl Heinrich Friauf*, Gleichberechtigung der Frau als Verfassungsauftrag, Stuttgart 1981

3 *Barbelies Wiegmann*, Stellungnahme zum ADG-Entwurf der Grünen, Sachverständigenanhörung am 28. 4. 86 in Bonn

4 Bundes-Frauen-AG der Grünen, vorläufiger Entwurf eines Antidiskriminierungsgesetz, Bonn 1985

5 *Vera Slupik*, Stellungnahme zum ADG-Entwurf der Grünen, Sachverständigenanhörung am 29. 4. 86 in Bonn

6 *Vera Slupik/Alice Schwarzer*, Stellungnahme zur Sachverständigenanhörung am 21./22. 1. 82 in Bonn

7 *Barbelies Wiegmann*, a. a. O., S. 7

8 *Karl Heinrich Friauf*, a. a. O., S. 29

9 Quotierungsgesetz § 11 Abs. 2, ADG-Entwurf, S. 23

10 Auf dem Programmparteitag der Grünen zu Pfingsten 1986 in Hannover sprach ein Mann von einem »Berufsverbot für junge Männer«; auf Veranstaltungen über das ADG wird den Referentinnen regelmäßig vorgeworfen, die grünen Frauen wollten »die Verhältnisse umkehren«.

11 Der Gewerkschafter 11/85, S. 16

12 *Heide M. Pfarr*, Referat für die Expertenanhörung zum Thema »Quotierung – Reizwort oder Lösung?« am 2. 5. 85 in Wiesbaden, S. 21

13 a. a. O., S. 2 f.

14 *Vera Slupik*, a. a. O., S. 6

15 *Heide M. Pfarr* a. a. O., S. 13

18 *Annemarie Mennel*, Stellungnahme zum ADG-Entwurf der Grünen, Sachverständigenanhörung am 29. 4. 86 in Bonn

17 ADG-Entwurf, S. 52

18 *Margarete Voget*, Stellungnahme zum ADG-Entwurf der Grünen, Sachverständigenanhörung am 29. 4. 86 in Bonn

19 a. a. O., S. 1

20 *Christiane Killner*, Thesen zum ADG-Entwurf, unveröffentlichtes Manuskript, S. 1

122

Rosi Wolf-Almanasreh

»Sie sollen uns so nehmen, wie wir sind«

Ausländerinnen in der Bundesrepublik Deutschland

1. Einleitung

Aufgrund meiner eigenen Lebenserfahrung in zwei Partnerschaften mit einem Ausländer und längerem Auslandsaufenthalt bin ich oft ausländischen Frauen begegnet und habe sie näher kennengelernt, zeitweise auch in enger Familiengemeinschaft mit ihnen gelebt. Aber auch als engagierte Frau in der IAF[1] habe ich viel mit Frauen unterschiedlicher Nationalität zu tun. Ihre Lebenssituation, ihre Probleme, Gefühle, Hoffnungen und Wünsche einerseits und unsere eigenen Vorstellungen, Vorbehalte und Wertungen als deutsche Frauen diesen Frauen gegenüber andererseits erfahre ich nicht selten als etwas Ungeklärtes und Widersprüchliches. Manchmal empfinde ich auch die Romantisierungstendenzen inländischer Mittelschichtfrauen und deren Versuche, ausländischen Unterschichtfrauen auf der anderen Seite ihre eigenen Emanzipations- und Freiheitsvorstellungen überzustülpen als zwar unreflektiertes und unbewußtes, aber dennoch kolonialistisches Verhalten von Frauen einer sich dominant fühlenden westlichen Industriekultur. Mitleid, Romantisierung, Paternalismus und ein ideologisiertes Kulturverständnis sowie die Annahme, die biologischen Gemeinsamkeiten aller Frauen seien überzeugende Motive für einen gemeinsamen Kampf gegen das Patriarchat anstatt gegen massive ökonomische, rechtliche und soziale Benachteiligung, erscheinen mir unzureichend. Der Kampf gegen das Patriarchat ist auch allemal verbunden mit dem Kampf gegen die Vorherrschaft von feudalistischen und bürgerlichen Herrschaftsverhältnissen. Diese Verhältnisse sind nicht spezifisch männlich, wie auch Rassismus und rassistisches Verhalten keine spezifisch männlichen Angelegenheiten sind.[2]

Eine tiefergehende und aufrichtigere Beschäftigung mit unserem gegenseitigen Verhältnis und unseren Möglichkeiten tatsächlicher Solidarität wünsche ich mir seit langem.

Leider kann dieser kurze Aufsatz dies nicht leisten. Er soll Stichpunkte sammeln und Anregungen provozieren, daß sich inländische Frauen selbstkritischer mit diesem Verhältnis zwischen Frauen aus unterschiedlichen Klassen und Kulturen befassen.

2. Ein Interview

Die Situation ausländischer Frauen und Mädchen in der Bundesrepublik ist gekennzeichnet durch eine vierfache Diskriminierung: sie erfahren Benachteiligungen aufgrund ihres Geschlechtes (frauenspezifische Probleme), der Zugehörigkeit zu einer bestimmten ethnischen Gruppe (Rassismus, Ausländerfeindlichkeit, Vorurteile), ihrer Situation als Immigrantin (Ausländergesetz) und als Angehörige einer sozialen Unterschicht. Dabei unterscheiden sich das Ausmaß und die Intensität der Konflikte von Ausländerinnen, sie sind nicht einheitlich. Sie entsprechen den gegebenen Rahmenbedingungen wie Alter, Dauer des Aufenthaltes, Familiensituation und kulturspezifischen Normvorstellungen oder Erwerbstätigkeit.[3]

Bei einer Kurzdarstellung der Situation ausländischer Frauen in der Bundesrepublik war es erforderlich, entweder bestimmte Gruppen herauszunehmen oder aber stark zu verallgemeinern und diejenigen Merkmale herauszustellen, die möglicherweise vielen gemeinsam sind.

Um Gefühle und Gedanken von Ausländerinnen zu beschreiben, die mir öfters begegnet sind, soll deshalb folgendes Gespräch mit zwei Frauen aus dem Mittelmeerraum (Spanien und Türkei), wiedergegeben werden. Beide Frauen sind keine »typischen Hausfrauen«, sondern Gewerkschafterinnen.

Rosi: Miriam, Manuela, Ihr seid schon viele Jahre in der Bundesrepublik Deutschland. Wie fühlt Ihr euch hier? Wie empfindet Ihr die inländischen Frauen, habt Ihr Kontakt zu ihnen, was wünscht Ihr euch als Frauen von Frauen?

Miriam: Mein Kontakt zu deutschen Frauen ist schwach. Obwohl ich keine typische türkische Frau bin. Ich arbeite in der Gewerkschaft, habe viele deutsche Kolleginnen im Betrieb. Zwischen uns gibt es auf betrieblicher Basis gute Kontakte. Mein Mann ist auch aktiv, sowohl in der Gewerkschaft als auch in einem türkischen Verein. Aber sonst bleibt zwischen den Deutschen und uns eine Distanz.

Manuela: Diese Erfahrung habe ich auch gemacht.

Miriam: Die deutschen Frauen haben nur Kontakt mit uns, wenn sie etwas bestimmtes wollen oder vorhaben. Die haben immer ein Ziel. Ohne Ziel gibt es keinen Kontakt. Ich bin noch nicht oft bei Deutschen eingeladen worden. Aber wir haben schon viele Deutsche eingeladen.

Das ist dann immer so ein künstliches Gefühl.

Rosi: Du sagst »wir« und beziehst Deinen Mann mit ein, bei den Einladungen zum Beispiel. Hast Du keine Erwartung, als Frau mit Frauen Kontakt zu haben, Dich mit ihnen allein zu treffen?

Manuela: Das ergibt sich doch automatisch. Wenn ich z. B. bei einer Veranstaltung andere spanische Frauen treffe, dann sitzen wir sofort zusammen, erzählen uns viel, über die Familie, über Spanien, über Probleme, auch Probleme mit Männern. Aber man hat nicht so viel Zeit, extra Treffen zu machen. Das ergibt sich, meine ich, wenn wir uns alle treffen. Die Männer sind dann in einer Ecke und die Frauen in einer anderen.

Miriam: Genau. Bei den Kontakten mit deutschen Frauen, z. B. aus der Frauenbewegung, da habe ich immer das Gefühl, als müßten wir was vor den Männern verbergen. So als müßten wir uns heimlich treffen, um irgendetwas Verbotenes zu machen. Außerdem komme ich mir manchmal auch wie ein exotisches Wesen vor.

Manuela: Die meisten Frauen in der Frauenbewegung sind keine Arbeiterfrauen, außer in den Gewerkschaften. Die haben studiert. Sie wollen von uns wissen, wie es den ausländischen Frauen geht. Oft haben sie ganz feste Vorstellungen, wie es uns geht. Wenn wir die nicht bestätigen, dann passen wir nicht in die Gruppe rein. Die finden an uns nur die Sachen gut, die ihnen passen. Also, Paella essen, Rotwein trinken, Musik. Sachen eben, die für ihre Freizeit gut sind. Was ich komisch finde, ist, daß manche deutschen Frauen jetzt anfangen, Bauchtanz zu machen, nach unseren Gebärmethoden fragen und so weiter, und das so romantisieren. Die machen eine Ideologie daraus, so daß wir unsere eigenen Lebensweisen dann selber nicht mehr erkennen und verstehen. Irgendwie benutzen sie alles. Aber wie wir wirklich sind, also unseren Charakter als Spanierin oder Türkin, wollen sie nicht. Den wollen sie verändern.

Miriam: Mir hat einmal eine Frau aus einer Frauengruppe, die mit ausländischen Frauen arbeitet, gesagt, ich müßte erst »meinen Frauenstandpunkt entwickeln«, so wie sie. Sie hat mir übelgenommen, daß ich mich allgemein für die Verbesserung des Ausländerrechts einsetze, besonders für meinen Sohn und meinen Mann, und in der Gewerkschaft arbeite anstatt in einer Frauengruppe.

Es stimmt schon, daß die Männer mehr Macht haben und öfters weggehen. Es stimmt auch, daß wir im Haushalt alles machen müssen, die meisten Frauen jedenfalls, besonders die einfachen Frauen, die vom Land kommen.

Aber das ist nicht das größte Problem.

Für mich ist es eigentlich am schlimmsten, daß wir immer hier bleiben, daß ein Sohn in der Türkei ist wegen der Schule, ein Sohn hier – auch wegen der Schule. Kontakt zu den Deutschen habe ich nicht so viel, daß ich mich zu Hause fühle. Das geht einfach nicht, weil sie anders sind als wir.

Wenn ich zu Treffen mit deutschen Frauen gehe, dann umarmen wir uns, ja. Viele sind auch sehr nett. Aber irgendwie fühle ich mich trotzdem als Objekt.

Manuela: Zum Beispiel reden die deutschen Frauen auch sehr viel und ununterbrochen. Man kommt kaum zum Sprechen. Und sie hören auch nur zu, wenn man Sachen sagt, die sie von uns hören wollen, nämlich zum Beispiel, daß unsere Männer patriarchalisch sind. Wenn ich andere Dinge mit ihnen besprechen will, dann komme ich mir schuldig vor.

Miriam: Ja, dann bin ich unpolitisch oder nicht emanzipiert, wie sie es sich denken. Man kann nur über ganz bestimmte Dinge mit diesen Frauen reden. Ich meine, sie sind nicht böse, sie sind sogar ganz gute Frauen. Sie verstehen uns aber nicht. Sie interessieren sich auch nicht fürs Normale, sondern nur für extreme Sachen. Also wenn eine geprügelt wird oder ein Kopftuch trägt oder in die Türkei fahren soll zum Heiraten. Dabei sind das die Ausnahmen. Viele Leute leben ganz normal und alltäglich, auch bei uns. Aber das nehmen sie uns nicht ab. Wir müssen praktisch »unterdrückt« sein, so wie sie es sich denken.

Manuela: Sie haben, glaube ich, Mitleid mit uns. Ich finde auch, daß sie manchmal überheblich sind, ohne daß sie es merken. Alles, was sie denken und machen, ist richtig. Wir sollen von ihnen alles übernehmen.

Rosi: Was wünscht Ihr euch von den Frauen?

Manuela: Daß sie uns nicht so alleine lassen mit unseren Problemen, den spezifischen Problemen. Daß sie mehr in Gewerkschaften gehen und nicht nur so private Emanzipation betreiben. Sie sollten uns für voll nehmen, uns so nehmen, wie wir sind.

Miriam: Sie müssen auch meine Familie akzeptieren. Ich hätte auch gerne mehr Kontakte zu Familien insgesamt, so wie bei uns. Da kann man sich besuchen, zusammen reden, was zusammen machen.

Und daß sie sich für die Verbesserung im Ausländerrecht einsetzen, daß wir mehr Sicherheit hier haben mit dem Aufenthalt, daß wir wählen dürfen, daß ausländische Frauen einen eigenständigen Aufenthalt bekommen und daß die Familienzusammenführung reibungslos geht.

Manuela: . . .daß wir leichter Wohnungen bekommen, bessere Wohnungen meine ich. Ich wünsche mir auch mehr Kontakt zu Familien mit Kindern. Außerdem wäre es gut, wenn auch meine Mutter einfach hier wohnen könnte. Bis jetzt konnte sie nur zu Besuch kommen.

Miriam: Sie sollten uns auch nicht als Konkurrenz ansehen, was die Männer angeht.

Manuela: Ja, das ist wichtig. Da habe ich schon vieles erlebt, mit Kleidung und schön machen. Das nehmen so manche übel.

Rosi: Ich danke Euch.

3. *Die Beschäftigung mit ausländischen Frauen*

In den letzten Jahren werden zunehmend wissenschaftliche Untersuchungen über die »Lage der Frauen« in Auftrag gegeben. Intellektuelle Frauen befassen sich intensiv mit den Lebensbedingungen, Arbeits- und Bildungsmöglichkeiten in ihrer eigenen Gesellschaft und untersuchen die Lage anderer Frauen in den unterschiedlichsten sozialen Bereichen. Ganze Arbeitsstäbe in den politischen Parteien haben die Frauen entdeckt, da die Gunst der Wählerinnen ausschlaggebend sein kann für die Erringung der Macht im Staat. Freilich weiß eine jede Frau bei genauerem Hinschauen, daß dieses erstaunliche Interesse der Politiker in der Praxis bisher keine großen Veränderungen zugunsten der Frauen gebracht hat. Im Gegenteil: es sind mehr Frauen arbeitslos als vor 10 Jahren, und die Etat-Kürzungen im sozialen Bereich treffen zuallererst Frauen. Ausländische Frauen rangieren innerhalb dieser Bilanz an letzter Stelle. Sie sind die lange unentdeckt gebliebene Minderheit in der Minderheit der Immigranten und der Frauen. Erst in letzter Zeit durften sie avancieren, vor allem zunächst im sozialpädagogischen, dann im frauenpolitischen Bereich, vor allem der autonomen Frauenbewegung. Sie kommen nun auf der Liste derjenigen nach vorn, über die noch wissenschaftliche Untersuchungen fehlen, und wo Projekte und Engagement der Deutschen sich noch »lohnen«, weil mit ihnen möglicherweise Arbeitsplätze für Deutsche zu schaffen sind. Ihre Lage hat sich damit nicht verbessert.

Letzteres zur Kenntnis zu nehmen, ist wichtig für die vielen Inländerinnen, die »mit ausländischen Frauen arbeiten« wollen. Es muß vor allen anderen Überlegungen und Gefühlen deutlich bleiben, daß die wirtschaftspolitische und soziale Lage, die Konkurrenz um soziale Teilhabe und Arbeitsplätze, um Privilegien, vor der Gemeinsamkeit, »Frau zu sein«, nicht halt macht.

Es drängt sich die Frage auf, warum Ausländerinnen überhaupt so spät ins Bewußtsein der Öffentlichkeit, aber auch der Inländerinnen gedrungen sind; obwohl sie selbst, so ergeben Befragungen, so gern Kontakte zu inländischen Frauen und Familien haben möchten, längst bevor die »Integrationsdiskussion« über sie einsetzte.

4. Gemeinsame Geschichte

Immerhin haben deutsche und ausländische Frauen eine lange gemeinsame Geschichte. Schon vor 1933 gab es ausländische Frauen im Deutschen Reich; zumindest für die Zeit des Nationalsozialismus müßten sich noch viele Inländerinnen erinnern können, wieviele Polinnen, Russinnen, Französinnen, Rumäninnen usw. als »Fremdarbeiterinnen« oder »Zwangsarbeiterinnen« u. a. in Deutschland lebten.

Und schon Mitte der fünfziger Jahre wanderten im Zuge des »Wirtschaftswunders« und des damit verbundenen Mangels an einheimischen Arbeitskräften erneut ausländische Frauen ein. Aus Italien, später aus Spanien, Griechenland, Tunesien, Marokko, Portugal, Jugoslawien und der Türkei.

Frauen kamen teilweise allein, angeworben als Arbeiterinnen, oder im Zuge der Familienzusammenführung als Ehefrauen oder Töchter von ausländischen Arbeitern. Sie waren in der Regel nicht gefragt worden, ob sie ihre Heimat verlassen wollten, und vielen war nicht bewußt, für wie lange sie in eine ihnen unbekannte neue Welt umzusiedeln hatten.

Neben den ausländischen Arbeiterinnen und Familienangehörigen leben aber auch ausländische Studentinnen, Künstlerinnen oder Ehefrauen deutscher Männer unter uns. In den letzten zehn Jahren kamen zudem Frauen aus Ländern der sog. Dritten Welt, die entweder selbst oder als Familienangehörige Schutz vor politischer Verfolgung und Hunger bei uns suchen.

Derzeit wohnen ca. 1,4 Mio ausländische Frauen und Mädchen legal in der Bundesrepublik Deutschland.

Etwa 393 000 Frauen kommen aus der Türkei, 206 000 aus Jugoslawien, 166 000 aus Italien, 98 000 aus Griechenland, 56 000 aus Spanien, 36 000 aus Portugal und 445 000 aus anderen Ländern Europas und der sog. Dritten Welt, hier vor allem aus Marokko und Tunesien.

Rund 1 Mio sind hier verheiratet und leben mit ihrer Familie im Inland. Etwa 43% der ausländischen Frauen sind sozialversicherungspflichtig erwerbstätig. Fast die Hälfte der Ausländerinnen (ca. 700 000) lebt schon länger als zehn Jahre in der Bundesrepublik. Nur etwa 12% der Frauen sind in den letzten zwei Jahren eingereist.[4] Die Zahl der illegal hier lebenden ausländischen Frauen ist nicht bekannt. Es muß aber davon ausgegangen werden, daß es mehrere tausend Frauen gibt, die in der Illegalität, unter ständiger Angst vor Entdeckung, meist in den entwürdigendsten Abhängigkeitsverhältnissen (Prostitution, Haushaltshilfe und Mätresse, Schwarzarbeit) ausgebeutet werden.

Trotz der Anwesenheit so vieler Ausländerinnen unterschiedlicher Nationalität gab es bisher kaum Verknüpfungs- oder Berührungspunkte unter den Frauen außerhalb ihrer nationalen oder kulturellen Gruppe. Weder die Ausländerinnen selbst, die meisten von ihnen Arbeiterinnen und Hausfrauen, noch deutsche Frauen zeigten ein großes Bedürfnis, sich miteinander zu beschäftigen. Trotz einer – theoretisch einmal angenommenen – gemeinsamen Geschichte als Frauen mit regelmäßig gemeinsam gesehenen »frauenspezifischen« Problemen sind nur wenige miteinander in Kontakt. Ausnahmen: im gewerkschaftlichen Bereich und im Bereich der Mittelschicht.

Es lassen sich infolgedessen drei Fragen stellen:

1. Sind die Erwartungen von Frauen aus der autonomen Frauenbewegung realistisch, wenn sie davon ausgehen, daß sie mit ausländischen Frauen aufgrund frauenspezifischer Bedürfnisse eine breite und wirkungsvolle Solidarität entwickeln können?

   Gibt es diese Solidarität zwischen inländischen Frauen auf breiter Basis?
2. Haben die als »gemeinsame Probleme« gesehenen Fragestellungen für Ausländerinnen die gleiche Bedeutung und Priorität wie für Inländerinnen?
3. Welcher Art sind die bisherigen schichtenübergreifenden Kontakte, und in welchem Abhängigkeitsverhältnis stehen dabei ausländische und inländische Frauen zueinander?

Welche Ursachen könnte es geben dafür, daß ein Zusammenleben und Zusammengehen von ausländischen Frauen untereinander und deutschen Frauen nicht stattgefunden hat?

Einmal sollte die Frage beantwortet werden, ob die Erwartung überhaupt richtig sein kann, daß deutsche und ausländische Frauen allein deshalb, »weil sie Frauen sind«, etwas »Gemeinsames« haben. Immerhin bestehen beträchtliche schichtenspezifische Unterschiede und *Interessen*. Allein das biologisch Gemeinsame als Ideologie dürfte nicht ausreichen, grundlegende Verschiedenheiten, die von Analphabetismus bis zu akademischer Ausbildung und von ökonomischer totaler Abhängigkeit bis zu ökonomischer Eigenständigkeit reichen, zu überwinden. Es sollte auch einmal die

Frage beachtet werden, ob inländische Mittelschichtfrauen mit inländischen Unterschichtfrauen »zusammenleben« können, welcher Art Beziehungen sind oder sein sollen zwischen derart verschiedenen *Interessengruppen und wo die Solidarisierung* mit welchen gemeinsamen Zielen ansetzen soll. Drücken Inländerinnen nicht nur das aus, was Politiker und Regierung mit dem Schlagwort »Integration« ideologisch meinen, ohne freilich die wirklich notwendigen materiellen Bedingungen dafür bereitzustellen?

Lebenssituation ausländischer Frauen

Neben Schichtunterschieden gibt es zwischen den ausländischen Frauen beträchtliche kulturelle Verschiedenheiten, es existieren z. T. völlig verschiedene Ausgangspunkte aus Geschichte, Wirtschaft und Sozialstruktur (Großfamilie z. B.).

So bringen alle Frauen schon sehr große Unterschiedlichkeiten aus den Heimatländern mit.[5]

Es kann davon ausgegangen werden, daß auch Flüchtlingsfrauen aus der sog. Dritten Welt ähnliche unterschiedliche Erfahrungen mitbringen.

Die Einwanderung all dieser Frauen in die Bundesrepublik fand in den wenigsten Fällen freiwillig statt. Manche sind schon vor der Emigration ins Ausland mehrfach »ausgewandert«, vom Land in die Stadt, erst später vom Inland ins Ausland. Die Umsiedlung geschah aus materieller oder anderer Not der Familie. Die Frauen folgten traditionsgemäß und ohne die Möglichkeit zu haben, sich dagegen zu wehren, den Männern in eine ihnen völlig unbekannte, neue ökonomische und soziale Situation. Kenntnisse über das Einwanderungsland und Vorstellungen darüber, wie der Alltag aussehen würde, hatten die meisten nicht, abgesehen von einigen Klischees. Die bezogen sich vor allem auf materiellen Reichtum und auf ein Frauenbild, das geprägt ist von einer unvorstellbaren Freiheit und auch Leichtfertigkeit bis hin zur Unmoral einer Rolle, die von den meisten Frauen, insbesonders aus ländlichen agrarischen Gebieten, nicht nachvollzogen werden kann und sehr widersprüchliche Gefühle hervorruft.

Kaum eine Frau, so wie übrigens auch die meisten Männer, waren auf die neuen Bedingungen im ökonomischen, politischen und sozialen Bereich vorbereitet. Sie teilen infolgedessen die Unsicherheit in der Fremde, die Schwierigkeiten der Auseinandersetzung mit einer neuen Sprache und Kultur, ihnen völlig fremden Sozialstrukturen und Arbeitsbedingungen und den damit verbundenen Wertvorstellungen, auch solchen der Emanzipation.

Für viele bedeutet Einwanderung eine Einschränkung ihrer früheren familiären wie sozialen Rolle als Frau und als Mitglied einer Gemeinschaft. In der Heimat die Großfamilie und die vertraute Gemeinschaft des Dorfes oder des Stadtviertels gewohnt, werden sie hier in eine fast gemeinschaftslose Umgebung versetzt, abrupt in eine Kleinfamiliensituation gestellt, häufig mit der üblichen Doppelbelastung von Haushalt und abhängiger Erwerbstätigkeit in der Fabrik.

Darauf reagieren viele Frauen nicht selten mit tiefem Heimweh, psychischer und physischer Krankheit und einem noch stärkeren Rückzug auf traditionelle Wertvorstellungen, die ihnen helfen sollen, die gewohnte Geborgenheit und Vertrautheit und tiefgehende Teile der eigenen Identität zu wahren.

Hinzu kommt, daß es kaum Möglichkeiten gibt, sich tatsächlich mit den realen Verhältnissen und Wertvorstellungen in deutschen Familien zu befassen, da solche Kontakte kaum bestehen. Dies führt nicht selten zu Aufrechterhaltung und Verstärkung der Klischeevorstellungen über Lebensweise und Wertvorstellungen »der Deutschen«, auch der deutschen Frauen.

Die Erfahrungen deutscher Frauen, daß sie sich manchmal zwar von ausländischen Frauen »gerne benutzt« sehen, um irgendetwas – meist bei Behörden oder Institutionen – zu organisieren, aber als Persönlichkeit nicht wirklich angenommen werden, mag vor diesem Hintergrund erklärbar sein. Zudem haben viele ausländische Frauen besser gelernt als Inländerinnen, die Hilfe anderer – auch des Ehemannes – abzurufen und sich darauf zu verlassen, daß andere für sie agieren. Eine Fähigkeit, die ihnen die schwere Situation in der Emigration in gewisser Weise erleichtern dürfte, da sie damit Verantwortung abgeben können.

Diejenigen ausländischen Frauen, die erwerbstätig sind, haben zwar mehr Außenkontakte, geben jedoch an, daß sich diese Kontakte fast ausschließlich auf »Arbeitskontakte« beschränken, Kontakte privater Natur aber kaum stattfinden.[6] Nur Ausländerinnen aus der Mittelschicht und solche, die aktiv an Gewerkschaften oder Frauengruppen teilnehmen, haben weitergehende intensivere Kontakte zu Inländerinnen oder Frauen unterschiedlicher Nationalität. Die intensivsten Kontakte zu deutschen Familien dürften solche Ausländerinnen haben, die mit Deutschen verheiratet sind.

Aus alledem ergibt sich, daß sich bei den ausländischen Frauen in ihrer überwiegenden Mehrheit ganz andere Vorstellungen von Emanzipation und Entwicklung herausbilden als in Kreisen der bundesdeutschen Mittel- und Oberschicht.

Davon auszugehen, daß die westliche Spielart von Emanzipation und Entwicklung allgemeingültig ist, mutet im Anbetracht des Zustandes dieser Erde fast kolonialistisch an.

Es ist deshalb auch davon auszugehen, daß Entwicklung für inländische und ausländische Frauen nicht das gleiche bedeutet und daß es unterschiedliche Prioritäten beim Kampf um Gleichberechtigung und gleiche Teilhabe gibt.

Die Tatsache, daß sich inländische, vor allem intellektuelle Frauen, mit ausländischen, meist nicht intellektuellen Frauen, »beschäftigen« und von einem vermeintlichen gemeinsamen weiblichen Weg sprechen, wird, das ist offensichtlich, von den meisten ausländischen Frauen nicht nachvollzogen und auch nicht als echtes Interesse begriffen.

Machen die intellektuellen Frauen nicht das gleiche, was meist die intellektuellen Anführer der internationalen Arbeiterbewegung weltweit gemacht haben als Vordenker und Avantgarde der Arbeiter selbst? Die Vordenkerinnenarbeit engagierter Mittelschichtfrauen für Ausländerinnen erscheint in diesem Zusammenhang nur als eine Kopie dessen, was die männliche Arbeiterbewegung bereits sträflicherweise getan hat und immer noch tut.

Es ist z. B. ein Irrtum anzunehmen, daß sich eine Solidarität zwischen deutschem Arbeiter oder deutscher Arbeiterin und Immigranten und Immigrantinnen automatisch ergeben müsse, weil vermeintlich subjektiv die gleichen Bedingungen für beide gegeben seien. *Einmal* verhindert das Prinzip der Konkurrenz – ob zwischen ausländischen und inländischen Arbeiterinnen oder zwischen ihnen als Frauen (!) – diese Solidarität. Diese Konkurrenz dreht sich aber nicht nur vordergründig um Arbeitsplätze, sondern auch vor allem um die Verteilung der Güter überhaupt. Wie massiv sich auch deutsche Frauen gegen eine gleichberechtigte Teilhabe von Ausländerinnen wehren, wird sichtbar, wenn es um die Aufnahme von asylsuchenden Frauen aus der sog. Dritten Welt geht.

Zweitens orientiert sich der inländische Arbeiter oder die Arbeiterin »nach oben«, die ausländischen Kolleginnen und Kollegen werden entsprechend als vermeintlich »unter sich« empfunden; dabei spielen Rassismus und Vorurteile eine große Rolle.

Zum Dritten bestehen subjektiv unterschiedliche Bedingungen, so daß selbst eine Solidarisierung der Immigranten/innen untereinander nur dann möglich ist, wenn das entsprechende politische Bewußtsein vorhanden wäre. Eine Italienerin kann sich z. B. ähnlich abfällig wie eine Deutsche über eine Türkin äußern.

Aber – *viertens* – auch die Konkurrenz »um den Mann« gibt es zwischen in- und ausländischen Frauen, nämlich da, wo allein die Eigenschaft, Ausländerin zu sein, anders auszusehen, andere – möglicherweise dem Mann genehmere – Wertvorstellungen zu haben, von Bedeutung ist.

Bei Betrachtung all dieser Faktoren erscheint es als realistisch, daß Frauen unterschiedlicher Nationalität und Schichtzugehörigkeit wenig miteinander leben und gemeinsam agieren. Es liegt nämlich nicht am »guten Willen« oder der mangelhaften Einsicht in die »frauenspezifischen Gemeinsamkeiten«, die ein Zusammengehen verhindern, oder an den auffallenden kleinen Unterschieden wie Kopftuch, Kleidung, Habitus und Sprache, sondern tatsächlich an den massiven materiellen Unterschiedlichkeiten und tiefen Interessenkonflikten.

Als im letzten Jahrhundert bürgerliche Frauen mit Duldung ihrer Männer in die armen Hütten der Arbeiter herabstiegen und sich mit tiefen karitativen Gefühlen der kranken und verwahrlosten Kinder eines hungernden Proletariats annahmen, waren sie zutiefst überzeugt von einem gemeinsamen »Menschsein«, sie halfen z. T. in selbstloser Aufopferung. Die rechtlichen und sozialen Verhältnisse wurden allerdings durch diese Aktivitäten nicht verändert. Die heutigen Mittelschichtfrauen, die inzwischen teilweise ökonomisch unabhängig vom Mann über ausländische Unterschichtfrauen Untersuchungen machen und mit ihnen »Projekte durchführen«, die sich mit deren »frauenspezifischer« Lage befassen, betroffen und überzeugt davon, daß hier Frauen für andere Frauen eintreten, müssen sich fragen lassen, welcher Art die Verbesserungen sind, die sie damit erreicht haben, daß sie sogar erwerbstätig sein können mit Hilfe dieser, nun nicht mehr karitativen, sondern »sozial- oder frauenpolitischen« Arbeit mit ausländischen Frauen.

Neben diesen kurz skizzierten wesentlichen Unterscheidungen gibt es im Detail wichtige Unterschiede, die hier auch nur kurz angesprochen werden können, aber nicht außer acht gelassen werden dürfen. Wichtig erscheint mir zu vermerken, daß die im folgenden beschriebene rechtliche und soziale Benachteiligung nur möglich ist, weil auch Frauen in der Bundesrepublik mit zu dieser Benachteiligung beitragen und teilweise von ihr profitieren.

5. Benachteiligung auf allen Ebenen auch im Inland

Ausländerinnen sind im Inland in vielen Bereichen schlechter gestellt als deutsche Frauen. Da es eine große Menge Untersuchungen gibt, die diese Aspekte aufgreifen und beschreiben, sollen hier nur ein paar kurze Hinweise zu den einzelnen Bereichen gegeben werden.

Rechtliche Situation

Deutsche Frauen betrachten die rechtliche Situation von Ausländerinnen häufig nur unter dem Aspekt patriarchalischer familienrechtlicher Bestimmungen des Heimatrechts. Sie vergessen, daß es eine Vielzahl rechtlicher Aspekte gibt, die sowohl mit dem heimatlichen Familienrecht als auch mit inländischem Privatrecht, dem deutschen Ausländer- und Arbeitsrecht sowie internationalem Recht verknüpft sind. Dabei wird, entgegen mancher frauenrechtlerischen Einschätzung, die rechtliche und soziale Lage ausländischer Frauen weit tiefgreifender durch unsere rechtlichen Einschränkungen bestimmt als durch heimatrechtliche Regelungen.

Teile und herrsche

Wie eingangs bereits gesagt, gibt es keine allgemeingültige Aussage über die Lage ausländischer Frauen, auch gesetzliche Regelungen und Bestimmungen sind für die verschiedenen Ausländer- und Ausländerinnengruppen völlig unterschiedlich. Bei genauerer Betrachtung kann man mehr als zehn unterschiedliche Gruppierungen ausmachen, die allesamt gespalten und geteilt sind durch unterschiedliche rechtliche Privilegierungen oder Ausgrenzungen. Es gibt EG-Bürgerinnen und -Bürger erster Klasse (also diejenigen, die als Arbeitnehmerinnen und Familienangehörige von Arbeitnehmern Freizügigkeit und freien Zugang zum Arbeitsmarkt besitzen) und solche zweiter Klasse, die keine Freizügigkeit haben. Länder wie die Türkei, Jugoslawien, Marokko und Tunesien z. B. haben bilaterale Abkommen mit der Bundesrepublik, die sich ebenfalls voneinander unterscheiden und den Frauen und Männern unterschiedliche Rechte zuweisen. Es unterscheiden sich wiederum asylsuchende von asylberechtigten Frauen, Studentinnen aus verschiedenen Ländern mit unterschiedlichen Privilegien von Ehefrauen, die aufgrund von Wartefristen aus dem Ausland zunächst nicht einreisen dürfen oder, nachdem sie endlich eine Aufenthaltserlaubnis bekommen, keine Erlaubnis erhalten, eine Arbeit anzunehmen. Diplomatenfrauen benötigen gar keine Aufenthaltserlaubnis, und Frauen, deren Männer Armeeangehörige der Besatzungstruppen sind, unterstehen wiederum einem anderen Recht.

Die einen benötigen ein Visum vor der Einreise, die anderen nicht. Bei den einen wird der Aufenthalt sofort auf fünf Jahre erteilt, bei den anderen kurzfristiger oder gar abgelehnt. Es gibt Auflagen, bestimmte Städte oder Kreise nicht zu verlassen oder bei einem bestimmten Arbeitgeber zu arbeiten ebenso wie das Verbot, ein selbständiges Gewerbe auszuüben. Gleichzeitig gibt es aber auch Ausländer- und Ausländerinnen aus bestimmten Staaten, die diese Einschränkungen nicht kennen. Bei der einen Gruppe wird der Wille, sich in der Bundesrepublik »niederzulassen« begrüßt und ein Recht auf Aufenthalt erteilt. Bei einer anderen Gruppe ist der Integrationswille unerwünscht, und es wird alles getan, die Integration zu vereiteln. In wiederum anderen Fällen ist zwar Aufenthalt befristet möglich, die Niederlassungsabsicht aber ein Ausweisungsgrund.

Die Regelungen für einen Sozialhilfeanspruch z. B. sind für die einzelnen Länder sehr verschieden voneinander, teilweise in den Abkommen oder den römischen Verträgen geregelt, teilweise den Entscheidungen der deutschen Behörden überlassen. Durch Verwaltungsvorschriften des Bundes, Erlasse der einzelnen Bundesländer und Dienstvorschriften der Kommunen werden, je nach politischer Konstellation unseres föderalistisch geordneten Staates, zusätzlich unterschiedliche Rechtspositionen neben der Gesetzgebung und der teilweise sehr unterschiedlichen Rechtsprechung installiert und über die Verwaltungsbehörden angewandt.

Dadurch erscheint der gesamte Ausländerbereich »atomisiert«, d. h. in viele sich unterscheidende, miteinander konkurrierende rechtliche und soziale Teilhabe- oder Verweigerungsrechte aufgeteilt, die sich in jedem Fall von den Privilegien der Inländer und Inländerinnen unterscheiden. Berücksichtigt man dann noch die unterschiedlichen Familienrechtssysteme, die jede ethnische Gruppe mitbringt, und die durch die jeweilige Geschichte, Religion, die wirtschaftliche und politische Lage gewachsen sind, dann ist leicht erkennbar, daß eine Solidarisierung der Ausländerinnen untereinander oder zwischen Ausländerinnen und Deutschen objektiv und subjektiv kaum möglich ist.

Zwar können Normen des Familienrechts, die auch in den Mittelmeerländern und anderen Staaten in letzter Zeit reformiert wurden, die potentiellen Möglichkeiten der Frauen erweitern. Tatsächlich hängt aber deren Wirkung von der Gleichzeitigkeit der Verbesserung der ökonomischen und sozialen Verhältnisse und den Veränderungen traditioneller Wertvorstellungen und anderer objektiver Gegebenheiten ab. Die Forderung nach Gleichberechtigung in allen Bereichen ist eng verbunden mit einer grundsätzlich notwendigen Änderung auch der Macht- und Abhängigkeitsverhältnisse; dies gilt sowohl für die Herkunftsländer als auch für das Aufnahmeland. Gleichberechtigt in der Bundesrepublik mit anderen inländischen Frauen leben zu dürfen bleibt eine Floskel, wenn von der Einreise bis zur Ausweisung die ganze Familie einem Sonderrecht unterstellt wird, das generell Ausländer von Inländern unterscheidet und sie allein deshalb ausgrenzt. In dieser Situation verbindet ausländische Frauen und Männer eine zynische Form der Gleichberechtigung.

Ausländerrecht

Ohne im Detail auf die einzelnen Aspekte ausländerrechtlicher Bestimmungen eingehen zu können, kann pauschal folgendes festgestellt werden:

Ausländische Frauen, insbesondere aus der Türkei, Jugoslawien, Marokko, Tunesien und anderen Nicht-EG-Staaten sind in den meisten Fällen als Ehefrauen oder Familienangehörige eingereist und haben infolgedessen keine eigenständige Aufenthaltserlaubnis. Das bedeutet, daß ihr Aufenthalt an den des Ehemannes (in wenigen Fällen an den der – bereits hier niedergelassenen – Ehefrau) gekoppelt ist. Will der Ehepartner die Bundesrepublik verlassen, müßte sein (bzw. ihr) Partner ausreisen. Oder, angenommen, er wird straffällig und anschließend ausgewiesen, entfällt ihre Aufenthaltserlaubnis und die der gemeinsamen Kinder ebenfalls; gleiches gilt bei Tod des aufenthaltsberechtigen Partners. Übrigens werden auch heute noch deutsch-verheiratete Ausländer ähnlich behandelt, d. h. die Ehe mit einer Deutschen schützt nicht grundsätzlich vor Ausweisung. Und eine Deutsche, die einen Ausländer heiratet, bekommt immer wieder an aktuellen Beispielen vorgeführt, daß auch sie in Rechtsunsicherheit leben muß, wenn sie »so einen« heiratet; die Notwendigkeit der Emigration ins Ausland ist für sie durchaus reale Bedrohung.

Eine für ausländische Frauen gravierende Situation kann dann eintreten, wenn sie sich von ihrem Mann trennen oder scheiden lassen wollen. Die Verknüpfung von intakter Eheführung mit der Erteilung oder Verlängerung der Aufenthaltserlaubnis wirkt sich dann fatal aus. Erfährt die Ausländerbehörde von der Trennung (dies könnte z. B. dann geschehen, wenn die Ausländerin in ein Frauenhaus geflohen und von dort aus Sozial- oder eine andere staatliche Hilfe angefordert hat), dann kann eine Ausweisung erfolgen. Ähnliche Erfahrungen machen ausländische Mädchen, deren Aufenthalt an den der Eltern bzw. den des Vaters gekoppelt ist. Selbst wenn eine junge Frau hier aufgewachsen und zur Schule gegangen ist, kann die Ausländerbehörde die Aufenthaltserlaubnis streichen, falls Vater oder Familie in die Heimat zurückkehren oder eine Rückkehr der Tochter (auch allein zwecks Verheiratung z. B.) wünschen.

Die ständige Verunsicherung hinsichtlich der Lebensplanung, die durch eine widerrufbare und abhängige Aufenthaltserlaubnis institutionell festgeschrieben ist, erscheint mit als das größte und wichtigste Problem, das es zu beseitigen gilt.

Deutsche Sprachkenntnisse – Analphabetismus

»Es ist nicht meine Schuld, daß ich nicht lesen und schreiben kann, und ich habe auch keine Zeit und Möglichkeit, hier in die Schule zu gehen und Deutsch zu lernen. . .« sagte mir einmal eine Jugoslawin aus dem Kosowo. Ihr Los ist nicht selten.

Nach einer Repräsentativuntersuchung im Jahre 1980 durch den Bundesminister für Arbeit und Soziales gab ein Viertel ausländischer Frauen an, über keine deutschen Sprachkenntnisse zu verfügen. Bei nicht erwerbstätigen Frauen lag dieser Prozentsatz sogar bei über einem Drittel. Im Gegensatz dazu gaben ausländische Männer zu 82% an, deutsche Sprachkenntnisse zu besitzen.

Zudem teilen ausländische Frauen aller Nationalitäten nicht selten das Problem, auch in der eigenen Sprache nicht lesen und schreiben zu können.

Reduzierte Sprache heißt reduzierte Verständigung und reduziertes Verständnis, Mißverständnisse, Ausgeliefertsein, Isolation. Ein Mensch, der sprachlich eingeschränkt und begrenzt ist, erlebt und erfährt gleichzeitig eine Reduzierung seiner Identität, eine tiefe Verunsicherung, die nicht häufig zu einer inneren Emigration, im Extremfall zum totalen Schweigen führt. Denn Sprache bedeutet ja nicht nur das Erlernen von Wörtern, sondern ist Umwelterfahrung. Sprache und Gefühl hängen ebenso zusammen wie Sprache und Denken, Sprache und Handeln. Außerdem ist diese Einschränkung der ausländischen Frauen automatisch mit Diskriminierung und Demütigung verbunden, denn jemand, der sich nur bruchstückhaft ausdrückt, ist erkennbar, stigmatisiert.

Selbst die in diesem Zusammenhang so bedeutende nonverbale Kommunikation birgt Mißverständnisse und Diskriminierung, da sie Ausfluß gesellschaftlich-kultureller Eigenarten ist.

Wohnsituation

Nach einer Untersuchung des deutschen Gewerkschaftsbundes über ausländische Familien in Köln bemühen sich viele Familien um eine qualitative Verbesserung ihrer Wohnsituation, ein Hinweis, daß sie sich auf einen dauernden Aufenthalt eingerichtet haben. Wie schwierig es für ausländische Familien ist, angemessen und den sozialen Verhältnissen entsprechend finanzierbaren Wohnraum zu finden, haben viele Untersuchungen belegt. Gründe sind Vorurteile von seiten deutscher Vermieter, die Höhe der Mieten, die die objektive Zahlungsfähigkeit überschreiten, und die hohe Bedeutung des sozialen Wohnumfeldes.[8]

Nach einer Untersuchung des IFEP und EFD[9] vermuten 82% der deutschen Frauen, daß ausländische Familien schlechtere Wohnbedingungen als die deutschen Familien haben. Vorurteile, daß ausländische Frauen »nicht so sauber« sind, »viele Kinder haben, die nicht genügend gewaschen« werden, sind nicht ganz selten. Generell werden ausländische Familien als »zu laut«, zu »gastfreundlich, weil sie so häufig so viele Gäste haben«, und als »unfähig, wirklich Ordnung zu halten« beschrieben. Da der Wohnraum für ausländische Familien tatsächlich durchschnittlich kleiner und schlechter ist, sind die Leidtragenden dieser beengten Verhältnisse vor allem die Frauen. Nicht selten müssen abends Matratzenlager errichtet werden, Erwachsene und Jugendliche sowie Kleinkinder schlafen oft zusammen in einem Raum. Eine Planung und Gestaltung innerhalb der Wohnung ist schon deshalb erschwert, weil einmal die Sicherheit hinsichtlich der Aufenthaltsdauer fehlt und zum anderen der Platz nicht ausreicht.

Ausländische Frauen sind oft der Meinung, daß die Wohnverhältnisse in ihrer Heimat besser waren. Wie schädlich sich zu enger Wohnraum auf die Familiensituation, die Entwicklung der Kinder, das Verhältnis der Familienmitglieder untereinander auswirkt, ist ausreichend auch an deutschen Beispielen untersucht worden. Daß hier erneut die Frauen und Mütter gefordert sind, »auszugleichen« und die Last der Arbeit und der Konflikte zu tragen, ist bekannt. Ausländische Frauen teilen hier das Los von deutschen Unterschichtfamilien, die durch Arbeitslosigkeit und unzureichende soziale Versorgung in eine neue Armut getrieben worden sind.

Gesundheit

Ausländische Frauen, die länger im Arbeitsprozeß standen, leiden – ähnlich wie inländische Frauen – unter Verschleißerscheinungen; Rückenschmerzen, Wirbelsäulenschäden, Magenproblemen. Eine Vielzahl von psychosomatischen Krankheitsbildern weisen auf die Doppel- und Dreifachbelastungen sowie den psychischen Streß, dem alle ausgesetzt sind.

Es fehlt zudem an ausreichenden ausländischen Hebammen und Ärztinnen, auch dem Zugang zur modernen Medizin.

In einer schweizerischen Untersuchung gaben etwa 70% der befragten Ausländerinnen an, Beschwerden wie Kopfschmerzen, Einschlafprobleme, Magenbeschwerden, Kreislaufstörungen, Konzentrationsschwäche zu haben, deren Ursache *nicht* festgestellt werden konnte. Häufig sagen ausländische Frauen von sich selbst, sie seien »nervös«, ein Begriff, der sowohl seelisches als auch körperliches Unwohlsein und Unbehagen beschreibt.

Es ist außerdem bekannt, daß gerade ausländische Frauen im Bereich Schwangerschaft, Verhütung und Geburt einer Reihe von Problemen ausgesetzt sind, die mit ihrer spezifischen Lage zu tun haben. Wiederum spielen mangelhafte Sprachkenntnisse, aber auch kulturspezifische Verhaltensweisen und Traditionen sowie die Zurückweisung durch die inländische Bevölkerung eine wichtige Rolle.

Ehe und Partnerschaft

Viele Ausländerinnen erfahren neben der Fremdheit in der neuen Umgebung auch eine zunehmende Fremdheit in der eigenen Familie und im Kontakt zum Ehemann.

Die Emigration hat auch in diesem Bereich tiefgreifende Veränderungen gebracht, mit denen beide Ehepartner umzugehen lernen müssen. Eines erscheint mir aber bedeutsam:

von tragischen Ausnahmen abgesehen, muß davon ausgegangen werden, daß sich durch die neue Situation für beide, Mann und Frau, auch ein neues Verhältnis entwickelt. Der Ehemann ist für viele ausländische Frauen oft der einzige Mensch, mit dem sie ihre Probleme in der eigenen Sprache besprechen und Nähe und Geborgenheit erleben können.[10]

Sicherlich verändert sich das traditionelle Rollenverhalten nur allmählich, wahrscheinlich erst in der nächsten und darauffolgenden Generation. Außerdem sind auch die ausländischen Männer durch die veränderten Bedingungen, auf die sie nicht eingestellt waren, verunsichert. Enges Zusammenleben in kleinen Wohnungen, existentielle Unsicherheit, Veränderungen in der »Rollenaufteilung« führen nicht selten auch zu großen Ehe- und Familienproblemen. Zunehmend flüchten auch ausländische Frauen vor Mißhandlungen in Frauenhäuser.

Sie berichten manchmal, daß der Ehemann »früher nie geschlagen« habe, aber, seitdem er in der Bundesrepublik ist, völlig »verrückt spielt«.

Die Solidarisierung inländischer Frauen mit Ausländerinnen, insbesondere gegen Mißhandlung und Gewalt durch Ehemänner, ist eine wichtige Hilfe für Ausländerinnen. Es ist aber auch hier die Frage zu stellen, ob Inländerinnen in jedem Fall richtig handeln, wenn sie eigene westliche Emanzipationsvorstellungen und Lösungsmöglichkeiten für diese Frauen vorsehen oder anstreben. Auch stört nicht selten der latente Rassismus, der ausländische Männer als besonders gewalttätig und patriarchalisch-brutal beschreibt, ohne sich mit den Hintergründen und der spezifischen Lage von Emigranten vertraut zu machen.

6. Zusammenfassung

Zusammenfassend ist zu sagen, daß sich aufgrund tiefer spezifischer Unterschiede im Lebens- und Erfahrungsbereich deutscher und ausländischer Frauen eine Solidarisierung nicht automatisch ergibt und daß sich aufgrund unterschiedlicher objektiver Interessenlagen eine solche Solidarisierung nur über gemeinsame politische Bewußtseinsprozesse ergeben kann.

Derzeit stehen die inländischen Frauen bei den Ausländerinnen tief im Soll: es muß verhindert werden, daß noch weitergehende einschränkende Gesetze gegen Ausländerinnen und Ausländer, gegen Flüchtlinge (Männer, Frauen und Kinder) aus der sog. Dritten Welt erlassen werden. Dazu sind starke politische Kräfte nötig. Es ist der richtige und sinnvolle Weg, wenn sich inländische Frauen vor allem für die Verbesserung der rechtlichen und sozialen Lage ihrer ausländischen Geschlechtsgenossinnen einsetzen. Eigenständiger Aufenthalt als Recht, frei den Wohnsitz und den Arbeitsplatz zu wählen, adäquate Bildungsmöglichkeiten, besserer Wohnraum, eine Gesundheits- und Sozialbetreuung, die den spezifischen Bedürfnissen dieser Frauen entgegenkommt, Bildungs- und Ausbildungsmöglichkeiten für die Kinder der Ausländer/innen, Aufklärung in der Öffentlichkeit über die Rolle von angeworbenen Arbeitskräften und die Misere der Flüchtlinge und die tatsächliche Ursache ihrer Verfolgung, Verbot neofaschistischer Gruppen und Organisationen und Kampf gegen Rassismus und Sexismus.

Im möglichen gemeinsamen Kampf gegen Ungerechtigkeit und ungleiche Verteilung der Güter auf dieser Erde kann sich das Zusammenleben und der gegenseitige – auch kulturelle – Austausch entwickeln, von dem wir alle träumen.

Für Sozialarbeiterinnen, Pädagoginnen, Sozialpädagoginnen und andere bürgerliche Frauen – allesamt »auf der Suche nach einer sinnvollen Aufgabe und dem Sinn ihres Lebens« oder auch auf der Suche nach einem zumindest vorübergehenden Arbeitsplatz – sollte das »Zusammenleben mit ausländischen Frauen« (sofern damit ein Zusammenleben mit der übergroßen Mehrheit der ausländischen Frauen aus der Mittelmeerregion gemeint ist, die als Gastarbeiterinnen zu uns kamen) nicht vorschnell zu einer Ideologie über eine vermeintliche Frauensolidarität verbrämt werden.

Die Enttäuschung bei den Ausländerinnen (und Ausländern) darüber, daß sie »Versuchskaninchen« sind, und daß ihnen Freunschaft und soziales Interesse vorgegaukelt werden, obwohl nur Eigeninteresse dahinter steckt, rührt daher.

Wäre es nicht aufrichtiger und wirkungsvoller, wenn diese sozial um einiges bessergestellten Frauen zu ihrer Rolle stünden und zuließen, daß sie rechtlich und sozial benachteiligten Frauen helfen, sie unterstützen und fördern, ohne das »oben« und »unten« zu kaschieren? Und gäbe es nicht viel wirkungsvollere Möglichkeiten der Solidarität, wenn sich die inländischen Frauen in ihrem Land stärker dafür einsetzen würden, daß die Herrschaftsverhältnisse verändert werden, anstatt, wie auf einem Frauenkongreß geschehen, gewerkschaftliche und entwicklungspolitische Forderungen als »Männerpolitik« zurückzuweisen?

Die Weltbevölkerung besteht zu mehr als der Hälfte aus Frauen. Frauen beziehen aber nur ein Zehntel des Welteinkommens, obwohl sie fast zwei Drittel der insgesamt erarbeiteten Stunden mit Arbeitskraft ausfüllen.

Die bessere ökonomische und soziale Stellung der Frauen in den westlichen Industrieländern ist nur möglich, weil die andere Hälfte der Weltbevölkerung einer unvorstellbaren Ausbeutung und Unterdrückung unterworfen ist. Wir Frauen hier wie Frauen in Japan und den USA sind Nutznießerinnen dieser Ausbeutung. Wir leben auf Kosten der Frauen (und Männer) anderswo. Wenn wir für die breite Masse ausländischer Frauen etwas tun wollen, dann sollten sich unsere Aktivitäten vor allem auf den Kampf um gleiche Teilhabe und gegen jene Herrschaftsverhältnisse richten, die nur mit Hilfe von Unterdrückung und Ausbeutung, Gewalt und Krieg auch für die Diskriminierung von Frauen verantwortlich sind.

Anmerkungen

1 Interessengemeinschaft der mit Ausländern verheirateten Frauen e. V. – Verband bi-nationaler Familien und Partnerschaften. Bundesgeschäftsstelle: Mainzer Landstr. 147, 6000 Frankfurt/M 1.

2 *Mamozai:* Herrenmenschen. Frauen im deutschen Kolonialismus

3 *Helga Heinicke-Krabbe/Alice Munscher:* Deutschkurse mit ausländischen Frauen, DJI-Materialien, S. 10; »Je länger ausländische Familien und Frauen in der Bundesrepublik leben, umso unterschiedlicher verlaufen auch ihre persönlichen Lebenswege. ›Gastarbeiterfrauen‹ und die Frauen und Töchter von ›Gastarbeitern‹ sind kaum mehr. . . eine durch wenige Merkmale gemeinsam zu beschreibende Gruppe mit relativ ähnlichen Immigrationsumständen. Die Bedingungen für die Emigration, die Möglickeiten in der Bundesrepublik wie auch Rückkehrwünsche und -voraussetzungen haben sich von Jahr zu Jahr geändert und verschiedene Frauengenerationen, Frauenjahrgänge geschaffen, für die ganz unterschiedliche Lebenssituationen, Anspassungswege, Integrationsvoraussetzungen gelten. Nationale Unterschiede, unterschiedliche (soziale) Herkunft erfordern eine weitere Differenzierung.«

4 Statistisches Bundesamt 1981

5 *Heinicke-Krabbe/Münscher:* Deutschkurse für ausländische Frauen, S. 28 ff. a.a.O.; »Die Länder des Mittelmeerraumes sind heute keine reinen Agrargesellschaften mehr. Sie sind Gesellschaften im Übergang, das heißt, Länder in ständigem Wandel. Dieser Wandel trifft mit wachsender Industrialisierung auf die Produktionsweise ebenso zu wie auf die Institutionen. Er bezieht auch einen kulturellen Wandel mit ein. Diese Entwicklung geschieht jedoch oft über die Köpfe vieler Menschen hinweg – vor allem derer, die am wenigsten am Bildungssystem teilhaben – und das sind immer die Frauen.

So ist der Türkei, Griechenland, Italien, Jugoslawien, Spanien und Portugal gemeinsam, daß ein gravierendes Bildungsgefälle zwischen Stadt und Land und zwischen bestimmten Regionen besteht, das sich noch verschärfend auf die Situation der Frauen auswirkt. . . Je weniger industrielle Arbeitsplätze für Frauen vorhanden sind, umso weniger lohnt sich auch der große Aufwand für die Ausbildung eines Mädchens. Traditionelle Rollenvorstellungen setzen sich so angesichts der realen Berufschancen und der ökonomischen Beschränkungen durch.«

6 Siehe unten, Interview

7 Deutscher Gewerkschaftsbund Köln, Situation ausländischer Familien in Köln, Köln 1984

8 *Ch. Huth/S. Gönencan/M. Groß/C. Mansfeld/W. Tesfa/U. Bechmann/L. Schneider:* Ausländische und deutsche Frauen

9 Evangelische Frauenarbeit in Deutschland (EFD), Institut für empirische Psychologie (IFEP)

10 *Heinicke,* u. a.: Deutschkurse mit ausländischen Frauen, S. 49; »Viele Ehepartner hatten vor ihrer Emigration *nie* so viel miteinander zu tun. Das Haus war Frauensache, es gab immer viele Frauen aus der Familie oder Nachbarschaft, die Haushalts- und Kinderprobleme miteinander besprachen und lösten. Die Männer kümmerten sich in ihrem Kreis um das übrige. In der Emigration sind es nur mehr die Ehepartner, die gemeinsam ihre Sorgen besprechen könnten. Die äußere Bedrohung, Angst um die Aufenthaltserlaubnis oder Arbeitserlaubnis, um Arbeit und Wohnung – trifft sie beide und könnte sie näher zusammenhalten, als das früher der Fall war.

Manche Frauen berichten über diesen engeren Zusammenhalt, denn auch viele Männer sind isoliert, obwohl sie über die Arbeit, die Kneipe oder andere, den Männern vorbehaltene Außenkontakte, mehr Möglichkeiten zu sozialen Verbindungen hätten.«

Literatur

Banck, Rainer: Zur rechtlichen Situation ausländischer Arbeitnehmer, DJI-Materialien, München 1981

Baumgartner-Karabak, Andrea/Landsberger, Gisela: Die verkaufen Bräute. Türkische Frauen zwischen Kreuzberg und Anatolien, Reinsbek 1978

Bundesminister der Inneren (Hrsg.): Ausländerpolitik

Bundesminister für Jugend, Familie und Gesundheit (Hrsg.): Situationsanalyse nichterwerbstätiger Ehefrauen ausl. Arbeitnehmer in der Bundesrepublik, Bad Godesberg 1977

Bundesminister für Arbeit und Sozialordnung (Hrsg.): Situation ausl. Arbeitnehmer und ihrer Familienangehörigen, Repräsentativuntersuchung 1980

Bundesminister für Arbeit und Sozialordnung (Ausländerbeauftragte): Situation ausländischer Arbeitnehmer 1985

Evangelische Frauenarbeit in Deutschland/Institut für empirische Psychologie: Ausländische und deutsche Frauen, 1986

Evanglischer Pressedienst: Ausländische Frauen in der BRD, 7/82

Heinicke-Krabbe, Helga/Alice Münscher: Deutschkurse mit ausländischen Frauen, DJI-Materialien 1983

Holste, Christine: Schwangerschaftsabbrüche bei türkischen Migrantinnen, in: Informationsdienst zur Ausländerarbeit 1/83, S. 65 ff.

Münscher, Alice: Ausländische Frauen. Annotierte Bibliographie. DJI-Materialien, München 1980

Özakin, Aysel: Soll ich hier alt werden? Erzählungen, Hamburg 1982

Scheinhardt, Saliha: Frauen, die sterben, ohne daß sie gelebt hätten, Berlin 1983

WEG MIT DEM §218!
1985: Neue Offensive

Monika Nehr

Selbstbestimmungsrecht der Frauen beim Kinderkriegen?

Gedanken zu der Debatte um die neuen Reproduktionstechnologien

1. »Alte« und »neue« Reproduktionstechnologien

Vereinfacht formuliert gehören zu den Reproduktionstechnologien alle medizinischen Methoden, die in die Fortpflanzung des Menschen eingreifen oder ihrer Kontrolle dienen wie zum Beispiel die Fruchtwasseruntersuchung (Amniozentese), der Ultraschall, die Hormonbehandlung zur Auslösung des Eisprungs, der Kaiserschnitt, die Sterilisation oder die Abtreibung. Keine der »älteren« oder »jüngeren« Reproduktionstechniken wie zum Beispiel die Amniozentese hat für so viel Aufregung gesorgt wie die beiden neuesten. An erster Stelle steht die *In-Vitro-Fertilisation* (IVF), die unter dem Schlagwort »Retortenbaby« bekannt geworden ist. Die entscheidende Neuerung ist die Befruchtung des Eis außerhalb des weiblichen Körpers im Reagenzglas oder genauer in der »Petrischale«. Die IVF ist ein Nebenprodukt der von der Industrie finanzierten *Gentechnik*, die bisher mit Pflanzen und Tieren experimentierte. Die zweite neue Reproduktionstechnik ist die sogenannte künstliche Befruchtung der Frau mit dem Samen des Partners oder eines Spenders (homologe oder heterologe *Insemination*).

Beide neuen Fertilisationstechniken, die unfruchtbaren Frauen oder Männern zu eigenen Kindern verhelfen sollen,

Süddeutscher Rundfunk Bibliothek

wurden zuerst in der Viehzucht angewendet. Daher ist es auch nicht verwunderlich, daß beide Verfahren wahre psychische und physische Torturen für die Frauen bedeuten, und der »Erfolg« in keinem Verhältnis zu den Leiden steht. Bei der IVF werden der Frau Eizellen über den Unterbauch abgesaugt, die später im Reagenzglas mit dem männlichen Samen befruchtet werden. Die Prozedur der Eientnahme ist jedoch mit Risiken belastet. Bisher haben zwei Frauen ihren Kinderwunsch während der Eientnahme mit dem Leben bezahlt.[1] Von den bei IVF entstehenden Embryonen werden immer mehrere in die Gebärmutter zurückverpflanzt (Embryotransfer) in der Hoffnung, daß wenigstens einer ausgetragen wird. Gleichzeitig wird aber das Risiko einer Mehrlingsschwangerschaft eingegangen. Bisher gelingen etwa 10% aller Versuche. Bei der künstlichen Besamung gibt es zwar mehr Erfolge, allerdings wiederholen manche Frauen mehr als drei Jahre jeden Monat diese Prozedur, bis es klappt. Dazu kommen die Hormonbehandlung und ständige gynäkologische Kontrolle.

Mit künstlicher Besamung und In-Vitro-Fertilisation kann der großen Mehrheit der unfruchtbaren Paare nicht geholfen werden. Frauen, die diese Prozeduren trotzdem auf sich nehmen, in der Hoffnung, ihren Kinderwunsch erfüllt zu bekommen, übernehmen damit auch die Funktion eines Gefäßes, in dem herumexperimentiert wird.

Mit der Möglichkeit der IVF bei Menschen tauchen neue Probleme und Gefahren auf. Wie schon erwähnt, entstehen bei dem Befruchtungsvorgang in der Regel mehrere Embryonen. Was geschieht nun mit solchen, die nicht in den Mutterleib verpflanzt werden? Embryonen können eingefroren, beliebig aufbewahrt und in den Mutterleib beliebiger Empfängerinnen transferiert werden – und zumindest theoretisch steht der menschliche Fetus für die experimentelle Genforschung zur Verfügung. Da die Gentechnik für solche Experimente auf weit mehr Embryonen angewiesen wäre als bei den »Retortenbabies« abfallen, wäre sie auf die Frauen als Eierlieferantinnen angewiesen, um für eigene Zwecke Embryonen züchten zu können. Schon für die Retortenbabyerzeugung wird durch hormonelle Stimulierung versucht, mehrere Eier auf einmal heranreifen zu lassen. Da in der Regel während eines weiblichen Zyklus nur ein Ei reift, nennt man die durch hormonelle Stimulierung erfolgten Ovulationen auch »Superovulationen«. Für die Embryonenzüchtung würden unzählige Superovulationen benötigt, um entsprechend viele reife Eier aus den Eierstöcken entnehmen zu können.

Sorge bereitet noch eine weitere aus der Gentechnik stammende Reproduktionstechnologie, das sogenannte *Klonen*: Eine Eizelle wird entkernt und mit dem Zellkern einer beliebigen Körperzelle befruchtet. Die Eizelle wird »getäuscht«, indem ihr eigener Zellkern mit allen genetischen Informationen entfernt und durch den eines Klonspenders ersetzt wird. So können identische – geklonte – Nachkommen produziert werden. Vom Klonen verspricht man sich große Möglichkeiten für die Viehzucht. Bisher ist das Klonen allerdings erst bei Mäusen und einer Froschart gelungen. Trotzdem wird schon über das Klonen von Menschen spekuliert und debattiert. Angeregt dazu hat vor allem das Buch »In His Image« von D.M. Rorvik. Darin beschreibt der amerikanische Wissenschaftsjournalist 1977 die Geschichte eines geklonten Millionärssohnes. Er bleibt allerdings jeden wissenschaftlichen Beweis für seine Behauptung schuldig, daß zum ersten Mal ein Mensch geklont wurde, und sein Buch gehört daher vorerst in den Bereich der Science fiction. Dennoch ist es nicht verfrüht, jetzt schon vor dem Klonen als Reproduktionstechnologie für die Menschenzucht zu warnen.

Auf die vielfältigen anderen Anwendungsgebiete der Gentechnik wie z. B. in den Bereichen Biotechnik, Landwirtschaft, Umwelt, Gentherapie soll hier nicht näher eingegangen werden. Ich beschränke mich auf Reproduktionstechnologien, die heute die Frauen betreffen und bewegen.

»Reproductive Freedom« heißt die Forderung der amerikanischen Frauenbewegung, die so viel bedeutet wie »Selbstbestimmungsrecht beim Kinderkriegen«. Ich möchte untersuchen, ob und wie die Debatte um die neuen Reproduktionstechnologien uns in dieser Frage weiterbringt.

2. Widersprüche

Seit Anfang 1985 ist die in der Frauenbewegung manchmal sehr emotional geführte Debatte um die neuen Gen- und Reproduktionstechnologien auch nachzulesen.[2] Frauen haben Konferenzen und Aktionswochen organisiert, die Grünen Frauen bereiten für Ende dieses Jahres eine Gesetzesinitiative gegen diese Technologien vor, die sie als menschenfeindlich und frauenverachtend hinstellen. Schon im Jahre 1984 wurde das Feministische Internationale Netzwerk gegen Neue Reproduktionstechnologien (FINNRET) gegründet, um den internationalen Frauenwiderstand zu organisieren.

Die scheinbar rationale Kritik unter männlichen Experten bezieht sich vorwiegend auf die Gefahren durch Gen-*Manipulationen* bei Pflanzen, Tieren und Menschen. Die neuen Reproduktionstechnologien sehen sie häufig als gutgemeinten, aber nicht sehr effizienten Versuch, unfruchtbaren Frauen zu helfen. Eine typische Männerperspektive?

Frauen fühlen sich aber von diesen schon realisierbaren und noch mehr von den *potentiellen* Möglichkeiten der neuen Reproduktionstechniken direkt bedroht. Es sind im übrigen nicht die *Opfer* der neuen Reproduktionsmedizin, die sich zu Wort melden, sondern Frauen aus der Bewegung, deren visionäre Phantasie schon bei so bedrohlich klingenden Formulierungen wie *Enteignung der Mutterschaft* angekommen sind; *Eierdiebe* werden die Ärzte geschimpft, die den Frauen Eizellen absaugen und sie im Reagenzglas befruchten. Um daraus Menschen heranreifen zu lassen, müssen die durch Zellteilung entstandenen Embryonen in eine Gebärmutter zurückverpflanzt werden. Die künstliche Gebärmutter gibt es noch nicht. Dennoch wird schon vorsorglich die Parole ausgegeben »*Meine Gebärmutter gehört mir*«.

Aber hatte nicht Shulamith Firestone, eine der radikalsten Vordenkerinnen der neuen Frauenbewegung, schon vor Jahren eine positive Vision von »enteigneter Mutterschaft«? Sah sie doch die Möglichkeit der Schwangerschaft außerhalb des eigenen Körpers auch als Entlastung und ein Stück Selbstbestimmung. Aber Firestones radikale Visionen von der befreiten Frau stehen heute nicht zur Debatte. Heute geht es um die Abwehr patriarchalischer Eingriffe in die weibliche Gebärfähigkeit. Und die Ablehnung der *neuen* Reproduktionstechnologien gibt Anlaß für die radikale Kritik an der gesamten Reproduktionsmedizin. Aber mit den abwehrenden Argumenten wird häufig das Kind mit dem Bade ausgeschüttet, indem fast *jede* reproduktionsmedizinische Hilfe mit widersprüchlichen Begründungen abgelehnt wird.

So wird im gleichen Atemzug das uneingeschränkte Recht auf Abtreibung gefordert, aber z. B. die Abtreibung eines mongoloiden Fetus aufgrund einer Amniozentese mit Euthanasie gleichgesetzt. Weil in Indien die Fruchtwasseruntersuchung auch angewendet wird, um das Geschlecht des Embryos zu bestimmen, um ihn im Falle seiner Weiblichkeit abzutreiben, wird diese Methode der Früherkennung genetischer Störungen generell als brutales patriarchalisches Instrument abqualifiziert.

Die rationale Kritik an den Bedingungen der Amniozentese bei uns braucht dann nicht mehr stattzufinden: Die Krankenkassen übernehmen die Kosten dieser Untersuchung nur für Frauen ab dem 35. Lebensjahr, obwohl die Mehrheit der behinderten Kinder von jüngeren Frauen geboren wird. Nehmen wir einmal an, alle besorgten Frauen würden auf der Fruchtwasseruntersuchung bestehen – es stünden längst nicht genügend Laboratorien und Fachleute für diese komplizierte Untersuchung zur Verfügung. Die Kapazitäten unserer Gesundheitsversorgung reichen schlichtweg nicht aus. Ein anderer Kritikpunkt ist der relativ späte Zeitpunkt der Schwangerschaft, zu dem die Amniozentese durchgeführt werden kann. Das bedeutet im Falle einer diagnostizierten Behinderung des Fetus, daß ein Schwangerschaftsabbruch nur über die Einleitung der Fehlgeburt möglich ist.

Aber anstatt Ursachenforschung von Behinderungen und die Entwicklung besserer diagnostischer Verfahren zur Früherkennung genetischer Störungen zu fordern, propagieren viele Frauen aus der Bewegung Natürlichkeit und Privatheit des Kinderkriegens und beschwören die Unantastbarkeit von Schwangerschaft und Geburt.

Dieses Argumentationsmuster stammt aus der Abwehr der neuen Fertilisationtechniken, vor allem der IVF und auch der Leihmutterschaft. Zwar wird auch vage Ursachenforschung von Unfruchtbarkeit gefordert, doch im Mittelpunkt der Kritik steht nicht die patriarchalische Gesundheitspolitik, die für solche Forschungen kaum Geld ausgibt, sondern die unfruchtbare Frau mit ihrem Kinderwunsch. Sie solle sich doch mit ihrer Unfruchtbarkeit abfinden oder einfach ein Kind adoptieren, lautet die Botschaft. Es kann an dieser Stelle nicht näher auf die diskriminierenden und für viele unüberwindlichen Adoptionshindernisse eingegangen werden. Aufgeschreckt durch die potentiellen Möglichkeiten der neuen Gentechniken geraten viele kritische Frauen in Panik und übersehen dabei, wie sie zum Beispiel unfruchtbare Frauen bevormunden, ohne je mit ihnen gesprochen zu haben, um möglicherweise Einblick in ihre Motive zu bekommen, sich den neuen Reproduktionstechnologien auszuliefern.

Das soll nicht heißen, den Kinderwunsch als »ureigenes biologisches Bedürfnis« zu sanktionieren und seine gesellschaftliche Dimension zu leugnen. Auch ist die Frage berechtigt, ob Frauen, die große Risiken für ein *eigenes* Kind einzugehen bereit sind, nicht möglicherweise Opfer eines verinnerlichten patriarchalen Gebärzwanges sind.

Wir müssen jedoch den Widerspruch erkennen, der darin besteht, daß die Frauenbewegung und mit ihr viele andere Menschen Retortenbabies und Leihmütter zu Recht ablehnen, während die Nachfrage nach künstlicher Besamung und Befruchtung in der Retorte (IVF) ständig steigt. Wenn solche Frauen glauben, ihr Selbstbestimmungsrecht auf Kinderkriegen auf diese Weise durchsetzen zu können, werden sie sich sicher nicht mit der Aufforderung, Unfruchtbarkeit als ihre Natur zu akzeptieren, zufrieden geben und sich anderen Lebensplänen zuwenden.

Und wie begründen kritische Frauen ihre Ablehnung der sogenannten Leihmutterschaft? Eine Ärztin hat kürzlich das Austragen eines künstlich befruchteten Eis durch eine Leihmutter (Embryo-Transfer) deswegen öffentlich verurteilt, weil sich das heranwachsende Kind im Mutterleib an den Herzschlag der Leihmutter gewöhne, nach der Geburt aber dem fremden Herzschlag der Eispenderin (seiner Ei-Mutter) ausgesetzt sei. Dies könne das Urvertrauen nachteilig stören.[3] Solche biologistischen Argumente sind in ihrem Kern sogar reaktionär, weil sie die Mutter-Kind-Dyade verewigen und allen Kindern, die nicht von ihren leiblichen Müttern erzogen werden, eine seelisch gestörte Entwicklung prognostizieren.

Von ganz anderer Art sind die Widersprüche, die Männer produzieren. Fast ausnahmslos neigen die kritischen Experten der Medizin, Biologie oder Rechtsphilosophie eher zu einem vorsichtigen Arrangement zwischen technischem Fortschritt und der gesellschaftlichen Realität. Weil diese aber immer noch patriarchalisch strukturiert ist, soll das folgende Beispiel illustrieren, was dabei herauskommen kann:

Ein »Mitstreiter« versucht das Problem der Leihmutterschaft in den Griff zu bekommen.[4] Er fordert zunächst rechtliche Regelungen zwischen Leihmutter und Auftraggebern. Hier sei nur daran erinnert, wie »rechtliche Regelungen« in diesem heiklen Bereich aussehen können. 1983 ist beispielsweise für die *heterologe Insemination* folgende Regelung gesetzlich festgelegt worden:

Ehemänner, die zunächst mit der heterologen Besamung ihrer Ehefrau einverstanden waren, können innerhalb von zwei Jahren nach der Geburt des Kindes ihre zunächst gewollte *soziale* Vaterschaft zurückziehen. Dann bleibt es der Frau überlassen, ob sie nach dem Samenspender, dem *biologischen* Vater, forscht, um bei ihm gesetzliche Vaterpflichten und Erbansprüche einzuklagen. Die Absurdität dieser frauenverachtenden Regelung hat ihre Quelle im Vaterrecht des Alten Rom. Zu dieser Zeit konnten Väter sogar ihre biologischen und *ehelichen* Kinder noch zwei Jahre nach der Geburt verstoßen, sie für unehelich erklären. Die Mutter hatte nichts zu sagen.

Als nächstes soll die Kommerzialisierung von Leihmutterschaft ausgeschlossen und eine ähnliche Regelung wie bei der Adoption getroffen werden.

Aber welche anderen Motive, als über finanzielle Notlagen hinwegzukommen, können Frauen haben, die die großen Belastungen und Risiken der Leihmutterschaft auf sich nehmen? Der Vergleich mit der *Adoption* erscheint mir ziemlich abwegig! Es ist doch für eine Frau etwas völlig anderes, wenn sie ungewollt schwanger wird, das Kind – aus welchen Gründen auch immer – trotzdem austrägt und dann zur Adoption freigibt, als wenn sie sich bereit erklärt, (bezahlte) Leihmutter zu werden.

Als Drittes will unser Mitstreiter verhindert wissen, daß Frauen aus Karrieregründen oder Eitelkeit eine Leihmutter mieten. Ich halte diese Forderung für eine frauenfeindliche Unterstellung, die das Problem Unfruchtbarkeit und Kinderwunsch völlig verdreht.

Die Haltung zur Leihmuttermutterschaft ist auch offiziell bei uns widersprüchlich und umstritten. So soll zwar entsprechend den Empfehlungen der von der Regierung eingesetzten Benda-Kommission weder Menschenzucht noch Leihmutterschaft erlaubt sein. Doch hinken allein in der Leihmutterfrage solche Kommissionen hoffnungslos den Realitäten hinterher: In der Bundesrepublik gibt es bereits mindestens 24 Vermittlungsstellen für Leihmütter. Eine Frau, die ihre Gebärmutter zur Verfügung stellt, bekommt dafür bis zu 30 000 DM, der Vermittler kassiert noch einmal dieselbe Summe. In den USA ist die Leihmutter-Vermittlung offiziell erlaubt. Außerdem gibt es Samenbanken und Embryodepots.

Während die Leihmutterfrage vorwiegend aus moralischen Gründen sehr umstritten ist, werden Retortenbabies als Erfolg der Wissenschaft gefeiert. In der Charité in Berlin (Ost) kamen bereits Ende 1984 die ersten »Reagenzglasbabies« zur Welt. Hüben wie drüben wird behauptet, daß die komplizierten und teuren Verfahren nur angewendet werden, um unfruchtbaren Eltern zu Kindern zu verhelfen. Auch wenn dieses Motiv auf einige Mediziner zutrifft, so wird doch von allen die entscheidende Dimension heruntergespielt: die Leiden der Frauen, die sich solchen Prozeduren unterziehen und trotzdem in der übergroßen Mehrheit (90%!) keine Kinder kriegen.

Sicher ist, daß der Geburtenrückgang in den meisten westlichen Ländern mit den neuen Reproduktionstechnologien nicht beeinflußt werden kann. Trotz pronatalistischer Propaganda sinkt die Geburtenrate in der Bundesrepublik weiter. Mehr noch, wir haben international gesehen die niedrigste Geburtenhäufigkeit.

In dieser Situation nun erinnert sich die Regierung zusammen mit konservativen Kräften in der Gesellschaft an den *§ 218 des Strafgesetzbuches*, um ihn als *Instrument der Geburtenregelung* wieder zu reaktivieren. Dabei mag es zwar tröstlich sein, daß selbst die Junge Union auf ihrem diesjährigen Deutschlandtag einstimmig gegen gesetzgeberische Initiativen votiert hat, die den reformierten § 218 unterlaufen. Ebenso hat sich bislang die neue Familienministerin Süssmuth dagegen ausgesprochen. Dennoch ist dieses kleine Stück Selbstbestimmungsrecht der Frauen aufs gefährlichste bedroht, zumal es sich in einigen Teilen unseres Landes noch kaum durchsetzen konnte. Dabei hat eine vergleichende Studie[5] nachgewiesen, daß ausgerechnet jene Länder mit hoher Geburtenzahl eine freizügige Schwangerschaftsabbruchpraxis aufweisen.

Ich möchte jedoch in diesem Zusammenhang den Widerspruch betonen, der in der Tolerierung gentechnologischer Experimente an überflüssigen IVF-Embryonen zu medizinischen Zwecken und dem fast gleichzeitig einsetzenden Versuch besteht, Schwangerschaftsabbruch mit dem Hinweis auf den *Schutz des ungeborenen Lebens* zu verhindern.

3. Kinderkriegen – Glückssache?

Die widersprüchliche Debatte scheint festgefahren. Die Frauen in der Bewegung lehnen die neuen Reproduktionstechnologien radikal ab und berufen sich dabei wieder auf die Natürlichkeit und Unantastbarkeit von Schwangerschaft und Geburt, die es zu bewahren und zu verteidigen gilt. Bis auf den Schwangerschaftsabbruch werden bei der Gelegenheit auch andere reproduktionsmedizinische Eingriffe in die Schwangerschaft wie zum Beispiel die Amniozentese an den Pranger gestellt.

Während die futuristischen Möglichkeiten der Genmanipulation beim Menschen vor allem als Horrorvisionen von gezüchteten Funktionsmenschen gehandelt werden, machen Retortenbabies überall in der Welt Schlagzeilen und werden als Erfolg der Wissenschaft gefeiert.

Aber ob Zustimmung oder Abwehr – bei der Debatte völlig aus dem Blick geraten sind die *alltäglichen* Risiken von Schwangerschaft und Geburt, die sich weder mit dem Hinweis auf die Natürlichkeit dieser Vorgänge noch mit der bisher praktizierten Geburtsmedizin oder gar mit den neuen »Technologien« beheben lassen. Werfen wir einen Blick auf einige der Risiken, die Frauen eingehen, wenn sie sich *für* das Austragen einer Schwangerschaft entscheiden!

Das weitaus häufigste Risiko sind Fehlgeburten, die zwar nirgendwo registriert werden und auch in den Statistiken nicht enthalten sind. Es gibt auch keine genau ausformulierte Definition von seiten der WHO (Weltgesundheitsorganisation). Es handelt sich aber meistens um spontane Aborte vor der 28. Schwangerschaftswoche. In der Regel sind es Frühaborte vor der 11. oder 12. Woche. Konservative Schätzungen gehen von mindestens 400 000 (!) Fehlgeburten im Jahr bei uns aus. Und das bei einer durchschnittlichen Geburtenrate von 650 000 pro Jahr.

Was bedeuten Spontanaborte für die betroffenen Frauen? Über die psychosozialen Folgen z. B. gibt es bei uns keine repräsentativen Untersuchungen. Eine in England von drei Frauen unternommene Studie[6] gibt erste Aufschlüsse. Viele Frauen erleben die Fehlgeburt, und vor allem die Umstände, unter denen sie sich ereignet, als schlimm und folgenreich für ihre weitere Entwicklung. Bei mehreren Fehlgeburten verzweifeln viele Frauen und werden depressiv. Das Schlimme an solchen Fehlgeburten ist, daß sie häufig in einer als medizinisch intakt beurteilten Schwangerschaft auftreten und die Frauen in den allermeisten Fällen von ihr überrascht werden. Über Ursachen und Entstehung von Fehlgeburten in der Frühschwangerschaft ist bisher wenig bekannt. Entsprechend gering sind die Möglichkeiten, eine gefährdete Schwangerschaft so früh wie möglich zu erkennen. Auch ist eine zielorientierte Forschung, zumindest für eine rechtzeitige Abortdiagnostik, noch nicht einmal im Ansatz zu erkennen.

Ein ebenso trauriges Kapitel ist die sogenannte *perinatale Säuglingssterblichkeit*. Dazu gehören Totgeburten und Säuglingstod in den ersten Lebenstagen. 1982 gab es elf solcher Fälle pro 1000 Geburten.[7] Insgesamt starben 6782 Säuglinge im ersten Lebensjahr. 1983 waren es zwar »nur« noch 6099 Kinder, aber rund 1/3 dieser Todesfälle ist auf den sogenannten »plötzlichen Kindstod« zurückzuführen, dessen Tendenz wiederum steigend ist.[8] Im internationalen Vergleich steht die BRD weitaus schlechter da, als die meisten ihrer Nachbarländer. Ebenso steht es mit der Müttersterblichkeit. Bereits 1977 gibt die (SPD-)Bundesregierung zu, daß – gemessen an den Möglichkeiten eines hochindustrialisierten Landes für die Verringerung der Mütter- und Säuglingssterblichkeit – in der BRD noch nicht einmal der Stand erreicht ist, der erreichbar wäre.[9] Und heute? Perinatale Forschungszentren z. B. sind mit der Lupe zu suchen, ganz abgesehen davon, daß kaum Frauen in der gynäkologischen Forschung zu finden sind; die Beeinträchtigung der Hebammentätigkeit in den Kliniken steht auf dem Plan, und die Kürzungen im Gesundheitshaushalt lassen keine Wende zum Besseren erhoffen, im Gegenteil!

Daß allein 15 000 Kinder jährlich aufgrund von ärztlichen Kunstfehlern mit körperlichen und geistigen Behinderungen geboren werden, liegt auch an der mangelhaften Ausbildung und Überforderung des Personals.[10]

In dieser Situation sind die »Errungenschaften« der neuen Reproduktionstechnologien nicht mal der berühmte Tropfen auf den heißen Stein. Sie sind vielmehr ein Hohn! Nach neueren UNESCO-Untersuchungen sind 10-15% aller Menschen in den *industrialisierten* Ländern unfruchtbar. Ganz abgesehen davon, daß mit künstlicher Besamung und IVF der großen Mehrheit der unfruchtbaren Menschen nicht geholfen werden kann, stehen diese Technologien wegen der hohen Kosten sowieso nur ganz wenigen zur Verfügung. Auch können sie Unfruchtbarkeit nicht beheben. Daher müßte dringend *Ursachenforschung* betrieben werden.

Aus frauenbewegter Sicht reicht es nicht aus, unfruchtbare Frauen nur zum Verzicht auf Kinder aufzufordern. Auch der Hinweis auf den Geburtenüberschuß in der sogenannten Dritten Welt kann Frauen bei uns sicher nicht von ihrem Kinderwunsch abbringen.

Ich meine, das Recht der Frau, *keine* Kinder zu haben oder eine ungewollte Schwangerschaft abbrechen zu lassen, gehört ebenso zu ihrer Selbstbestimmung wie das Recht, ein Kind zu kriegen. Beide Rechte stehen den Frauen nur sehr unvollkommen zur Verfügung. Es ist daher an der Zeit, daß wir in der Frauenbewegung anfangen, den sogenannten Reproduktionsbereich im Zusammenhang zu diskutieren. Der Kampf für das Recht auf Abtreibung muß mit der Abwehr der neuen Reproduktionstechnologien ebenso verbunden werden wie mit dem Recht aufs Kinderkriegen. Was aber macht eine »Wende« in der Debatte so schwierig?

4. Plädoyer für eine Wende in der Debatte

Während die Kampagne um den § 218 von Frauen initiiert und

mitgetragen wurde, die selber abgetrieben hatten, fehlen zum Beispiel in der Abwehrfront gegen die neuen Reproduktionstechnologien die betroffenen Frauen. Aber es geht ja auch in dieser neuen Kampagne nicht um unfruchtbare Frauen, sondern gegen patriarchalische Eingriffe in die Gebärautonomie der Frauen. Frauen, die sich mit ihrer Unfruchtbarkeit nicht abfinden wollen und es mit künstlicher Besamung oder gar Reagenzglasbefruchtung versuchen, werden sogar Mittäterinnen und Erfüllungsgehilfinnen bei der patriarchalen Enteignung der Mutterschaft genannt.[11] Wie aber lautet die Botschaft? Der einzig erlaubte Eingriff in die Natur der Frau ist die Abtreibung? Für alle, die Kinder kriegen, soll das volle Risiko als natürlich akzeptiert werden? Und alle, die Kinder wollen und keine kriegen, sollen sich damit abfinden?

Die berechtigte Kritik an den Bedingungen der heutigen Geburtshilfe wie auch an den neuen Reproduktionstechnologien führt aber nicht dazu, eine Umorientierung in diesen Bereichen der Gynäkologie zu fordern. Die Frauen werden aufgefordert, sich jedem Eingriff in ihre wie auch immer geartete Fruchtbarkeit zu entziehen. Sollen weibliche Sexualität und Fruchtbarkeit der »dunkle Kontinent« bleiben, um es mit einem Freudschen Bild zu sagen?

Auch feministische Wissenschaftlerinnen werden aufgefordert, sich nicht an der Entwicklung von Reproduktionstechnologien zu beteiligen. Gilt das auch für die Verhütung oder Abtreibung, die Abortdiagnostik, die Verhinderung von Säuglings- und Müttersterblichkeit oder eine frauenfreundliche Therapie von Unfruchtbarkeit? Feministische Wissenschaftlerinnen hätten doch gerade hier (und auch anderswo) jede Menge zu tun!

Frauen sind die Expertinnen des Lebens, wie es immer so schön heißt – aber wir kommen in der Gynäkologie fast nur als Objekte vor. Wenn wir über das Kinderkriegen wirklich selber bestimmen wollen und Gebärautonomie ernst meinen, dann kommen wir nicht umhin, uns in die Forschung und die Gesundheitspolitik einzumischen. Mir fällt keine bessere Forderung ein als »feministische Wissenschaftlerinnen – rein in der Gynäkologie«! Und damit sie in dem patriarchalischen Betrieb nicht untergehen, brauchen sie die starke Unterstützung und Mitarbeit der Frauen aus einer starken Bewegung.

Zur Zeit findet die große Verdrängung der Frauen aus der Gynäkologie statt, oder genauer gesagt, es werden wegen Arbeitslosigkeit und erhöhtem Konkurrenzdruck noch weniger Frauen als bisher in die fachärztliche Ausbildung für Gynäkologie aufgenommen. Frauen könnten wegen Schwangerschaft ausfallen, da ist ein Mann doch praktischer – solche Gründe stehen zwar nicht in den Ablehnungsschreiben an Bewerberinnen, sie sind aber bekannt.

Um wieviel schwieriger wird es für *feministische* Ärztinnen sein! Aber zur Zeit hätten solche Frauen auch kaum Unterstützung aus der Frauenbewegung. Dort müßte die Umorientierung und Reflexion erst einmal beginnen. Wir müßten uns Gedanken machen, wie eine »andere« Forschung und Praxis in der Geburtshilfemedizin aussehen sollte. Wir müßten ernsthaft darüber beraten, welche Reproduktionstechnologien verbessert werden können und welche wir ablehnen müssen. Und wir würden solche Debatten nicht ohne die betroffenen Frauen machen. Wir würden zu ihnen gehen, wenn sie sich zu uns nicht trauen. Wir würden auch die Berichterstattung über Frauen, die sich den neuen Reproduktionstechnologen ausgeliefert haben, nicht dem *Stern* oder *Spiegel* überlassen. Und wir würden uns besonders für die Erfahrungen derjenigen Frauen interessieren, die trotz der tierischen Prozeduren kein Kind bekommen haben, denn sie repräsentieren die Mehrheit der »Fälle«: Statt sie in die Ecke der Mittäterinnen abzuschieben, ließe sich mit ihren Berichten mehr Aufklärung für andere Frauen erreichen.

Wir würden zu allen Bereichen der menschlichen Fortpflanzung frauenbezogene Forderungen entwickeln, die von ungefährlichen und sicheren Verhütungsmitteln über schonende Abtreibungsverfahren oder gezielte Abortdiagnostik bis zur ganzheitlichen Erforschung der Unfruchtbarkeit oder Fehlgeburt reichen. Wir würden die Einrichtung perinataler Zentren fordern, die mindestens paritätisch mit Ärztinnen besetzt sind. Dort sollten auch die Gründe für die hohe perinatale und Säuglingssterblichkeit zusammen mit betroffenen Frauen untersucht werden. Eines der wichtigsten Ziele könnte sein, zu verhindern, daß Frauen durch das Kinderkriegen sterben.

Wir würden aber auch versuchen, die *Praxis* von heute zu verändern. Die quantitative und qualitative Versorgung aller Schwangeren sollte ab sofort dem Standard bei Privatpatientinnen entsprechen.

Wir würden eine bessere und verbindliche Aus- und Fortbildung in perinataler Medizin und Psychologie fordern. 50% der Ausbildungsplätze in der Gynäkologie, insbesondere in der Geburtshilfe, sollten durch Quotierungsregelungen für Frauen reserviert werden.

Wir würden fordern, daß mehr und noch besser ausgebildete Hebammen den Schwangeren zur Seite stehen können.

Wir würden eine Umorientierung in der Gesundheitspolitik fordern und verlangen, daß die Gelder, die unsere Regierung für die Wissenschaft vom Töten mit Massenvernichtungsmitteln ausgibt, in zivile Bereiche umgeleitet werden und ein weitaus größerer Anteil als bisher für Forschung und Praxis des Kinderkriegens ausgegeben wird. Dann bräuchten wir uns nicht mehr mit den »Abfallprodukten« aus der Gentechnik oder anderen Disziplinen auseinanderzusetzen, sondern würden frauenfreundliche Methoden der Reproduktion und Geburtshilfe vorfinden.

Ich gebe zu, daß diese scheinbar vernünftig klingenden Vorschläge und Forderungen angesichts der *herr*schenden Machtverhältnisse in allen Bereichen der Gesellschaft nur schwer zu verwirklichen sind. Sie gehören jedoch endlich auf die Tagesordnung der Frauenbewegung. Wir würden uns dann nicht mehr auseinanderdividieren (lassen) in dieser existenziellen Frauenfrage, sondern könnten endlich zusammen mit den Frauen, die »nur« gegen den § 218 oder »nur« gegen die neuen Reproduktionstechnologien kämpfen, gemeinsame Wege suchen, die den »Reproduktionsinteressen« aller Frauen gerecht werden.

Ich danke Ute Osterkamp (vgl. ihren Beitrag) u. a. für ihren Hinweis auf die mangelnde Problematisierung der *Kinderwunschfrage*. Ich konnte dennoch nur sehr kurz auf das Thema eingehen, weil es – so meine ich – den Rahmen meiner Ausführungen »sprengen« würde. Ich denke, das Thema Kinderwunsch ist einen eigenen Beitrag wert. Vorerst verweise ich in dieser Frage auf Barbara Sichtermann.

J. W. Dudenhausen (Arzt und Hochschullehrer für perinatale Medizin) danke ich für die kritische Durchsicht des Manuskripts. Für *die feministische* Tendenz meines Beitrages bin ich allein verantwortlich.

Anmerkungen

1 Über die beiden Todesfälle, sonstige Risiken bei IVF und über Allmachtsphantasien der Reproduktionstechniker berichtet *Gena Corea* in ihrem neuesten Buch »Muttermaschine«, Berlin 1986. Im Magazin *Der Stern* erschien bereits in der Nr. 23/1984 eine kritische Reportage über die neuen Reproduktionstechnologien. *Der Spiegel* berichtet im März 1986 ebenfalls kritisch über die Erfinder und Anwender der IVF und ihre »Opfer«.

2 Populär geworden ist die deutsche Ausgabe des Sammelbandes »Retortenmütter« von *Rita Arditti, Renate Duelli-Klein und Shelley Minden,* Reinbek 1984. »Frauen gegen Gentechnik und Reproduktionstechnik« heißt die Dokumentation des gleichnamigen Kongresses, der im April 1985 in Bonn stattfand. Der Sammelband, den die Grünen Frauen herausgeben, ist 1986 im Kölner Volksblatt Verlag erschienen.

Einen fundierten Bericht zum gesamten Themenkomplex habe ich in Konsequent 1/86 gefunden: *Monique Dorang, Sophie Leisegang und Emma Schönholz* »Eingriff in die Natur und in die Natur des Menschen«.

3 So jedenfalls wird die Präsidentin der Ärztekammer Schleswig-Holstein, *Ingeborg Retzlaff*, in der Frankfurter Rundschau vom 20. 3. 1986 zitiert.

4 Der »Mitstreiter« heißt *Kurt Bayertz*; der Artikel »Retortenbabies und Leihmütter« ist in der DVZ/tat vom 1. 2. 1985 erschienen; in einem anderen Beitrag »19 moralische Argumente gegen das Retortenbaby«, im FORUM Wissenschaft Nr. 4/Dez. 1985 abgedruckt, befürwortet er – trotz anderslautendem Titel – IVF u. a. als Therapie neurotisch gewordener, unfruchtbarer Frauen, lehnt allerdings Leihmutterschaft als Therapie entschieden ab.

5 *Evert Kettig, Philip van Praag*: Schwangerschaftsabbruch – Gesetz und Praxis im Ländervergleich. Tübinger Reihe 5, Deutsche Gesellschaft für Verhaltenstherapie, München 1985.

6 *Ann Oakley, Dr. Ann McPherson, Helen Roberts: Miscarriage*, Fontana Paperbacks 1984, William Collings Sons & Co. Ltd., Glasgow.

7 Daten des Gesundheitswesens – Ausg. 1983 – Band 152, Schriftenreihe des Bundesministers für Jugend, Familie und Gesundheit, Kohlhammer, Stuttgart 1983, S. 154.

8 Säuglingssterblichkeit war eines der Hauptthemen des Deutschen Kongresses für Perinatale Medizin, der im Dez. 1985 in Berlin (West) stattfand.

9 Mütter- und Säuglingssterblichkeit, Band 67, Schriftenreihe des Bundesministers für Jugend, Familie und Gesundheit, Kohlhammer, Stuttgart 1978, S. 59.

10 Die Zahl stammt vom »Arbeitskreis Kunstfehler in der Geburtshilfe« (AKG); vgl. Frankfurter Rundschau vom 23. 6. 1986.

11 *Dr. paed. Sigrid Haase* in ihrem Vortrag »Reproduktionstechnologien: Rationalisierung und Rationalität weiblicher Fruchtbarkeit« am 27. 5. 1986 in der Freien Universität Berlin.

Kiefernbrüche,
Schnittver-
letzungen,
Würgemale-
interessiert das
das Bezirksamt
nicht?

Ute Osterkamp

Alltägliche Gewalt gegen Frauen

1.

Die Gewalt, die insbesondere Frauen in unserer Gesellschaft erfahren, ist vielfältig. Sie geht von mehr oder weniger indirekten Formen der Entmündigung, Einschüchterung bis zur physischen Gewaltanwendung, wenn die Frauen nicht mehr bereit sind, die »natürliche« Überlegenheit der Männer anzuerkennen und sich mit ihrer dienenden, dem Manne untergeordneten Rolle abzufinden. Zur Spezifik der kapitalistischen Verhältnisse, d. h. der Wahrung des Scheins der Freiheit und Freiwilligkeit bei realer Abhängigkeit und Ausbeutung, gehört die Verinnerlichung der Gewalt, der gemäß Menschen – unter der Drohung ihres Ausschlusses aus der »menschlichen Gemeinschaft« oder Bezugsgruppe – der äußeren Gewalt durch ihr Wohlverhalten zuvorkommen. Dieses »zuvorkommende« Wesen wird den Frauen, als deklarierten Hüterinnen der familialen und gesellschaftlichen Harmonie, im besonderen Maße abverlangt. Die Basis hierfür ist die ihnen aufgezwungene Abhängigkeit vom Mann.

Die gegen Frauen geübte Gewalt und deren Verinnerlichung bzw. Verschleierung ist zur Erhaltung der herrschenden Verhältnisse unentbehrlich: Frauen springen tröstend und helfend ein, wo der Mann in Not oder Not am Mann ist, und ziehen sich diskret zurück, wenn sie nicht mehr gebraucht werden. Sie haben – neben der Kinderpflege und -erziehung – vor allem die physische und psychische Reproduktion des Mannes zu gewährleisten, sein verwundetes Selbstwertgefühl wieder aufzurichten, ihm Stütze, Mutter und Kind zu sein, ein Wesen, das nur für sein Fortkommen lebt und das er zugleich gemäß seinen Vorstellungen und Bedürfnissen beanspruchen und »prägen«, das ihm zur Ehre, aber auch zur Schande gereichen kann und entsprechend zurechtgebogen werden muß etc. etc. Auf diese Funktionen werden Frauen von frühester Jugend an festgelegt und eingeengt.

Die Erziehungs-und Reproduktionsarbeit der Frauen wird im allgemeinen nicht als Arbeit, sondern als spontaner Ausdruck tätiger Liebe und ihrer natürlichen Wesensart gefaßt. Die Verweigerung dieser Funktionen gilt als widernatürlich. Zugleich müssen Frauen aber für den Fall, daß der Mann für den privaten Unterhalt und die gesellschaftliche Produktion (etwa in Kriegszeiten) ausfällt, von heute auf morgen ohne jede besondere Vorbereitung, Unterstützung und Schonung »ihren Mann stehen«. Genauer, sie müssen weit mehr als das: sie haben die Mehrfachbelastung von Haus-, Erziehungs- und Berufsarbeit (die gewöhnlich unter besonders diskriminierenden Bedingungen geschieht) zu leisten, ohne daß zuhaus ein Mensch auf sie wartet, dessen wesentliche Funktion darin besteht, sie wieder aufzurichten. Im Gegenteil: selbst dort, wo die Berufstätigkeit der Frauen für die familiale und gesellschaftliche Reproduktion unentbehrlich ist, muß sie immer wieder gegen mehr oder weniger latente Widerstände und Verdächtigungen durchgesetzt werden. Die »Toleranz« gegenüber der Berufstätigkeit der Frauen hört – im familialen und im gesellschaftlichen Bereich – im allgemeinen da auf, wo Frauen sich nicht mehr mit der ihnen zugewiesenen Hilfs- und Zuarbeitsfunktion begnügen, sondern sich für den Inhalt und die gesellschaftspolitischen Zusammenhänge ihrer Arbeit zu interessieren beginnen und die ihrer Leistung entsprechenden Positionen und Einflußmöglichkeiten auf den gesellschaftlichen Entwicklungsprozeß beanspruchen und anstreben.

Die Gewalt gegen Frauen besteht nicht nur in der massiven Beschränkung ihrer Entwicklungsmöglichkeiten, sondern zugleich in der Art und Weise, wie Frauen mundtot, d. h. unfähig gemacht werden, die gegen sie ausgeübte Gewalt zur Sprache zu bringen und sich gegen sie zur Wehr zu setzen.

Kern aller sexistischen Gewalt ist, daß Frauen auf die sexuelle Dimension reduziert und für diese gewaltsame Einschränkung ihres Lebens zugleich verspottet, verachtet und diskriminiert werden. In dem Maße, wie die objektive Realität nicht die Einschränkung der Entwicklung der Frauen auf das ihnen zugestandene Maß und Format garantiert, muß dies durch innere Selbstzweifel, d. h. die Brechung des Gefühls individueller Integrität, geschehen, was auf vielfache Weise – häufig unter dem Deckmantel der besonderen Liebe, Schonung, Idealisierung etc. – sich vollzieht. Eine unersetzliche Funktion hat in diesem Zusammenhang die spezifische Unterdrückung der weiblichen Sexualität, wobei die aktive Komplizenschaft der Frauen an ihr dadurch gewonnen wird, daß unter den Bedingungen der aufgezwungenen Abhängigkeit vom Mann die Sexualität für sie zugleich das wesentliche Mittel wird, Einfluß auf diesen und über ihn auch auf ihre gesellschaftliche Stellung und Anerkennung zu gewinnen. Das Verhältnis der Frauen zu ihrer Sexualität ist entsprechend gebrochen. Diese Gebrochenheit und (partielle) Frigidität erleichtert ihnen zugleich die verlangte Unterordnung der eigenen Lust unter die des Mannes (notfalls auch durch Vortäuschung eigener Lust) und bestätigt scheinbar die Mär von der höheren »Triebhaftigkeit« und sexuellen Bedürftigkeit des Mannes, mit der wiederum dessen größere Freiräume auch im sexuellen Bereich bzw. die Diffamierung oder »Widernatürlichkeit« der Frauen begründet wird, die die ihnen erlaubten Formen der Sexualität durchbrechen. In dem Maße, wie Frauen durch ihre objektive Abhängigkeit vom Mann dazu gebracht werden, ihre Sexualität und über diese den Mann für ihre Daseinsbewältigung zu instrumentalisieren, erscheinen sie zugleich als Schmarotzer an der Manneskraft und fühlen sich entsprechend schuldig, wenn sie die erwarteten Gegen- bzw. »Liebesleistungen« nicht im erwünschten Maße bringen können. Dabei ist es genau die durch die objektive Konstellation aufgezwungene Verrechnung der »Leistungen«, die die

Entwicklung befriedigender Liebesbeziehungen massiv erschwert oder unmöglich macht.

Die gegenseitige Instrumentalisierung von Mann und Frau für die je individuelle Daseinssicherung unter den gegebenen Verhältnissen ist von zentraler systemerhaltender Bedeutung. Sie wirkt jedoch nur so lange, wie sie unter dem Schein der Liebe bzw. der individuellen Liebesunfähigkeit verborgen bleibt, die man sich oder dem Partner bzw. der Partnerin zum Vorwurf macht. Entsprechend hart sind die gesellschaftlichen Denkhemmungen und Sanktionen gegenüber der Offenlegung der materiellen Interessiertheit, die unter unseren Bedingungen die persönlichen Beziehungen fundiert. Nur Huren leben offen von der Sexualität, und die gesellschaftliche Ächtung, die jene erfahren, läßt »anständige« Frauen alles tun, um sich von ihnen abzugrenzen. Das umso mehr, als der Verdacht oder Vorwurf, »auch nicht anders zu sein«, stets im Hintergrund lauert und nicht selten gerade dann laut wird, wenn Frauen sich einem Mann verweigern.

Die allgemeine bigotte Haltung, die bei aller »Liberalität« gegenüber der Sexualität der Frau in unserer Gesellschaft besteht, wird in Vergewaltigungsprozessen im besonderen Maße sichtbar. Hier wird die Frau, die den Mann anklagt, selbst zur Angeklagten, indem ihr unterstellt wird, daß sie den Mann – ob durch zu großes »Entgegenkommen« oder ihr »Sträuben«, das nach herrschendem Verständnis nur den Zweck hat, die sexuelle Angriffslust des Mannes zu steigern – »provoziert« habe. Sie muß sich gefallen lassen, daß man ihr Vorleben einer genauen Überprüfung unterzieht, und sie hat keine Chance, wenn öffentlich werden sollte (was allgemeine Praxis ist und auch toleriert wird), daß sie bereits mehrere sexuelle Beziehungen hatte und »für leicht zu haben« galt.

Eine Frau, die es wagt, einen ihr bekannten Mann der Vergewaltigung zu bezichtigen, faßt der Gerichtsreporter Gerhard Mauz seine Eindrücke beim letzten West-Berliner Vergewaltigungsprozeß zusammen, ist »tollkühn«; »Sie riskiert in jeder Hinsicht ihre Existenz« (Der Spiegel 1986, Nr. 13).

2.
Die sexistische Unterdrückung, die die Frauen auf ihre Funktion als Sexualwesen, ihre Gebärfähigkeit und sexuelle Attraktivität bzw. ihren allgemeinen Gebrauchswert für Mann und Familie festzunageln sucht, zeigt sich – in Abhängigkeit von der Klassenzugehörigkeit – in sehr unterschiedlicher, häufig entgegengesetzter Weise. Das machen z. B. Barbara Ehrenreich und Deidre English an der medizinischen Versorgung und Ideologie in den USA während der Jahrhundertwende deutlich: Während die – dank der schonenden Lebensbedingungen – im allgemeinen physisch gesunden Frauen der oberen Mittelschicht als zart und zerbrechlich und zugleich als Quelle und Hort menschlicher Reinheit und Harmonie erschienen, bei denen sich die Männer von der Mühsal und Härte des Existenzkampfes erholen und für diesen stärken konnten, galten die ausgepowerten Arbeiterinnen als robust und – vor allem die Immigrantinnen und Schwarzen – als gesundheitliches Risiko für den »anständigen« oder »sauberen« Teil der Gesellschaft bzw. für die amerikanische Rasse überhaupt: als angebliche Überträgerinnen von Bazillen und Geschlechtskrankheiten einerseits und infolge der ihnen unterstellten Sittenlosigkeit und die dadurch bedingte hohe Geburtenrate andererseits. Der Mythos der physischen und psychischen Labilität der nicht arbeitenden Frauen, die man gewöhnlich auf Erkrankungen der Sexualorgane oder nicht befriedigte (und das heißt im Falle der Frau immer »zu hohe« sexuelle Erregbarkeit und Bedürftigkeit) zurückführte, wurde, wie Ehrenreich und English zeigen, wiederum von den Ärzten zur Sicherung ihrer beruflichen Existenz systematisch gefördert, ausgenutzt und »wissenschaftlich« untermauert, indem sie die Wirklichkeit auf den Kopf stellten und behaupteten, daß nicht »harte Arbeit und Entbehrung. . . die Frauen unseres Landes krank machen, sondern die Umstände und Gewohnheiten der sog. Segnungen des Reichtums und des Wohlergehens« (1976).

In dem Maße aber, wie die Frauen die ihnen aufgezwungene physische und psychische Labilität einsetzen lernten, um ein gewisses Maß an Kontrolle und Einfluß über ihre Mitwelt zurückzugewinnen und sich damit der Macht des Mannes und der Familie partiell entzogen bzw. diese mit »Kränklichkeit« und Empfindlichkeit »terrorisierten«, konzentrierten sich die Ärzte zunehmend darauf, die Frauen als »Simulantinnen« zu entlarven und ihnen mit entsprechend brutalen Behandlungsmethoden die »Flausen« auszutreiben (s. Ehrenreich/English, a.a.O., S. 33–46).

Der »rationale Kern« des Vorwurfs, daß Frauen infolge der ihnen aufgezwungenen Ohnmacht – zumindest, wenn sie sich nicht völlig aufgeben wollten – häufig nichts anderes übrigblieb, als ihre »Ohnmachten« gezielt einzusetzen und ihre Schwäche als Mittel der Daseinsbewältigung zu nutzen, setzte sie dabei von vornherein ins Unrecht und machte ihnen damit jede wirksame Gegenwehr unmöglich.

Die spezifischen Argumente, mit denen die Unterdrückung der Frauen gerechtfertigt wird, passen sich den jeweiligen gesellschaftlichen Bedingungen und Erfordernissen geschmeidig an. Heutzutage sind auch die Frauen der sog. »oberen Schichten« im allgemeinen berufstätig, und ihre Unsicherheit resultiert weniger aus der ihnen aufgezwungenen Schmarotzerexistenz und Ohnmacht als aus dem Vorwurf, um der individuellen Emanzipation willen die Entwicklung ihrer Kinder zu beeinträchtigen. Nicht mehr die Schonungsbedürftigkeit der Frauen, sondern die der Kinder dient jetzt als Druckmittel, die Frau ans Haus zu fesseln. Die Klassenspezifik dieses Unterdrückungsmittels zeigt sich dann wiederum darin, daß es nur für Frauen gilt, die es aufgrund ihrer gesellschaftlichen Position bzw. des Verdienstes ihres Mannes »nicht nötig« hätten zu arbeiten. Kinder der Frauen, die als Billigst-Arbeitskräfte »unentbehrlich« sind, sind dagegen nach herrschendem Verständnis robust genug, um auch mit den härtesten Lebensbedingungen fertig zu werden.

3.

Je größer die Unterdrückung der Frau ist und je weniger die einzelnen Frauen gelten, umso mehr Bedeutung kommt dem

Konstrukt des »Weiblichen« zu, in das die Herrschenden/ Männer ihre jeweiligen Wünsche projizieren, und auf das sie die Frauen zu verpflichten suchen.

Das »typisch weibliche« Verhalten wird in der Regel als spontan, emotional, bizarr und damit, sofern es unter deren Kontrolle bleibt, in gewisser Weise auch als »Bereicherung«, als eine Aufbrechung der trockenen und starren Vernunft des Mannes gesehen. Der Reiz des Weiblichen besteht nach dieser Auffassung in einem gewissen Grade der Abweichung vom Normalen = Männlichen, im Kindlich-Unverantwortlichen, Hilflosen, Kapriziösen, Exzentrischen, Aufsässig-Schmollenden, das jedoch, sobald es nicht mehr amüsiert, sondern lästig wird, als »Hysterie«, Dummheit, Faulheit etc. gegen die Frauen gewendet und zur Rechtfertigung ihrer verschärften Reglementierung, Einschränkung und Ausbeutung genommen wird. Andererseits gelten Frauen, die es Männern gleichzutun versuchen, als »unnatürlich«, zumindest aber (sexuell) frustriert.

Was immer Frauen tun, kann gegen sie verwandt werden. Es ist kein Wunder, daß viele Frauen »verrückt« werden (s. Burgard, 1978; Chesler, 1974). Es gibt wohl keine Frau, der nicht im Laufe ihres Lebens damit gedroht worden wäre, in die Psychiatrie eingeliefert zu werden, oder die nicht zumindest »hysterisch« genannt wurde, wie es sicher auch kaum einen Mann oder eine Frau gibt, die diesen Vorwurf nicht gegen eine (andere) Frau erhoben hätten.

Die Anfeindungen gegenüber intellektuellen Interessen der Frauen werden umso schärfer, je mehr diese sich anschikken, den Männern in ihren angestammten Führungspositionen Konkurrenz zu machen. Die hier gezeigte Dümmlichkeit ist grenzenlos. »Wenn ein Weib gelehrte Neigungen hat«, gab z. B. Nietzsche zum besten, »so ist gewöhnlich etwas an ihrer Geschlechtlichkeit nicht in Ordnung«. Der Physiker und Nobelpreisträger Max Planck schloß sich diesem Urteil an: »Amazonen sind auf geistigem Gebiet naturwidrig« (zit. in »Der Spiegel«, 1986, Nr. 20).

Die Behauptung der angeborenen geistigen Unterlegenheit der Frauen, die die Widernatürlichkeit ihrer geistigen und politischen Interessen einschließt, wurde, wie Ehrenreich und English zeigen (a.a.O., 27), durch die Medizin und das in ihr geltende Gesetz der »Erhaltung der Energie« »wissenschaftlich« untermauert. Dieser Vorstellung gemäß hat jeder Mensch nur eine bestimmte Menge an Energien zur Verfügung, so daß die Entwicklung eines bestimmten Organs zwangsläufig die relative Unterentwicklung eines anderen voraussetzt. Da nach herrschender Meinung der Lebensinhalt der Frauen in der Fortpflanzung besteht, war man sich einig, daß geistige Interessen und Bildung zu Lasten der Gebärfähigkeit gehen würden. So bringt z. B. Moebius die Auffassung seiner Zeitgenossen nur in besonders krasser Form zum Ausdruck, wenn er schreibt: »Wenn wir möchten, daß die Frau ihrer Aufgabe als Mutter voll gerecht wird, kann sie keinen männlichen Intellekt haben. Wenn die Fähigkeiten der Frauen genau so weit entwickelt würden wie die des Mannes, würden ihre mütterlichen Organe Schaden nehmen, und wir hätten einen abstoßenden und nutzlosen Mischling vor uns« (zit. Ehrenreich & English, a.a.O., 29).

Zweifel an den geistigen Potenzen der Frauen bestehen auch heute noch, nur daß sie im allgemeinen indirekter geäußert werden: Etwa, indem Frauen, die auch in »männlichen« Berufen überdurchschnittliches leisten, wie Fabelwesen bestaunt werden (s. z. B. Der Spiegel 1986, Nr. 20), oder wenn der Charme und Chic, den man von Frauen erwartet, wiederum zum Anlaß genommen wird, an ihrer fachlichen Kompetenz und Seriosität zu zweifeln oder ihnen zu unterstellen, daß sie ihre Karriere unter Einsatz unlauterer Mittel betreiben etc. (s. z. B. Bernardoni/Werner, 1985). Ebenso muß die Biologie, insbesondere die Gebärfähigkeit der Frauen – mit dem Argument der mangelnden Kontinuität ihres Einsatzes – dazu herhalten, Frauen, selbst wenn sie trotz ihrer vielfältigen Entwicklungsbehinderungen bessere Leistungen als ihre männlichen Kollegen bringen, von allen führenden Positionen fernzuhalten. So schrumpft der Anteil der Frauen in allen Berufen mit der Höhe der möglichen Position. Während z. B. am gesamten Hochschulpersonal Frauen noch mit 30% vertreten sind, sind nur noch 2,4% der höchstdotierten Professuren mit Frauen besetzt, und in den Ingenieurwissenschaften sind es nur noch 1,2% (Der Spiegel 1986, Nr. 20; s. a. Baxmann, 1984).

Die Praxis, Frauen von den höheren und höchsten Positionen fernzuhalten, ist so selbstverständlich, daß es schon ein Glücksfall ist, wenn sie überhaupt zur Sprache kommt, wie z. B. in dem Vorschlag des Braunschweiger Oberlandesgerichtspräsidenten Wassermann, bei Einstellung für das Richteramt künftig keine Examensnoten zu berücksichtigen, weil das – infolge ihrer allgemein besseren Prüfungsleistungen – bedeuten würden, daß »in Bälde überwiegend Frauen in der Justiz tätig« würden – eine Entwicklung, die »erhebliche Probleme wegen der Einsatzfähigkeit« mit sich bringen würde (Der Spiegel 1986, Nr. 7). Die bloße Möglichkeit einer Schwangerschaft läßt »Arbeitgeber« aller Sparten gegenüber längerfristigen Verträgen mit jungen Frauen im allgemeinen äußerst vorsichtig sein (während ältere Frauen u. a. wegen mangelnder Berufserfahrung sowieso kaum Chancen haben, einen qualifizierten, sicheren Arbeitsplatz zu erhalten).

4.

Daß die Unterdrückung der Frauen nicht primär »den Männern«, sondern dem Erhalt der kapitalistischen Klassenrealität dient, der zufolge alle Menschen nur gemäß ihrer Verwertbarkeit für die herrschenden Interessen etwas gelten (die allerdings im wesentlichen von Männern bestimmt sind), zeigt sich unter anderem auch darin, daß sie nicht nur von Männern sondern auch von Frauen ausgeübt wird, denen es gelungen ist, in die Tätigkeitsfelder der Männer vorzudringen. Frauen wirken – unter dem Druck der Existenzsicherung unter den gegebenen Machtverhältnissen – sowohl an der Ausübung der Gewalt gegen Frauen wie an deren Verschleierung wie auch daran mit, diese für ihre Entwicklungslosigkeit selbst verantwortlich zu machen und damit ihre Widerstandskraft zu schwächen. Die Beschränkung der Analyse auf die jeweils eigene Betroffenheit und Entwicklungsbehinderung durch die Männer hat immer die objektive Funktion und Konsequenz, von dieser aktiven Beteiligung an der Unterdrükkung anderer (Frauen) abzulenken – womit man sich – allen subjektiven Intentionen zum Trotz – voll auf die Seite der Herrschenden schlägt.

So zeigen Ehrenreich und English z. B. (a.a.O., S. 67–80), wie die Emanzipation der Frauen der oberen Schichten aus dem ihnen aufgezwungenen »Schonraum« und ihr durchaus verdienstvolles Engagement für die »Volksgesundheit« und Geburtenkontrolle letztlich durch die Gefahren motiviert blieb, die von den unteren Schichten für die Gesundheit und Reinheit der »amerikanischen Gesellschaft« ausgingen. Die sog. »Mittelstandsfrauen« verbündeten sich nicht mit den Arbeiterinnen gegen ihre gemeinsame, wenn auch unterschiedliche Mißachtung und Mißhandlung durch die herrschende Medizin, sondern traten als Erzieherinnen ihrer »zurückgebliebenen« Schwestern auf, denen sie die hygienischen und moralischen Werte der amerikanischen Gesellschaft zu vermitteln suchten, die sie aber gerade dadurch, daß sie sich über deren objektive Lebens- und Handlungsmöglichkeiten hinwegsetzten, nicht erreichten.

Die Gefahr, daß Mittelstandsfrauen über die eigene Betroffenheit durch die allgegenwärtige Diskriminierung der Frauen ihre Privilegien bzw. die Klassendifferenzen auch in der Gruppe der Frauen verdrängen, wird auch von Angela Davis betont. Sie verweist z. B. darauf, daß »bürgerliche« Feministinnen »gestern und heute« in den USA die Situation der (meist schwarzen) Hausangestellten nahezu völlig ausblenden, was sich häufig – »wenigstens seitens der wohlhabenderen Frauen – als verschleierte Rechtfertigung des eigenen ausbeuterischen Verhältnisses zu ihren Dienstboten herausgestellt« habe (1982, 93). Der Vorwurf, daß sich die Frauenforschung auf die »weiße Mittelschicht« beschränke und, insofern sie das tut, rassistisch sei, ist von vielen, vorwiegend schwarzen Frauen, erhoben worden (s. auch den im Tagesspiegel vom 6. 4. 1986 erschienenen Bericht über den »Internationalen Historikerinnen-Kongreß« in Amsterdam). Die Vernachlässigung (der Probleme) der Frauen jenseits dieses engen Rahmens besteht sowohl auf internationaler Ebene wie auch – und vielleicht vor allem – hinsichtlich der Migrantinnen im jeweils eigenen Land. Eine Bewegung aber, die nicht alle Frauen einbezieht, kann, so Ehrenreich und English, nur eine Bewegung einzelner Frauen, aber keine Frauenbewegung sein. Sie wird entsprechend schwach und wirkungslos bleiben. Die scheinbar alle vereinnahmende Rede von »den Frauen«, die die Diskussion in großen Teilen der Frauenbewegung zu bestimmen scheint und von den unterschiedlichen Lebens- und Handlungsmöglichkeiten abstrahiert, reduziert die Frauen wiederum auf deren Biologie. Sie verfällt damit aber genau dem Sexismus, den es zu überwinden gilt.

5.

Das komplizierte Zusammenspiel von familialer/männlicher Gewalt, gesellschaftlichen Entwicklungsbehinderungen und Klassenvorurteilen sowie die Ermöglichung und Verschleierung der gegen Frauen geübten Gewalt unter dem Deckmantel der Liebe, Schonung, Erziehung etc. wird im besonderen Maße an der Situation mißhandelter Frauen deutlich.

Frauen, die von ihren Ehemännern oder Freunden mißhandelt oder vergewaltigt werden, haben, wie z. B. Roswitha Burgard (1985) und Sarah Haffner (1976) feststellen, in unserer Gesellschaft wenig Hilfe, dafür aber vielfältige Formen zusätzlicher Mißachtung und Gewalt zu erwarten. Das liegt zum einen an dem besonderen »Schutz«, den Ehe und Familie durch den Staat erfahren, und der, wie Burgard feststellt, unter den gegebenen Bedingungen immer auch den Schutz der Mißhandler vor Strafe und damit den Schutz der Mißhandlung der Frauen bedeutet. Dies liegt vor allem aber auch an den fehlenden Alternativen und Perspektiven, die Frauen in unserer Gesellschaft real haben, sowie an dem Mangel an Hilfe, den sie in der Öffentlichkeit erfahren.

Die meisten Polizisten, aber auch viele Sozialarbeiter/innen, Ärzte/innen etc. gehen, wie entsprechende Interviews zeigen, davon aus, daß nur Angehörige der Unterschicht sich schlagen, und dies hier nicht weiter schlimm ist, »einen anderen Stellenwert« hat, »anders empfunden« wird etc. (s. Originalbericht der Wissenschaftlichen Begleitung im Frauenhaus Berlin, S. 803, zit. in Burgard, Mißhandelte Frauen: Verstrikkung und Befreiung, Dissertation, S. 97).

Und daß zum anderen Frauen, die geschlagen werden, es in der Regel – mit ihrer ständigen Nörgelei, durch ihre sexuelle Verweigerung, Vernachlässigung des Haushalts, ihre Hysterie oder ihr freches Mundwerk etc. etc. – selbst »provoziert« hätten. Wer als Frau, wie es sich gehört, dem Mann zu willen ist, hat – so die herrschende Meinung – keine Gewalt zu fürchten. Daß gerade in diesem allgemeinen Unterwerfungszwang die eigentliche Gewalt gegen Frauen besteht, wird gemäß diesem Verständnis unfaßbar.

Frauen, die in ihrer Verzweiflung den Mut fassen und trotz des Risikos, dadurch erneut die Gewalttätigkeit des Mannes auf sich zu ziehen, ihr Elend an die Öffentlichkeit dringen lassen oder es selbst an die Öffentlichkeit tragen und diese um Hilfe bitten, sehen sich, wie Burgard und Haffner aufzeigen, einer Front von frauenfeindlichen Vorurteilen, Normen, Bestimmungen und Gesetzen gegenüber, die die ihnen zugefügte Mißhandlung verharmlosen, entschuldigen, rechtfertigen, sie in ihrer persönlichen Integrität verdächtigen und zur Resignation zwingen.

Daß Frauen infolge der ihnen versagten Hilfe häufig – zumindest wenn sie sich ein Mindestmaß an sozialer Geborgenheit und Anerkennung erhalten wollen – nichts weiter übrig bleibt, als sich mit dem Manne, der sie mißhandelt, immer wieder zu »versöhnen« (was die Verleugnung und Abspaltung aller Gefühle des Hasses und der Erniedrigung und damit die eigentätige Selbstentfremdung verlangt), dient dann wieder als Beweis für die Richtigkeit der allgemeinen Vorurteile, mit denen man sich ihre Not vom Halse hält. »Ich verstehe die Frauen nicht, warum sie da nicht weggehen, aber es gibt ja

Menschen, die sich nicht anders verständigen können. Die brauchen das wohl«,bringt eine Krankenschwester eine auch unter den amtlichen Helfer/innen verbreitete Auffassung zum Ausdruck (Haffner, a. a. O., S. 51).

»Hilfe« wird den Frauen im allgemeinen erst dann wieder zuteil, wenn sie in ihrer Situation der Wehrlosigkeit gegen ihre Erniedrigung »ausrasten« oder depressiv werden. Sie werden dann den entsprechenden Fachleuten übergeben, die sie »therapieren«, d. h. ihre Empfindsamkeit ihren Lebensmöglichkeiten – i. d. R. durch irgendwelche Pharmaka – anpassen.

Da die amtlich bestellten Helfer/innen die objektiven Lebensbedingungen der Frauen nicht (zumindest nicht ohne Konsequenzen für das eigene Leben) ändern können, konzentrieren sie sich i. d. R. auf deren »psychische« Abhängigkeit, die alsbald als sexuelle Hörigkeit und einzige Ursache dafür erscheint, daß Frauen trotz der Mißhandlung beim Manne bleiben.

Eine Frau aber, die sich der Sexualität derart ausliefert, muß nach öffentlichem Verständnis auch damit rechnen, daß man sie schlägt. Dieses Vorurteil der sexuellen und psychischen Hörigkeit wird nicht selten von den mißhandelten Frauen selbst bestärkt, wenn sie »Liebe« als Begründung dafür anführen, daß sie sich nicht von ihrem Mann trennen können. Unter »Liebe« wird dann die Erfahrung gefaßt, daß der Mann, der sie schlägt, sie zugleich »braucht«, was der Frau angesichts der ihr allerorten signalisierten Bedeutungslosigkeit ihrer Existenz somit trotz aller Erniedrigung ein Minimum an Sicherheit und Selbstwertgefühl verleiht.

Noch zugespitzter als bei den mißhandelten Frauen stellt sich die Widersprüchlichkeit und Aussichtslosigkeit der Situation und die damit verbundene Verwirrung der Gefühle bei jungen Mädchen, die – ebenfalls im Schutze der Familie – sexuell mißbraucht und auf die mannigfachste Weise – und nicht nur vom »Täter« – dazu gebracht werden, diese Erfahrung, um nicht den letzten Rest an Schutz zu verlieren, für sich zu behalten und sich für diese selbst schuldig zu fühlen.

Dieser Zwang setzt sich unter dem Druck der Verhältnisse »spontan« durch: so etwa, wenn die Mutter, sofern sie nicht bereit oder fähig ist, sich von ihrem Manne zu trennen, nicht wissen will, was dieser der Tochter tut. Typisch erscheint mir die Situation, in der die Mutter die Tochter ständig bedrängt, einzugestehen, daß sie mit dem Vater »was hat«, und in dem Moment, wo diese sich offenbart, sie anfährt: »Du lügst. Du hast schon immer gelogen«, und ihr für den Fall, daß sie mit dieser »Lüge« an die Öffentlichkeit geht, alle Unterstützung und jede Beziehung aufkündigt.

6.
Die »spontane«, unter dem Druck der individuellen Existenzsicherung unter kapitalistischen Verhältnissen entstehende Neigung, Gewalt durch das Verhalten jener zu rechtfertigen, die sie erfahren – womit man diese nicht nur im Stich läßt, sondern ihnen zugleich weitere Gewalt und Erniedrigung zufügt – wird auch von machen Wissenschaftlern/innen nicht reflektiert, sondern, indem man von vornherein von den gesellschaftlichen Zwängen und unterlassenen Hilfeleistungen abstrahiert, schlicht wiederholt und theoretisch stilisiert. Der unter der oberfächlichen Vielfalt verborgene, stets gleiche Kern lautet dann: Frauen unterwerfen sich, weil sie sich unterwerfen wollen. Entweder weil der Dienst für andere für sie qua Natur keine Selbstverleugnung, sondern höchste Bestimmung und Erfüllung ist, oder weil sie masochistisch sind, also Unterwerfung und Erniedrigung genießen, oder weil sie bequem sind und die Risiken und Anstrengungen der Entwicklung lieber dem Manne überlassen, oder weil sie zu wenig aggressiv sind, oder weil sie zu »emotional« = labil sind und zu ihrem eigenen Vorteil und Wohl der starken Hand und des klaren Verstandes des Mannes bedürfen etc. etc.

Solche Theorien entsprechen voll der herrschenden Ideologie (und finden entsprechende Unterstützung), der gemäß die Entwicklung der einzelnen Menschen von ihrer individuellen Haltung und Disposition bestimmt wird; die »fortschrittlichen« unterscheiden sich dann von den »reaktionären« nur darin, daß diese Disposition nicht angeboren, sondern erworben sein soll und somit mögliche Fehlentwicklungen, »innere Blockierungen« etc. über Therapie und ähnliche Veranstaltungen rückgängig zu machen seien. Übersehen wird in diesen Ansätzen, daß die »inneren Blockierungen« kein zufälliges Mißgeschick, sondern – sofern sie nicht zu weit gehen und das normale Funktionieren stören – ein gesellschaftliches Erfordernis sind: indem sie die äußeren Beschränkungen erübrigen und dazu beitragen, den Schein der Freiheit und Freiwilligkeit zu wahren, der konstitutiv für die bürgerliche Gesellschaft ist.

Freud selbst, der die Funktion der Sexualunterdrückung zur Vermittlung von Schuldgefühlen bzw. zur Verinnerlichung der äußeren Gewalt herausgestellt hat, ist Opfer der allgemeinen Tabuisierung der Gewalt gegen Frauen geworden, wobei seine Unterwerfung unter die herrschende Meinung wesentlich dazu beitrug, diese zu festigen (Masson, 1984). Die allgemeine Empörung und die Gefährdung seines Ansehens und seiner Existenz, die Freud mit seiner frühen Auffassung auslöste, daß der hysterischen Erkrankung seiner Patientinnen der sexuelle Mißbrauch durch eine Vertrauensperson, häufig den Vater, zugrundelag, brachte ihn alsbald zur Umkehr: Indem er die Theorie quasi auf den Kopf stellte und den von seinen Patientinnen berichteten sexuellen Mißbrauch als bloße Fantasie, Wunschvorstellung oder Rache am Vater dafür faßte, daß dieser sich gegen die sexuellen Begierden der Tochter verwahrte. Damit entsprach er zugleich dem »gesunden Menschenverstand«, dem gemäß man für sein gutes Geld, das man in die Therapie der kaputten Töchter oder Ehefrauen investierte, deren »Heilung« und Reparatur erwarten konnte und nicht selbst auf die Anklagebank geraten wollte. In der post-Freudschen Entwicklung der Psychoanalyse sind dann alle Versuche, den sexuellen Mißbrauch nicht als bloße Fantasie, sondern als reale Möglichkeit zu diskutieren, massiv unterbunden worden; zugleich wurde zunehmend die Bedeutung des Vaters für die Entwicklung des Kindes aus der Diskussion verbannt. Stattdessen wurde die Mutter-Kind-Beziehung bzw. die Liebesfähigkeit und Sensibilität der Mutter für die Entwicklung des Kindes verantwortlich gemacht. Konkret heißt das aber, daß den Frauen die Schuld für die Fehlentwicklung der Kinder – und damit indirekt auch der Gesellschaft – aufgebürdet, ihrer angeborenen oder erworbenen Liebesunfähigkeit etc., angelastet wurde.

7.
Die Gewalt gegen Frauen besteht auch darin, daß ihnen jede Gegenwehr versagt ist. Frauen, die auf die von ihnen zugefügte Gewalt mit Gegengewalt reagieren, machen sich, wie Burgard aufweist, doppelt schuldig: indem sie nicht nur »provozieren«, sondern selbst aggressiv sind.

Hinter der allgemeinen Verherrlichung der Sanftheit und Friedlichkeit von Frauen steht somit immer ein »Wehe nicht«! (s. a. Thürmer-Rohr, 1978). Frauen, die sich nicht mehr mit der ihnen zugewiesenen Funktion abfinden, Kinder in eine Welt zu setzen, auf die sie keinen Einfluß haben, werden massiv unter materiellen und moralischen Druck gesetzt. Die Zuspitzung aller Versuche, den Widerstand der Frauen gegen ihre gewaltsame Einschränkung auf die Familie zu brechen und ihr wachsendes Verantwortungsbewußtsein für die gesellschaftliche Entwicklung und ihre kritische Auseinandersetzung mit der herrschenden Politik zu diffamieren, findet sich in der Diskussion um den § 218. Frauen, die abtreiben, werden von konservativer Seite umstandslos als »Mörderinnen« bezeichnet und das Motiv hierfür in ihrer moralischen Unzulänglichkeit oder Verdorbenheit gesehen, aus der heraus sie um der persönlichen Lust und Selbstverwirklichung willen quasi über Leichen gehen. Gerade die Kräfte, die die Freiheit (der Herrschenden) höher als das Leben (der anderen) setzen und – um der kommunistischen Bedrohung (ihrer Herrschaft bzw. ihres Arrangements mit den Herrschenden) zu begegnen – rückhaltlos auf Aufrüstung setzen (die nicht erst im Falle eines Krieges, sondern bereits heute schon Millionen von Menschen das Leben kostet und die Entwicklungsmöglichkeiten der gesamten Menschheit beschränkt), tun sich am schärfsten in der Kampagne zum Schutze des »ungeborenen Lebens« hervor. Es sind i. d. R. die gleichen Kräfte, die den Geburtenrückgang, d. h. die abnehmende Gebärbereitschaft der Frauen, als »Wehrkraftzersetzung« sehen und das Schreckgespenst einer vergreisten und überfremdeten Gesellschaft als dessen Folge an die Wand malen (s. z. B. die im Tagesspiegel vom 19. 12. 85 wiedergegebene Ansprache des Bundestagspräsidenten Jenninger auf der 28. Kommandeurtagung, in der er die bundesrepublikanische Verteidigungsfähigkeit durch den Geburtenrückgang bedroht sieht, weiterhin die unzähligen Äußerungen zur »demographischen Katastrophe« und der zusätzlichen Gefährdung der »deutschen Nation« infolge der »Unterwanderung« durch Ausländer nicht nur in rechtsextremen Blättern, sondern in »gutbürgerlichen« Zeitschriften wie der FAZ).

Hinter der Stilisierung des Lebens als solchem, gemäß derer bereits Empfängnisverhütung »Mord« ist und diejenigen, die Sexualität wollen, gefälligst die Folgen zu tragen haben (wozu man neuerdings im Zuge der Gleichberechtigung auch Männer auffordert), schwindet die konkrete Qualität des Lebens und die gesellschaftliche Verantwortung für die Entwicklungsmöglichkeiten aller Menschen. Die Menschen werden dieser Auffassung gemäß als Material gesehen, das man braucht, um die herrschenden Verhältnisse zu sichern. Dazu kann man keine unabhängigen und selbstbewußten Frauen und auch keine »verwöhnten«, anspruchsvollen »Wunschkinder« gebrauchen, sondern genau solche Wesen, wie sie sich unter den gegebenen Verhältnissen herstellen: verunsichert und dankbar für jede Gelegenheit, sich dienstbar erweisen zu können, um auf diese Weise noch einen Schatten von Anerkennung und Bedeutung zu erhalten.

Wer abtreibt, hat kein Recht, für den Frieden zu kämpfen, lautet die simple und infame Losung. Die Kampagne für das »ungeborene Leben« ist somit letztlich auch eine Kampagne gegen den Kampf für Frieden als zentrale Voraussetzung der Entwicklung und Erhaltung der Lebensbedingungen aller

Menschen. Das erweist sich auch in den unsäglichen Vergleichen und Verrechnungen der Abtreibung mit den faschistischen Massenmorden und den Toten von Hiroshima und Nagasaki (s. z. B. Kardinal Wetter), die eine objektive Verharmlosung dieser Greueltaten und der eigenen – passiven oder auch aktiven – Mitwirkung an ihnen bedeutet. Das doppelte Maß, mit dem die »Lebensfragen« behandelt werden, gilt aber auch, wie Ele Schöfthaler aufweist, bei der evangelischen Kirchenführung. So konnte sich der Rat der evangelischen Kirche zwar zu keinem eindeutigen Votum gegen Aufrüstung aufraffen, weil es hierzu unterschiedliche Meinungen in der Kirche gebe. In der Frage des Schwangerschaftsabbruchs gilt jedoch – trotz der 80% Frauen, die sich für eine Fristenregelung ausgesprochen haben – nur eine Meinung: »Abtreibung ist ein Tötungsdelikt« (s. Schöfthaler, 1982, S. 142).

Man demonstriert die eigene moralische Lauterkeit im Kampf gegen die Sünden der anderen und führt diesen Kampf umso »unbeugsamer«, je fragwürdiger das eigene Arrangement mit den herrschenden Kräften ist.

Die Sorge um das ungeborene Leben hört im allgemeinen – quasi logischer Weise – mit der Geburt des Kindes auf. Die »pro lifers« (wie entsprechende Bewegungen in den USA heißen) sehen sich erst dann wieder in ihrer gesellschaftlichen Verantwortung aufgerufen, wenn die Entwicklung des einzelnen fehlgeschlagen und die allgemeine Ordnung gestört ist und also – notfalls mit Gewalt – wiederhergestellt werden muß. Die »pro lifers« sind, so der amerikanische Wissenschaftler Tietze, der auf die Legalisierung der Schwangerschaftsabbrüche in den USA großen Einfluß hatte, »dieselben Leute, die. . . gegen Sexualerziehung, gegen Kontrolle der Schußwaffen, gegen Homosexualität und für die Todesstrafe sind« (König, 1980, S. 269).

Literatur

Baxmann, Inge, 1984: Welches Geschlecht hat die Wissenschaft? Perspektiven und Grenzen einer weiblichen Wissenschaft, in: Konsequent, Diskussions-Sonderband »Streitbarer Materialismus«, Berlin/West

Bernardoni, Claudia u. Werner, Vera, 1985: Erfolg statt Karriere. Einstellungen erfolgsorientierter Frauen zum beruflichen Aufstieg, Deutsche UNESCO-Kommission, Bonn

Burgard, Roswitha: Wie Frauen »verrückt« gemacht werden, Berlin/West, Frauenselbstverlag

Burgard, Roswitha, 1985: Mißhandelte Frauen: Verstrickung und Befreiung, Weinheim

Chesler, Phyllis, 1974: Frauen – das verrückte Geschlecht? Reinsbek

Davis, Angela, 1982: Rassismus und Sexismus. Schwarze Frauen und Klassenkampf in den USA, Berlin/West

Ehrenreich, Barbara u. English, Deidre, 1976: Zur Krankheit gezwungen. Eine schichtenspezifische Untersuchung der Krankheitsideologie als Instrument zur Unterdrückung der Frau im 19. und 20. Jahrhundert am Beispiel der USA, München

Haffner, Sarah (Hrsg.), 1976: Gewalt in der Ehe und was Frauen dagegen tun, Berlin/West

König, Uta, 1980: Gewalt über Frauen. Berichte, Reportagen, Protokolle zur Diskussion über den Paragraphen 218, Hamburg

Kinder
Küche &
Kirche?

Johanna Hund

Männer

Wie liebenswürdig ist der Mensch,
falls er ein Mensch ist.
Menander

Mag es ein Fortschritt sein, daß inzwischen »Mann« geschrieben wird, wenn von ihm die Rede sein soll – wenn auch einstweilen hauptsächlich Frauen dies so halten. Bis weit in die Anfänge abendländischer Philosophie reicht die Tradition, die die Verkörperung des Menschen im Manne sah. »Das wird auch durch die Erzählung der Genesis symbolisiert, in der Eva nach dem Worte Bossuets aus einem ›überzähligen Knochen‹ Adams entstanden erscheint. Die Menschheit ist männlich, und der Mann definiert die Frau nicht an sich, sondern in Beziehung auf sich; sie wird nicht als autonomes Wesen angesehen.«[1] Noch verstehen sich die Abhandlungen von Frauen über Männer in der Regel als Antithese zur eigenen weiblichen Existenz, denn sie widerspiegeln die Erfahrung, Männer mehr als entwicklungshemmende Behinderung denn als bereicherndes Gegenüber zu erleben. Noch auf der Suche nach eigener Identität führt der Weg über Abgrenzung, ja sogar Ablehnung des »anderen« Geschlechts. Historisch gewordene »weibliche« Eigenschaften geraten zu nahezu natürlichen Tugenden.

Notgedrungen ist das, was Frauen über Männer schreiben, parteilich, weil letztendlich sich alles um die Frage dreht, wie Männer sich privat und öffentlich, in der Familie, im Beruf und in der Politik als das bevorrechtete Geschlecht herauskehren, und warum unsere Gesellschaft dies auch noch sanktioniert – von zaghaften Ausnahmen, die die Frauen erzwungen haben, abgesehen. Biologistische Erklärungsansätze verwerfend, stellen wir uns immer die Frage, was in der langen Geschichte der Menschheit brachte einen Prozeß auf den Weg, der ein derartiges Resultat zeitigte: das Patriarchat – wahrlich keine neuzeitliche Erscheinung, sondern sehr alt. Es hat sich bereits in der Endphase der Gentilgesellschaften – den sogenannten militärischen Demokratien – herausgebildet, in einer Zeit, als Stammes»väter« vonnöten wurden, als die Gemeinschaft einzelne ihrer Mitglieder von der unmittelbaren Nahrungsmittelproduktion »freistellen« konnte und mußte, damit sie Aufgaben allgemeinen Interesses übernahmen. So mußten bei Problemen durch Überbevölkerung oder Verschlechterung des Klimas oder Bodens je nach Größe der Stämme oder Gentes wirkungsvolle Verteidigung oder kriegerische Beutezüge (z. B. die ausgedehnten Völkerwanderungen), Handel und Austausch durchaus organisiert werden. Engels schrieb hierzu, natürlich auch schon spätere Gesellschaftsformationen charakterisierend: »Die Spaltung der Gesellschaft in eine ausbeutende und eine ausgebeutete, eine herrschende und eine unterdrückte Klasse war die notwendige Folge der früheren geringen Entwicklung der Produktion. Solange die gesellschaftliche Gesamtarbeit nur einen Ertrag liefert, der das zur notdürftigen Existenz aller Erforderliche nur um wenig übersteigt, solange also die Arbeit alle oder fast alle Zeit der großen Mehrzahl der Gesellschaftsglieder in Anspruch nimmt, solange teilt sich die Gesellschaft notwendig in Klassen. Neben dieser ausschließlich der Arbeit frönenden großen Mehrheit bildet sich eine von direkt-produktiver Arbeit befreite Klasse, die die gemeinsamen Angelegenheiten der Gesellschaft besorgt: Arbeitsleitung, Staatsgeschäfte, Justiz, Wissenschaften, Künste usw. Das Gesetz der Arbeitsteilung ist es also, was der Klassenteilung zugrunde liegt. Aber das hindert nicht, daß diese Einteilung in Klassen nicht durch Gewalt und Raub, List und Betrug durchgesetzt worden, und daß die herrschende Klasse, einmal im Sattel, nie verfehlt hat, ihre Herrschaft auf Kosten der arbeitenden Klasse zu befestigen und die gesellschaftliche Leitung umzuwandeln in Ausbeutung der Massen.«[2]

Etymologisch läßt sich der Begriff »Patriarchat« bis in die Zeit der gentilen militärischen Demokratien zurückverfolgen. Er war die Bezeichnung für freiwillig anerkannte Stammes-Älteste (Erz-Väter).[3] Diese Patriarchen – sie beherrschten weder Sippe oder Stamm, noch Frauen – galten als weise: man suchte und achtete ihren Rat und brachte ihnen aus dem bescheidenen Mehrprodukt kollektive Gaben und Geschenke als Dank dar. Auch Frauen sollen (vereinzelt?) weise Ratgeberinnen ihrer Gens gewesen sein. Aus einem freiwilligen Ritual des Kollektivs entwickelte sich ein Privileg des »Stammesvaters«, das mit Macht erzwungen wird. Um dieses Privileg klettet sich allmählich ein ganzer Klan – oft Resultat kriegerischer Aktion –, der sich aufschwingt, Teile des Gemeineigentums (vor allem an Land und Herden) für sich – privat – zu reklamieren und von erbeuteten Sklaven bearbeiten zu lassen. Politische (Macht-)Privilegien gegenüber anderen Menschen und von der Gemeinschaft abgetrenntes privates Eigentum sind untrennbar ineinander verzahnt, weil letzteres nur durch ersteres aufrecht zu erhalten ist. Vielfältige Methoden und Formen haben sich herausgebildet, um die Allianz zwischen Privateigentum und Macht ständig von neuem zu ermöglichen und zu sichern: eines der Instrumente wurde die männliche *Erb*folge, möglicherweise aufbauend auf schon vorhandenen patrilinearen Verwandtschaftsbeziehungen der Gens. Immer ging es um beides, um Macht und Eigentum, das es zu vererben galt, also mußte Kontrolle über die sexuellen Beziehungen der Frau – sie hatte nur *einem* Mann zur Verfügung zu stehen, d. h. auch sie wurde letztlich sein Eigentum – zur allgemeingesellschaftlichen Norm erhoben werden. Wenn auch vorerst nur einer kleinen herrschenden Kaste die Dringlichkeit der männlichen Erbfolge geboten schien, fiel damit dennoch auch die historische Entscheidung für die patriarchalische Familie als Lebensform der beiden Geschlechter, aufbauend auf Formen der Paarungsehe in Gentilgesellschaften. Die »Gruppenehe« als mögliche Alternative wurde »vergessen«, mehr noch, »die eheliche Untreue der Frau als eine Art von Hochverrat betrachtet. Alle Gesetzbücher, die bis auf unsere Tage die verschiedene Beurteilung des Ehebruches bei Mann und Frau verfechten, führen die besondere Schwere des von der Frau begangenen

Fehlers an, durch den die Möglichkeit besteht, daß ein Bastard in die Familie eindringt«.[4] Die patriarchalische Familie, als vertraglich den Mann zum Oberhaupt erhebende Institution, wurde gewissermaßen die »private« Flanke neben der öffentlichen: Macht und Privateigentum. In der Tat spielte sich das Familienleben, als solches natürlich nur in vermögenden Oberschichten, nunmehr (und so bis heute) abgeschieden von der Öffentlichkeit ab. Die Frauen waren in der Antike zuständig für die Organisation der Hauswirtschaft und die Beaufsichtigung der Sklavenarbeit. In der meist aus zwei Innenhöfen bestehenden großräumigen Villa eines griechischen Patriziers befanden sich die Frauengemächer tief im Inneren, unzugänglich für fremde (männliche) Besucher. Die Frauen waren verbannt ins Haus, besaßen »keine bürgerlichen Rechte und konnte(n) im offiziellen Leben nur durch einen Vormund. . . – den Vater, den Ehemann, den Bruder, den erwachsenen Sohn – wirken«.[5] Von heute aus betrachtet, erscheint die patriarchalische Familie, wenn auch erst schließliches Resultat eines sehr lange währenden, zahlreiche Zwischenstufen und Varianten zeitigenden geschichtlichen Entwicklungsprozesses, als logische Konsequenz umgestülpter Besitzverhältnisse, und umgekehrt bilden diese ihre materielle Basis. Insofern ist anzunehmen, daß diese Familienform und mit ihr die Entmündigung der Frau in erster Linie in den Oberschichten oder in der herrschenden Klasse sich durchsetzte; die anderen Mitglieder, Männer wie Frauen, wurden je nach ihrer sozialen Stellung in der Gesellschaft allgemein, ob sie kleine Bauern, einfache Handwerker oder gänzlich abhängige Skalven waren, mehr oder weniger zu Tributzahlungen und/oder Arbeitsleistungen gezwungen, politisch unterprivilegiert waren sie allemal. Über die »private« und familiäre Lebensweise der Unterdrückten in den frühen Klassengesellschaften gibt es kaum Zeugnisse.

Allmählich erst wurden die Normen, Sitten und Werte der Herrschenden zu allgemeingültigen, denn »was für die herrschende Klasse gut ist, soll gut sein für die ganze Gesellschaft, mit der die herrschende Klasse sich identifiziert«.[6] Die großen theistischen Religionen wie Judentum, Christentum und Islam z. B. nivellierten schließlich nicht nur die Vorstellungen in den Köpfen, sondern mit äußerster Strenge und Brutalität wurden auch Verhaltensnormen für alle gesetzt. Die Untertänigkeit der Frau dem Manne gegenüber durfte nicht mehr dem Zufall überlassen bleiben, sondern wird zum Gebot erhoben, mit ihr Keuschheit und Treue einem einzigen Mann gegenüber für die Frau zur verhängnisvollen Verpflichtung. Den sonst geschundenen und entmündigten Männern der unteren Schichten wurde von Gott geboten, sich wenigstens den Frauen gegenüber erhabener zu dünken.

Patriarchat in unserem heutigen Verständnis, als Begriff von der Herrschaft der Männer über Frauen, ist erst eine neuzeitliche Schöpfung. Möglicherweise gar erst eine Reaktion auf die ungeheuerliche Provokation, die der Romantiker Bachofen mit seiner Entdeckung des »*Matriarchats*« startete. Denn das Vorrecht für Männer war eine jahrtausendealte Selbstverständlichkeit; dies allein dadurch infrage zu stellen, daß beschrieben wurde, wie es einmal anders war, das durfte nicht sein! So war auch die Utopie einer *klassenlosen Gesellschaft*, als sie im Kommunistischen Manifest proklamiert wurde, weit gefährlicher für die einen und viel hoffnungsträchtiger für die anderen als der von Marx und Engels vorgelegte wissenschaftliche Nachweis von Klassen. Denn Klassen hielten die Menschen für unabänderlich, ja für gottgewollt. Trotz Verspottungen und Diffamierungen von konservativen wie liberalen Wissenschaftsautoritäten wurde Bachofen's Buch »Das Mutterrecht« (1861) berühmt; über die Schriften von Friedrich Engels (Der Ursprung der Familie, des Privateigentums und des Staats) und August Bebel (Die Frau und der Sozialismus) wurden seine Aussagen zu antiken Funden und Mythen in der Arbeiter- und linken Frauenbewegung bekannt. Es ist gerade der Gedanke an eine mögliche Alternative zur allerorts männlichen Bevorrechtung, dem eine so mobilisierende Popularität zu verdanken ist.

Die wichtigste Erkenntnis aus dem Studium urgesellschaftlicher Lebensweisen der Menschen – insbesondere dort, wo matrilineare (auf die Mutter bezogene) Verwandtschaftsbeziehungen galten – ist, daß die gesellschaftliche Achtung der Frau mit ihrer ökonomischen Bedeutung für die Gemeinschaft zusammenhing. Frauen schafften ebenso Nahrung für alle heran wie Männer, möglicherweise sogar verläßlicher und kontinuierlicher. Sammeln von Beeren, Wurzeln und Kräutern, von kreuchendem und fleuchendem Kleingetier war zwar abhängig von der allgemeinen Fruchtbarkeit der Natur, aber weniger zufälliges Glück als ein großes Tier zu erjagen. Natürlich war »die urgesellschaftliche Produktion (. . .) selbstgenügsam ausgerichtet auf den Erhalt der eigenen Wirtschaftsgruppe (Familie, Lokalgruppe)«.[7]

Nicht unbedeutend war auch die Rolle der Frauen beim Herausfinden von Methoden, wie Pflanzen angebaut und Tiere[8] gezüchtet werden können – dies »stellte die größte wirtschaftliche und soziale Umwälzung im Verlaufe der menschlichen Urgeschichte dar (agrarische Revolution der Produktivkräfte)«.[9] Erst als die Frauen einerseits aus der gesellschaftlichen/gemeinschaftlichen Nahrungsmittelbeschaffung verdrängt werden konnten – durchaus noch als Privilegierte – in die Sphäre der Produktion für das eigene private Eigentum, z. B. in die antike Haus*wirtschaft* oder in die feudale Land*wirtschaft*,[10] sie andererseits zu Nichtbesitzenden degradiert oder gar versklavt wurden, begann die gesellschaftliche Ächtung der Frau und ihre private Unterjochung unter das männliche Geschlecht.

Obwohl durchaus produktive Arbeiten im Haus (z. B. Weben) in den Kompetenzbereich von Frauen fielen und auch Produkte für den Markt hergestellt wurden, führten Männer die öffentlichen Geschäfte, aus denen sich natürlich auch die politischen ergaben. Dort, wo Frauen selbsttätig ein Gewerbe ausübten, wie im Rahmen mittelalterlicher Zunftordnungen, erhielten sie auch Rechte, konnten Handel treiben. Überhaupt kannten bis hinein in die kapitalistische Zeit die Frauen der arbeitenden Klasse eine gewisse Selbständigkeit. Insofern gewinnt Engels seinen Optimismus aus der historischen Überlebtheit der »häuslichen Privatarbeit«, auf die Frauen beschränkt wurden.

»Die Befreiung der Frau wird erst möglich, sobald diese auf großem, gesellschaftlichem Maßstab an der Produktion sich beteiligen kann und die häusliche Arbeit sie nur noch in unbedeutendem Maß in Anspruch nimmt. Und dies ist erst möglich geworden durch die moderne große Industrie, die nicht nur Frauenarbeit auf großer Stufenleiter zuläßt, sondern förmlich nach ihr verlangt, und die auch die private Hausarbeit mehr und mehr in eine öffentliche Industrie aufzulösen strebt.«[11]

Mit anderen Worten: Die eigentlichen Wurzeln des Patriarchats liegen in der Kopplung von ökonomisch-rechtlicher und sexueller Abhängigkeit der Frau vom Manne, ob nun in produzierenden bäuerlichen Großfamilien, wo der Mann über das Vermögen verfügt, oder in nur noch reproduzierenden bürgerlichen Kleinfamilien, wo die Frau kein eigenes Einkommen hat. In einer Zeit, in der einerseits auch landwirtschaftliche Produktion industriell betrieben wird und andererseits zur individuellen Reproduktion weder Nahrungsgüter noch Kleidungsstücke mehr im Haus hergestellt werden müß(t)en, wäre diesem Patriarchat objektiv der Boden entzogen – wenn nicht die Eigentumsverhältnisse weiterbestünden, die sich der Geschichte in den Weg stellen.

Bis heute ist das Verhältnis zwischen den Geschlechtern spannungsreich und für die meisten Frauen nach wie vor ein unterdrückendes. Die Geschichte zeigt, auch mit der Umwälzung durch die »große Industrie« blieb die Gleichstellung der Frau, schon gar ihre Emanzipation, in den Anfängen stecken. Zwar trat mit der kapitalistischen Industrialisierung anstelle von Besitz (an Land und Vieh) als allgemein übliche Lebensgrundlage der Verkauf der eigenen Arbeitskraft – ein enormer historischer Fortschritt für die arbeitende Klasse und die Frauen; dennoch blieb dies immer nur eine Möglichkeit, nie wurde ein *Recht* auf Arbeit garantiert, in keiner bürgerlichen Gesellschaft als solches verfassungsrechtlich sanktioniert. Generationen von Arbeiterinnen und Arbeitern existier(t)en

Süddeutscher
Rundfunk
Bibliothek

unter dem Damoklesschwert Arbeitslosigkeit, insbesondere Frauen, weil mehrheitlich weniger qualifiziert, ein Spielball konjunktureller Wellenbewegungen. Oder mit anderen Worten: Politisch garantiert die bürgerliche Gesellschaft nur die freie Entfaltung des Besitzes. Den Nicht-Besitzenden und auch den Frauen bleiben lediglich formale Rechte, real meist folgenlos oder nur in zähem Kampf zu verwirklichen. Selbst ein politisches Wahlrecht gestand man ihnen vielerorts erst in dem Moment zu, als die bürgerliche Gesellschaft insgesamt gefährdet schien – z. B. in Deutschland durch die Novemberrevolution 1918.

Aus dem Kernproblem, daß die bürgerliche Gesellschaft den Frauen eine selbständige ökonomische Existenz nicht generell gewährleistet, und wenn, meist zu diskriminierenden Bedingungen, knäult sich ein Bündel Frauen diskriminierender Erscheinungen, das sich in vielfachen Facetten allgemein gesellschaftlicher Strukturen und/oder individueller (nicht nur männlicher) Verhaltensweisen manifestiert. Natürlich konnte und kann eine Ungleichbehandlung von Frauen anknüpfen an eine Jahrhunderte, sogar Jahrtausende alte Tradition, die Frauen nicht im öffentlichen Leben, sondern nur in der Hauswirtschaft kannte, an eine ebenso alte Ideologie,[12] die zwischen Männern und Frauen in dem Sinne unterschied, daß erstere als der erwählte Teil der Gattung Mensch zu betrachten seien. Weil die kapitalistischen Gesellschaftsverhältnisse aus der Ungleichbehandlung von Frauen auch Profit (niedrige Frauenlöhne, still im Haushalt verschwindende Arbeitsmarktreserve, absatzträchtige frauenfeindliche Werbung) und Stabilität (z. B. Ideologie von einer Frau, die für Kinder und Familie, Geborgenheit und Harmonie zuständig ist) ziehen, lassen die gesellschaftlichen Strukturen bis heute Frauendiskriminierung zu, begünstigen sie sogar. Dies ist die objektive, vom Willen des Einzelnen unabhängige Basis, die individuelles Verhalten unmittelbar und spontan immer wieder von neuem prägt. Deshalb bleibt Frauendiskriminierung trotz mehr als hundertjähriger Frauenbewegung auch so hartnäckig existent, und weil das Verhalten von Männern – wie individuelles

Verhalten überhaupt – als selbständig, relativ unabhängig von gesellschaftlichen Strukturen erscheint, kann dies die Illusion nähren, als wäre Frauendiskriminierung auf männliche, Frauen nicht achtende individuelle Verhaltensweisen reduzierbar. Folglich müßte sich der Befreiungskampf der Frauen gegen die Männer richten (als hätten die Schwarzen in Südafrika ihren erbitterten Überlebenskampf gegen »die Weißen« zu führen) – schließlich sitzen an den Schalthebeln der Macht Männer (Weiße) –; folglich wäre Aufklärung der *Männer* die entscheidende Frage.

Geradezu beispielhaft ist, wie nun – nach einer Welle von Frauenselbstzeugnissen – das Thema »Männer« kommerzialisiert wird (seit Monaten ein Kassenschlager: der Film »Männer«). Mit dem Anstrich eines wissenschaftlichen Hintergrunds popularisierte die Frauenzeitschrift »Brigitte« eine von ihr ins Werk gesetzte Studie, in der eine Befragung von Männern zu zentralen Themen der Frauenbewegung – »Hausarbeit, Berufsarbeit, Gewalt gegen Frauen, Empfängnisverhütung, § 218 und Selbstbestimmung der Frau, Sexualität« – vorgenommen und ausgewertet wurde. In Wirklichkeit aber war es die Suche nach dem »neuen Mann«, oder mit anderen Worten: die beiden mit der Untersuchung beauftragten feministischen Soziologinnen wollten wissen, inwieweit die Forderungen der Frauenbewegung von Männern bewußtseinsmäßig aufgenommen und verarbeitet werden, so daß sie ihr Handeln beeinflussen.

Die Beschränkung auf bloße »Einstellungen« und das Absehen von deren gesellschaftlichem Kontext, was die Brigitte-Studie »Der Mann '85« von Sigrid Metz-Göckel und Ursula Müller (Verlag Gruner & Jahr, Hamburg 1985) charakterisiert, führt gleichzeitig zu problematischen Aussagen: Zwar sind Männer heute im Vergleich zu vor zehn Jahren[13] aufgeschlossener gegenüber Emanzipationsbestrebungen von Frauen, z. B. hinsichtlich ihrer Erwerbstätigkeit, aber »ob dies eine tatsächliche Änderung bedeutet, die auch für die alltägliche Praxis bedeutsam wäre, können wir nicht sagen«[14] – ist das enttäuschende Resümee.

Das Bewußtsein der Männer hat sich positiv verändert – so das Ergebnis der Studie –; sie befürworten mehrheitlich, daß auch die Frau berufstätig ist; sprechen ihr »ein genauso starkes Interesse an Berufstätigkeit zu (. . .) wie dem Mann. . . Die selbständige Frau, die weiß, was sie will, ist gewünscht.«[15] Aber, so die Autorinnen, »Probleme mit der Emanzipation haben die Männer dann, wenn die ›Selbständigkeit‹ der Frau sich auch gegen sie zu wenden droht, Forderungen an sie gestellt und Interessen gegen sie durchgesetzt werden.«[16] Diese doch sehr folgenschweren Aussagen stützen sich auf die Befragungsergebnisse zu: Beruf für beide, Kinder und Beruf, wer von beiden steht zurück?, Arbeitslosigkeit. Die befragten Männer sollten sich zu folgender Aussage äußern:

»Der Mann sollte bereit sein, für die Karriere der Frau seine *eigenen beruflichen Interessen* zurückzustellen.«[17]

Hierzu waren sie, bis auf eine verschwindende Minderheit von 5%, nicht bereit.

»Zugunsten einer Frau wollen die meisten nicht zurückstecken.«[18]

(Ob sie es zugunsten eines Mannes freiwillig täten?)

Wenn Ausgangspunkt für die Befragung ist: »In unserem Verständnis von Gleichheit zwischen Mann und Frau muß der Mann seine Berufsorientierung einschränken, um der Partnerin mehr Entfaltungsmöglichkeiten zu eröffnen«[19] – dann sind die skizzierten (für die Autorinnen so enttäuschenden) Ergebnisse vorprogrammiert. Denn im Grunde hegen Metz-Göckel und Müller die Illusion, die Lösung der Frauendiskriminierung bestünde lediglich in einem besseren Arrangement zwischen den Geschlechtern, und was sie von Männern erwarten, sind Opfer zugunsten der Frauen.

Ähnlich konsequent setzt sich die gesellschaftliche Realität wider die Absicht der Autorinnen auch bei der Frage durch, wie Kinder und Beruf bei beiden Elternteilen miteinander zu vereinbaren sind: Hier befürworten 80% »das Modell: Die Frau bleibt zu Hause, der Mann ist berufstätig«.[20] Als eine »freiwillig im Privatleben getroffene Entscheidung«[21] erscheint den meisten Männern diese *private* Lösung adäquat. Inwieweit mit ihnen über Alternativen wie gesellschaftliche Kindererziehungseinrichtungen diskutiert wurde, läßt sich aus der Studie nicht ersehen.

Schließlich tauchten beim Problem Arbeitslosigkeit »zirkuläre Argumente« auf wie: »Wer am meisten verdient, wer am besten eine Familie ernähren kann, der soll auch den Arbeitsplatz erhalten.«

Ein Zirkelschluß, meinen die Autorinnen, denn: »Da Männer durchgängig immer noch mehr verdienen als Frauen, ist es – aus ihrer Sicht – logisch und klar, wer den Arbeitsplatz behalten soll.«[22] Nicht einmal die beim Thema Frauenförderung und Quotierung geäußerte Konkurrenzangst des einzelnen, dessen Arbeitskraft ja auch immer nur in Konkurrenz zu anderen sich verkaufen läßt, ist so ohne weiteres durch Beschwören privater Geschlechtersolidarität zum Verschwinden zu bringen.

Handelt es sich wirklich um »eine Art Lebenslüge der Männer«,[23] die zwar neue Partnerschaft haben, aber nichts dafür tun wollen, oder nicht vielmehr um einen Irrtum derjenigen Frauen, die meinen, die Frauenfrage auf das Geschlechterverhältnis reduzieren zu können?

Die Studie »Der Mann '85« fördert Widersprüchliches zutage. Einerseits ist es sicher richtig, denn auch andere Studien haben Ähnliches ermittelt, daß sich die Einstellungen bei einem größeren Teil von Männern geändert haben. Sie akzeptieren, wenn Frauen ein partnerschaftliches und kein Unterordnungs-Verhältnis zu ihnen wollen. Und sie sehen auch, daß hierfür eine (möglichst befriedigende) Berufstätigkeit der Frauen die besten Ausgangsbedingungen schaffen kann. Andererseits scheinen – so zumindest ist der Eindruck, den die Studie vermittelt – die Überlegungen der Männer, die partnerschaftliche Beziehungen wollen, völlig unterentwickelt, was deren Realisierbarkeit anbetrifft.

Hierbei geht es um zwei Ebenen, die gesellschaftliche und die private. Beide sind für den einzelnen vielfach ineinander verwoben und nicht gegeneinander auszuspielen; eine befriedigende Tätigkeit ist eine gute Voraussetzung für eine harmonische Partnerschaft, aber auch eine interessante engagementfördernde Tätigkeit kann unerfüllte emotionale und sexuelle Sehnsüchte nicht kompensieren. Und schon gar nicht kann eine Ehe glücklich sein, wenn sie für einen Teil der Ersatz einer Arbeitstätigkeit ist. Aber die Waagschalen dieser Dialektik zwischen Privatem und Gesellschaftlichem wiegen nicht gleich: Es bestimmt die gesellschaftliche Situation, in die eine/r gestellt ist, letztlich das private Leben mehr, als die Individuen selbst es zu beeinflussen vermögen, auch wenn dies nicht so scheint. »Jeder ist seines Glückes Schmied« – ein Wahlspruch des aufkommenden Bürgertums, das sich seine ökonomischen und politischen Entfaltungsmöglichkeiten erkämpft hatte – kann heute angesichts fremder Atomraketen im eigenen Land, bei deren Gebrauch die ganze Menschheit ausgelöscht werden kann, nur so zu deuten sein, daß keiner aus der Verantwortung für die gesellschaftliche Entwicklung entlassen werden kann.

Gleichzeitig verantwortet jede(r) auch ihr (sein) privates Leben. Die Beziehungen, die eingegangen werden, die Kinder, die in die Welt gesetzt werden und zu erziehen sind, zumal die gesellschaftlichen Angebote keineswegs so sind, daß sie den Menschen in unserem Land – bis auf eine privilegierte Minderheit – optimale Entfaltungsmöglichkeiten bieten. Ohne daß z. B. Kinder, die Sorge für sie und ihre Erziehung als eine Privatangelegenheit umzudefinieren wären, sind Männer in gleicher Weise für sie verantwortlich zu machen. Dies in doppelter Hinsicht: Einmal für die im Haus anstehenden Arbeiten und Aufgaben und zum anderen für den Kampf um mehr, um bessere gesellschaftliche Kinderbetreuungseinrichtungen. Ohne daß z. B. Frauenerwerbstätigkeit zur alleinigen Sache der Frau erklärt wird (was sich darin ausdrückt, daß Frauen zwar berufstätig sein können, aber zusätzlich den Haushalt, bitte schön ohne Makel, erledigen, die Kinder artig und adrett halten), wird eine Berufstätigkeit für Frauen ohne restlose Überforderung durch eine »zweite und dritte« Schicht erst möglich, wenn Hausarbeit erstens auf das *Notwendigste* reduziert und durch preiswerte gesellschaftliche Dienstleistungsangebote unterstützt werden kann und zweitens auf alle Familienmitglieder einschließlich der Männer entsprechend ihren jeweiligen Möglichkeiten verteilt wird. Mehr noch, grundsätzlich kann es doch nicht darum gehen, eine unbefriedigende, wenn auch notwendige Angelegenheit, was Hausarbeit an sich und in ihrer gegenwärtigen Existenz allemal ist, unverändert auf beide Geschlechter zu verteilen, um sie erträglicher zu machen. Schließlich kann in einer Situation der Massenarbeitslosigkeit und für die meisten Arbeitenden zu niedriger Einkommen, um allein eine Familienexistenz zu finanzieren, doch nicht eine Forderung an Männer sein, ihren Arbeitsplatz an Frauen abzutreten, damit diese erwerbstätig sein können. Dagegen wäre von Männern zu erwarten, sollten sie ihre eigenen Vorstellungen von gleichberechtigter Partnerschaft ernst nehmen, daß sie nicht womöglich schwanken, ob Frauen vielleicht Doppelverdienerinnen sind oder leicht im Haushalt aufgefangen werden können, sondern daß auch Männer konsequent mit für *Frauen*arbeitsplätze und gegen *Frauen*arbeitslosigkeit kämpfen.

Ähnlich wie Frauen sich auf einen mühsamen Weg begeben müssen, Bewußtsein über ihre Lage und Selbstbewußtsein genug, um sie zu verändern, zu gewinnen, so wird es auch für Männer nicht leicht sein, dahinzukommen, Frauen in jeder Hinsicht als gleichberechtigt zu betrachten, ihre Bedürfnisse und Interessen voll anzuerkennen und sich ihnen solidarisch an die Seite zu stellen – selbst wenn es manchmal so scheint, als richte sich der Frauenkampf gegen die Männer. Die auf Profit und Kriegsproduktion basierende Ökonomie unseres menschenfeindlichen Gesellschaftssystems lebt vom Gelingen des Prinzips »teile und herrsche«, indem bestehende Gegensätze zu unüberwindbaren Hindernissen weitergetrieben werden, und dies bis weit ins Private (was sexistische Werbung deutlich macht), anstatt eine Einsicht in sie zu fördern. Trotz allem, zum gegenwärtigen Zeitpunkt müssen die Frauen ihren Kampf weiterentwickeln und vor allem noch mehr Frauen miteinzubeziehen bemüht sein. Je mehr Aufmerksamkeit sie handelnd erzwingen können, um so mehr werden sich Einstellungen und Verhalten der Männer zu ihnen verändern, noch ehe sie an Säulen des Systems werden rütteln können.

Anmerkungen

1 *Simone de Beauvoir*: Das andere Geschlecht. Sitte und Sexus der Frau, Hamburg 1951, S. 10

2 *Friedrich Engels*: Herrn Eugen Dührings Umwälzung der Wissenschaft (»Anti-Dühring«). In: MEW, Bd. 20, S. 262/63

3 Viel später dann wurde es auch die Bezeichnung für ein christliches (griechisch-orthodoxes) Kirchenoberhaupt.

4 *Simone de Beauvoir*, a. a. O., S. 88

5 *Johanna Hund*, in: IMSF (Hrsg.), Emanzipation in der Krise, Frankfurt a. M. 1985, S. 25

6 *Friedrich Engels*: Der Ursprung der Familie, des Privateigentums und des Staats, Berlin 1983, S. 205

7 Matriarchat u. Patriarchat. Zur Entstehung der Familie. Ethnographische Forschung/theoretische Diskussion. Beiträge aus der UdSSR, den USA, der DDR; Hrsg. IMSF, Frankfurt a. M. 1986, S. 23

8 z. B. haben Frauen wilde Jungtiere (Bären, Hunde, Schweine) an ihrem Busen genährt, wodurch sie zutraulich und zähmbar wurden. Vgl. *Burchard Brentjes*: Von Schanidar bis Akkad, Berlin 1968, S. 24 (eine populärwissenschaftliche Darstellung orientalischer Altertumsforschung).

9 Matriarchat u. Patriarchat, a. a. O., S. 23/24

10 *Marx* beschreibt sie als »die ländlich patriarchalische Industrie einer Bauernfamilie, die für den eigenen Bedarf Korn, Vieh, Garn, Leinwand, Kleidungsstücke usw. produziert«. Das Kapital, MEW, Bd. 23, S. 92

11 *Friedrich Engels*: Der Ursprung der Familie, des Privateigentums und des Staats, Berlin 1983, S. 187

12 In welcher äußeren Hülle, als Religion, Philosophie oder Literatur sie sich auch kundgetan haben möge.

13 Verglichen wird mit der Untersuchung 1976 von *Helge Pross*: Die Männer; Reinbek 1978

14 *Metz-Göckel/Müller*: Der Mann '85, a. a. O., S. 78

15 *Metz-Göckel/Müller*: a. a. O., S. 22. Angemerkt sei, daß nach den Befragungsergebnissen diejenigen Männer für die Interessen der Frauen am aufgeschlossensten sind, deren Partnerinnen berufstätig sind; sie zeigen größere »Rollenflexibilität« und mehr »Distanz zu ihrer Männerrolle«. Vgl. Metz-Göckel ebenda, S. 20/21

16 Ebenda, S. 23

17 Ebenda, S. 16 (Hervorhebung von mir)

18 Ebenda, S. 16

19 Ebenda, S. 16, Anm. *

20 Ebenda, S. 26

21 Ebenda, S. 27

22 Ebenda, S. 28

23 Ebenda, S. 23

Gisela Breitling

Kultur im Patriarchat

Das Wort ist der Phallus des Geistes.
Gottfried Benn

Die Kultur vermag nichts und niemanden zu retten, sie rechtfertigt auch nicht. Aber sie ist ein Erzeugnis des Menschen, worin er sich projiziert und wiedererkennt; allein dieser kritische Spiegel gibt ihm sein eigenes Bild.
Jean Paul Sartre

1.

Eine außerirdische Intelligenz, die diese Erzeugnisse studierte und in diesen Spiegel blickte, müßte zu dem Schluß kommen, daß der Anteil des weiblichen Geschlechts an der Erdbevölkerung höchstens vier Prozent beträgt; sie könnte nicht erkennen, daß zwei Drittel der auf der Welt erbrachten Arbeit von Frauen geleistet werden (wofür sie nur ein Zehntel allen Entgelts erhalten und nur über ein Hundertstel an allem Besitz verfügen), sie würde nichts erfahren über den Anteil der Frauen an der Kultur und nichts über die alltägliche Gewalt gegenüber Frauen. Denn die Kultur, in der wir leben, die uns prägt und zensiert, ist patriarchalisch. Seit Jahrtausenden rettet sie eine frauenfeindliche Identität des Mannes und rechtfertigt die Ausbeutung und Entmündigung von Frauen. Sie ist daher auch kein kritischer Spiegel und gibt dem Menschen nicht sein eigenes Bild. Sie unterschlägt die Leistungen der Frauen und verhindert, daß sie sich projizieren und wiedererkennen, denn sie beruht auf der Abwertung des Weiblichen und damit auf einer falschen Prämisse. Sie postuliert männliche Universalität,[1] die sie in allen ihren Aspekten und Institutionen sowohl herstellt als auch unter dem vorgeblich geschlechtsneutralen, aber doch männlich gedachten Abstraktum Mensch verschleiert, das Frauen fallweise ausschließt oder einbezieht und damit unsichtbar macht: zu einer beliebig verschiebbaren Manövriermasse, die nach Bedarf erscheint oder verschwindet, nicht nur im Arbeitsbereich, sondern in allen physischen, psychischen und geistigen Zusammenhängen.

Kultur ist Erinnerung, Gedächtnis im doppelten Wortsinn: die immer wieder erzählte Geschichte des Einstmals. Sie hat die Aufgabe und den Effekt, die Identität der Menschen in allen ihren gesellschaftlichen Beziehungen herzustellen. Aus dem Vergangenen wird die Ausrichtung auf das Künftige erkennbar und fortgeschrieben. In den Kulten und ihren Riten werden die Übereinkünfte dargestellt und in Szene gesetzt: die Gemeinschaft zelebriert ihr Einverständnis mit dem, was sie als ihre Geschichte anerkennt, was ihre Identität ausmacht und worin sie sich spiegelt, sie billigt die Wertsetzungen und Ordnungen, die sie sich gegeben hat.

Die Etablierung der männlichen Vorherrschaft und die Vertreibung der Frauen aus den gesellschaftlichen Entscheidungsinstanzen wurde in den alten (religiösen) Systemen der Welterklärung, den Mythen, ebenso gefordert, gerechtfertigt und durchgesetzt, wie in den später folgenden, den Natur- und Geisteswissenschaften, den Künsten, Rechtsordnungen, Erziehungs- und Bildungseinrichtungen, den Staatsverfassungen und ihren Institutionen.

Im jüdisch-christlichen Mythos erschafft ein männlicher Gott die Welt. In ihm subsumiert das Männliche sämtliche menschlichen Möglichkeiten, auch die weiblichen (der Gott besitzt beispielsweise einen gebärenden Schoß), transzendiert sie als männlich und setzt Männlichkeit mit Menschsein gleich. Die auf diese Weise in allen kulturellen Institutionen inszenierte männliche Überlegenheit, der Grundgedanke des Patriarchats, wird durch die Ausschließung der Frauen von der Kult(ur)ausübung besiegelt. Dies hat tiefgreifende Wirkung, denn damit wird Frauen die Beteiligung an der *Gestaltung des Mythos* verwehrt, so daß ihre Belange dort nicht gespiegelt werden. Sie haben daher keinen Anteil an der kulturellen, historischen, gesellschaftlichen und individuellen Identität, die zu stiften Sinn und Wirkung des Kults (der Kultur) ist, sondern sie sind zu identitätslosen, geschichtslosen und eigentlich kulturlosen Objekten degradiert, die noch nicht einmal ihr Einverständnis mit den Wertsetzungen des Kults (der Kultur) zum Ausdruck bringen dürfen und zur bloß ohnmächtigen Hinnahme und subalternen, meinungslosen Dienstleistung verpflichtet sind. Da Frauen als Frauen (wegen ihre Sexualität also) ausgeschlossen sind, wird ihre Geschlechtlichkeit selber zum stigmatisierenden Faktor mit der Eigenschaft, Menschen mit weiblichen Sexualorganen zur Identitätslosigkeit zu verdammen und umgekehrt: weibliche Menschen werden zu Trägerinnen von nur einer einzigen Funktion: der Sexualität, weswegen in einer patriarchalischen Gesellschaft Frauen nicht wie Männer unter anderem auch ein Geschlecht *haben*, sondern Geschlecht *sind* und nichts als dies.

Doch die Ausschließung der Frauen erzeugt nicht nur einen spezifischen Begriff von Weiblichkeit als dem Stigma, das den Zutritt zu den transzendenten Bezirken des Menschseins verwehrt. Sie vermittelt auch einen spezifischen Begriff von den am höchsten geschätzten Werten, z. B. dem Wesen des Transzendenten und der Kult(ur)geschichte, die ihre besondere Bedeutung dadurch erhalten, daß sie von Weiblichkeit unberüht sind und sein müssen. Der Umkehrschluß liegt nahe, er ist beabsichtigt: das Wertvollste ist deswegen wertvoll, das Transzendente deswegen transzendent, *weil* es von Frauen nicht berührt werden darf, so daß die Qualität des Transzendenten selbst in trivialen und nebensächlichen Zusammenhängen allein schon durch männliche Exklusivität erreicht wird.

Der Kult definiert die Welt, er ist ein Deutungs-System, das sich in Übereinstimmung mit der (Staats-)Macht befindet, deren Strukturen und Ordnungen in ihm (dem Kult) sinnlich nachvollziehbar und verbindlich werden. Kult(ur) wird im Auftrag der Macht zelebriert. Mit anderen Worten: die ideologische Grundlage jeder Herrschaft (der Kult/die Kultur) ist ihre Rechtfertigung, denn Herrschaft bedarf der Rechtfertigung, weil sie sich nicht von selbst versteht bzw. Gewalt bedeutet, die nicht widerspruchslos hingenommen wird. Um diese Widersprüche zu entkräften (wörtlich: ihnen ihre Kraft zu nehmen), liefert jede Herrschaft eine Interpretation der Welt aus ihrer Perspektive. Sie beansprucht Universalität, d. h. sie deutet die Welt schlechthin, lückenlos, weil sie sonst Raum ließe für konkurrierende Welt-Interpretationen, die ihr Grenzen setzt. Macht haben heißt Deutungsmacht haben, Unterworfensein heißt definiert werden. Daher muß Subjektivität im Wortsinn verstanden werden, nämlich als Unterworfensein (sub jectus) und nicht als persönlich-individuelle Auffassung oder Wahrnehmung. Daß Männer, unabhängig von ihrem Status und ihren Fähigkeiten auf jeder Stufe der gesellschaftlichen Hierarchie gegenüber allen Frauen als objektiv gelten und Frauen unabhängig von ihren Fähigkeiten oder ihrem Status allen Männern gegenüber als subjektiv, ist der deutlichste Beweis für die jeder sonstigen Herrschaftsstruktur (Monarchie, Klassengesellschaft, Demokratie) zugrunde liegende *patriarchalische* Ausrichtung.

Ob eine Staatsverfassung bzw. ein Volk theokratisch organisiert ist, mit einem Oberpriester als Regenten, ob der Monarch seine Macht von Gottes Gnaden bezieht oder selber göttlicher Abstammung ist oder ob die Religion Staatsreligion ist oder der Staat die Kulturhoheit besitzt in staatlichen Universitäten und anderen ideologiebildenden und -vermittelnden Institutionen, durch die Bindung an die Macht bezieht die Botschaft des Kults (der Kultur) die Qualität des Objektiven und Rationalen, eben des Gültigen. Die Opposition, d. h. alle geistige Aktivität, die nicht mit dieser Botschaft übereinstimmt, gilt folglich als subjektiv und irrational, d. h. als unverbindlich, nebensächlich oder verwerflich, im religiösen Zusammenhang als Ketzerei und Aberglaube, im säkularen als emotional, unwissenschaftlich, unpolitisch, hysterisch oder umstürzlerisch. Männliche Exklusivität und der Ausschluß der Frauen erzeugen daher nicht nur die Qualität des Transzendenten, sondern auch die der Objektivität, Rationalität, politischen Relevanz und Wissenschaftlichkeit.

Da die Anwesenheit von Weiblichkeit den Anspruch auf Objektivität zunichte macht, leisten sich oppositionelle Bewegungen die Einbeziehung von Frauen bloß bis zu ihrer Durchsetzung und nur in untergeordneten Funktionen, also solange weibliche Beteiligung eher nützt als ihr Ausschluß, das heißt, solange ihnen gesellschaftsprägende Kompetenz vorenthalten bleibt und sie daher ohnehin als abweichend, emotional, subjektiv, d. h. als »weiblich« gelten.[2] Je mehr Entscheidungsbefugnis sie aber erreichen, d. h. je mächtiger, also objektiver, je durchsetzungfähiger und folglich »männlicher« sie werden, desto mehr gefährdet weibliche Anwesenheit diese Errungenschaften, weswegen dann umso weniger Frauen zugelassen werden. Umgekehrt beweist die Öffnung für Frauen den Abstieg einer Institution und ist Indiz für den Verlust ihrer gesellschaftsprägenden Beteiligung an der Macht und ihrer normensetzenden Autorität. Mit dem Ende der Monarchien und dem schwindenden Einfluß der Kirchen haben vor allem die Künste ihre Funktion als Trägerinnen der gesellschaftlichen Repräsentation und ihre Kompetenz zur Visualisierung des Weltbildes verloren, d. h. Zug um Zug an Industrie und Militär abgetreten. Nicht Dome oder Paläste symbolisieren gegenwärtig politische Macht, sondern Waffenarsenale, Weltraumprogramme und internationale Großkonzerne. Die Vermittlung der neuen, aus dieser Machtverschiebung resultierenden Welt-Anschauung, also auch das veränderte Menschenbild, das was wir zu sein und wie wir auszusehen haben, was wir wünschen, tun und lassen sollen – seit alters Aufgabe der Künste – übernehmen Massenmedien und Werbung. Letztere vor allem ist durch ihr Zweckbündnis mit der Industrie und durch ihre breite Streuung den Erfordernissen der Industriegesellschaft perfekt angepaßt, im Gegensatz zur Kunst und ihrer handwerklich-individuellen Herstellung. Waren die alten, von Kult und Königtum getragenen Machtsymbole (Kirchen und Schlösser) ihrem Wesen nach Kunstwerke, so sind die neuen alles andere als dies. Seit die Künste Definitionsmacht und normensetzende Kompetenz verloren haben, gelten sie als subjektiv. Weiblich apostrophierte Eigenschaften kommen ihnen zu: Spontaneität, Emotionalität, Sinnlichkeit. Ihr Prestigeverlust manifestiert sich auch in der Zulassung der Frauen zum Kunststudium. Industrie und Militär hingegen sind exclusiv männlich, von subalternen Dienstleistungen durch Frauen abgesehen, und gelten daher als sachlich, rational und folglich als objektiv. Werbung und Massenmedien bedienen und reflektieren Männerinteressen und ein männliches Weltbild. Insbesondere die Werbung, die seinen visuellen Aspekt herstellt, ist von derart plattem pornographischem Antifeminismus, daß sich die in früheren Zeiten in der Malerei übliche und durchaus patriarchalische Allegorisierung der Frau dagegen geradezu frauenfreundlich ausnimmt. Massenmedien und Werbung dürfen sich als objektiv verstehen, trotz (d. h. wegen) ihrer eklatanten Einseitigkeit, und im Gegensatz zum eher gebrochenen Antifeminismus in der Kunst.

Weiblichkeit durchtränkt alle geistigen und gesellschaftlichen Bereiche der patriarchalischen Kultur mit dem Ferment des Subjektiven, Emotionalen und Irrationalen, nicht, weil dies der *weibliche*, sondern weil dies der *Charakter der Unterlegenheit* ist und Weiblichkeit als unterlegen definiert wird. Erkenntnisse und Gedanken von Frauen erreichen daher erst dann objektiven Wert, wenn sie von einem Mann aufgegriffen und als die seinen ausgegeben werden, wodurch sie von Subjektivität, Irrationalität und Emotionalität, d. h. von Weiblichkeit gereinigt werden.

Neuerdings übernehmen da und dort wieder Männer die weiblichen Rollen in Theater und Musik, was von der Kritik stets als Interpretation von besonderer Werktreue und Reinheit (Transzendenz) gefeiert wird.[3] Durch die Absorption des weiblichen Denkens wird die Kultur nicht etwa feminin gemäßigt, sie ist patriarchalisch, nicht *obwohl* die Gedanken der Frau durch den Mann transzendiert werden, sondern *weil* dies ihm allein vorbehalten ist. Die weiblich apostrophierten Potenzen des patriarchalischen Gottes sind daher alles andere als eine Spiegelung des Weiblichen im Transzendenten, und die feministische Theologie sollte nicht der Verführung erliegen, dies zu vermuten. Die »Weiblichkeit Gottes« ist vielmehr Indiz und Rechtfertigung weiblicher Vereinnahmung, und das im männlichen Gott enthaltene Weibliche ist das vom Mann aufgesogene, d. h. das patriarchalische oder *männliche* Weibliche,[4] und es kann weder dort, noch in den Künsten oder wo immer es erscheint, etwas anderes reflektieren als seine männliche Anverwandlung, d. h. die geistige Enteignung der Frau.

In der Tat erscheint Weiblickeit in den Kulturprodukten und führt zu einer Illusion von Androgynität, doch die weiblich-männliche »Fusion«, um mit Virginia Woolf zu reden, entlarvt sich als das Paradoxon einer gänzlich *männlichen* Androgynität, weil sie nur die männliche Perspektive (des Weiblichen) zuläßt. Nicht von ungefähr ist der Hermaphrodit ein Mann. Das Weibliche in der Kunst – nicht allein Transzendierung, sondern vor allem Inszenierung – spiegelt in erster Linie einen männlichen Entwurf: Weib als Wille und Vorstellung der Männer. Auch die Verehrung von Frau und Eros läuft auf Definition des Weiblichen hinaus, denn die Huldigung manifestiert, auch wenn sie ernst gemeint ist, männliche Deutungsmacht, solange das Korrektiv weiblicher Weltdeutung fehlt. Ritterlichkeit und Frauenverehrung müssen daher mit Recht als Übergriff empfunden werden, wenn Männer ein Monopol auf Interpretation der Welt besitzen.

Die Transzendierung der Gedanken von Frauen ist nicht bloße Enteignung. Vielmehr fließen hiermit ihre geistigen Kräfte (wie alle ihre anderen auch) in ein System, das den weiblichen Geist negiert und sich aufgrund der Doppelstrategie von Aneignung und Negation am Leben erhält und erneuert. Gedanken von Frauen können nur durch Männer transzendiert, fruchtbar werden und Einfluß gewinnen. Wenn es Frauen gelingt, sie als ihr Eigentum zu reklamieren, sie also im Wortsinn *für sich* zu behalten, werden sie in ein weibliches Ghetto abgedrängt und für unmaßgeblich erklärt. Kulturleistungen von Frauen finden sich daher in der Geschichte nur vereinzelt, durch Isolation *sterilisiert*. Diese Sterilisierung fällt auf Frauen zurück und kehrt sich gegen sie, fordert ihrem Denken unangemessene Anstrengung ab, nämlich die, eine Isolation zu überwinden, die gerade dadurch immer aufs

Neue entsteht. Die Gesetze der patriarchalischen Kultur verhindern eine Kontinuität weiblichen Denkens. Schließlich soll die Frau den Mann und nicht etwa andere Frauen inspirieren.[5] Ob eine Inspiration der Frauen durch Männer möglich ist, muß bezweifelt werden, es sei denn, Frauen machen sich die männliche Welt-Anschauung zu eigen (d. h., auch die implizite Negation des Weiblichen). Die Frau, im Denken sich selbst entfremdet, kann aber so nicht wirklich inspiriert (begeistert) sein, sondern allenfalls mechanisch-repetitiv die Erfindungen von Männern variieren, und dieser Vorwurf wird seit jeher gemacht. Der Beitrag der Frauen zur Kultur blieb zudem, sobald er sich ausdrücklich auf die weibliche Perspektive berief, meist reduziert auf den Versuch, die männliche Weltdeutung zu widerlegen oder zu ergänzen (im schlimmsten Fall, den männlichen Entwurf des Weiblichen zu verifizieren), wie in einem Prozeß gegen einen mächtigen Gegner, bei dem die klagende Partei nicht dazu kommt, ihre Sicht der Dinge vorzubringen, weil sie immer neu gezwungen wird, auf Behauptungen, Beschuldigungen, Unterstellungen und Eingaben des Beklagten zu reagieren.

2.

Der Ausschluß der Frauen von den identitätsstiftenden Kompetenzen in Kultur und Gesellschaft nimmt Frauen ihre Menschenwürde. Dies erzeugt einen spezifischen Begriff von Männlichkeit: Mann ist Mann vor allem in der Männerrunde, im Männerbund. Mannsein heißt nicht bloß, durch den Besitz des »richtigen« Geschlechtsorgans Zugang zur Gestaltung von Form und Inhalt der Kult(ur)geschichte zu haben. Seine eigentliche Identität bezieht der Mann aus einer Prämisse der Negation: aus der Abwertung von Frauen, aus weiblicher Minderwertigkeit. Was für Frauen verboten ist, macht den Mann männlich. Das alte männliche Privileg der Kultausübung provoziert und sanktioniert jede weitere Männern vorbehaltene Befugnis in der Gesellschaft und jede solche Befugnis erzeugt und bedeutet Überlegenheit gegenüber Frauen und umgekehrt: weibliche Unterlegenheit stiftet männliche Identität. Nur die unterlegene Frau dient dem Mann als Spiegel, Produzent und Reflektor seiner Identität »mit der magischen und köstlichen Kraft«, sein Bild »in doppelter Größe wiederzugeben«, wie Virginia Woolf gesagt hat. »Nimm es ihnen weg, und die Männer sterben wie der Drogenabhängige, dem man sein Kokain entzieht«, d. h. die patriarchalische männliche Identität stirbt, wenn Frauen nicht unterlegen sind und daher »aufhören, zu vergrößern«.[6] Deshalb auch die verzweifelte Wut gegenüber weiblichem Autonomiestreben und Frauenemanzipation. Selbst Männer mit leidenschaftlichem Empfinden für Gerechtigkeit verweigern bisher jedes Engagement für die Abschaffung der Geschlechterhierarchie. Nicht die männlichen Privilegien sind es, die aufzugeben sie nicht bereit wären – zu allen Zeiten haben Männer um ihrer Überzeugung willen ihre Privilegien und selbst ihr Leben drangegeben –, die männliche Identität selber steht auf dem Spiel, wo weibliche Selbstbestimmung gefordert wird. Sie müßte neu entworfen werden, ohne Rückhalt in einer Geschichte, die sie auf der weiblichen Minderwertigkeit errichtet hat. Männer müßten Männlichkeit aus jenem Nichts heraus entwerfen, zu dem sie die Frauen gemacht haben.

Wenn Männlichkeit als überlegen und Weiblichkeit als unterlegen definiert wird, so sind diese Definitionen und die damit verbundenen, dem Männlichen oder dem Weiblichen zugeschriebenen Eigenschaften alles andere als das, wofür sie sich ausgeben und wofür sie gehalten werden, sie sind *keine Geschlechtsdefinitionen*, sondern sie charakterisieren eine bestimmte Herrschaftsform, das Patriarchat – analog dem Rassismus, der ja auch keine Charakterisierung von dunkel – bzw. hellhäutigen Menschen liefert, sondern bloß festlegt, wer über wen herrscht.

Die Charaktere der Geschlechter werden von der patriarchalischen Kultur nicht nur als Wert-Gefälle, sondern außerdem diametral entgegengesetzt gedacht, womit menschlichen Eigenschaften durch ihre bloße Zuschreibung zu dem einen oder dem anderen Geschlecht zu unvereinbaren Ge-

gensätzen werden: Gefühl und Verstand gelten nur deshalb als gegensätzlich, weil angenommen wird, Gefühl sei weibliches und Verstand männliches Attribut. Dies führt zu der absurden Konstruktion, ein gefühlvoller Mensch könne nicht denken oder ein Mensch mit Verstand sei gefühllos. Aktivität und Passivität, Natur und Geist sind ebenfalls Gegensatzpaare, die sich der Hypothese vom Geschlechtergegensatz verdanken. Sie reflektieren das männlich-weibliche Oben-Unten-Verhältnis und enthalten eine Geschlechtszensur. Was weiblich gedacht wird (z. B. Gefühl, Passivität, Natur),[7] gilt gegenüber dem männlich spezifizierten (Verstand, Aktivität, Geist) als minderrangig. Umgekehrt wird Verstand, weil höher bewertet, dem Männlichen zugeordnet.

Doch die Erfahrung lehrt, daß die Menschen sowohl aktiv als auch passiv sind, Gefühl und Verstand besitzen und sich in ihnen Natur und Geist vereinen, daß diese Eigenschaften also keine Gegensätze sind und einander nicht ausschließen. Die Behauptung, im Mann sei auch Weibliches und in der Frau auch Männliches angelegt, will dieser Erkenntnis Rechnung tragen, ohne die überkommenen Geschlechts-Definitionen aufzugeben,[8] und ist darum eine reaktionäre Antwort auf die Tatsache, daß das patriarchalische Paradigma die menschliche Wirklichkeit nicht zu spiegeln vermag. In Wahrheit gibt es das patriarchalische Modell Mann ebensowenig wie sein weibliches Gegenstück. Wäre die von der Kultur betriebene Sozialisation der Geschlechter tatsächlich gelunden, würden Frauen und Männer sich ausschließlich so verhalten, wie sie sollen, oder schlimmer noch: wären die Geschlechter von Natur so, wie das patriarchalische Denken sie meint, so könnten sie einander nicht begegnen, ein Zusammenleben der Menschen wäre nicht möglich, die Menschheit hörte auf zu existieren. Das Patriarchat impliziert folglich die permanente *Übertretung* seiner eigenen Gesetze. (Gesetzestreue, also Dienst nach Vorschrift, bedeutet Rebellion.) Deswegen gibt es in diesem System eine immanente Rechtsunsicherheit, d. h. Unklarheit in bezug auf das, was gilt und was nicht, was Recht und was Unrecht, gut und böse ist. Die Verwirrung des Gerechtigkeitsempfindens, also des Wissens um Gut und Böse ist kein Versehen und ergibt sich nicht bloß zufällig, sondern sie ist eine notwendige Voraussetzung für die Erhaltung des Systems. Das Streben nach der Erkenntis des Guten und Bösen wurde denn auch vom alttestamentarisch-patriarchalischen Gott *verboten.*[9] Allerdings gilt, wie im Alten Testament, so auch heute, daß hauptsächlich der Frau die Verantwortung für die (zwangsläufige) Übertretung der patriarchalischen Gesetze aufgebürdet und in erster Linie sie dafür bestraft wird.

Die Verdrehung und Verwirrung des Rechtsempfindens und die systembedingt notwendige Übertretung der »Gesetze des Vaters« beschränken sich natürlich nicht auf jene Regeln, die sich auf das Verhältnis der Geschlechter beziehen, sondern greifen über auf alle Bereiche menschlichen Zusammenlebens. (Sie legitimieren beispielsweise die Verletzung des Tötungsverbots.)

Vor allem vermischen sich dadurch in den Beziehungen zwischen Menschen unauflöslich Herrschaft mit Sexualität und Sexualität mit Herrschaft, was zu der Annahme führte, in der Sexualität selber sei Gewalt enthalten und Gewalt an sich besitze einen sexuellen Aspekt. Diese Auffassung eskaliert in der Pornographie, deren gegen Frauen gerichtete Brutalität inzwischen allgemein als quasi natürlicher Niederschlag der »Gewalt des Sexus« akzeptiert wird.[10]

Die Verwirrung des Rechtsgefühls und die paradoxe Zwangsläufigkeit, mit der die fallweise erzwungene Übertretung seiner Vorschriften den Fortbestand des Patriarchats sichert – seine Irrationalität also – bewirken seine Resistenz und Dauerhaftigkeit, da es hierdurch der Einsicht suchenden Vernunft unzugänglich wird und den Verstand scheitern läßt. In der Irrationalität des Patriarchats beruht auch seine Fähigkeit, jeden Widerstand zur eigenen Erneuerung aufzusaugen, selbst den weiblichen. Diese Tendenz zeigt sich gerade jetzt im Zusammenhang mit dem neuen Feminismus, wo noch immer die Frage nach dem »Wesen« der Frau, d. h. nach der »Besonderheit« des Weiblichen gestellt wird und folglich die patriarchalisch bestimmten Festlegungen des Weiblichen in seine Theorien einsickern und dort den Einfluß der männlichen Definitionsmacht sichern. Statt das »Wesen« der Frau zu beschreiben, muß vielmehr in allen Analysen von Kultur und Geschichte die Kategorie Geschlecht eingeführt werden.[11] Allein sie leitet schließlich zu der grundlegenden Erkenntnis, daß Weiblichkeit und Männlichkeit keine feststehenden Größen sind und es unmöglich ist, sie anhand der Zuschreibung von bestimmten Eigenschaften oder Fähigkeiten dingfest zu machen, weil das, was Geschlecht ausmacht, die Beziehung ist, die es zum anderen Geschlecht hat. Eine Relativitätstheorie der Geschlechter wäre vonnöten.

3.

Die Antwort auf die Frage, *seit wann und warum* es das Patriarchat gibt, läuft bisher meist auf bloße Rechtfertigung hinaus, etwa: das Patriarchat ist zu der Zeit XY entstanden, weil es damals *notwendig* war. Die Frage nach dem Warum sucht Vernunftgründe, hinter denen sich der unbewußte oder uneingestandene Wunsch verbirgt, dieses gewalttätige, ungerechte System möge doch wenigstens irgendwann früher einmal einen einsehbaren Grund und Sinn gehabt haben. Daß die Frage nach Gründen für die Errichtung der Männerherrschaft bei Männern, wenn sie von ihnen überhaupt gestellt wird, eine rechtfertigende Antwort findet, ist verständlich, weil sie ihre Verantwortung für die Grausamkeit des Patriarchats mindert und ihre Bereitschaft, seine Privilegien beizubehalten, verschleiert. Auch für Frauen birgt die Frage etliche Fallen, z. B. die Versuchung, sie mit biologistischen Behauptungen über männliches Dominanz- und Hierarchiestreben zu beantworten, wodurch der Versuch einer Veränderung des Geschlechterverhältnisses zu einem aussichtslosen Unternehmen wird. Offenbar besteht auch die Tendenz, die so lang gewohnte Verschiedenheit der Geschlechter, koste es, was es wolle, zu retten. Die Erkenntnis, daß der Geschlechtsunterschied hauptsächlich ein bloßer Rangunterschied ist, mag ernüchternd sein. Doch ist die Abschaffung dieses

Rangunterschieds Voraussetzung für die Entfaltung des tatsächlichen, authentischen Geschlechtsunterschieds, der ja vom Machtgefälle zwischen Männern und Frauen verdeckt und sogar *neutralisiert* wird.

Bisher hat jede Epoche die Frage nach den Gründen für die Geschlechts-Apartheid ihrer jeweiligen ideologischen Ausrichtung entsprechend beantwortet, theologisch oder medizinisch, psychologisch, kapitalistisch oder militaristisch. Dabei fehlt es stets bei den *Frauen* am Notwendigsten: sie hatten entweder keine Seele oder kein Ich, keine Waffen bzw. keine Erlaubnis, sie zu handhaben, zu wenig Gehirnsubstanz oder zu wenig Muskulatur und so liefert die Diagnose über die Ursachen des Patriarchats allzuoft bloß die Erkenntnis eines deprimierenden circulus vitiosus, solange wir bei unserer Analyse befangen bleiben in den Denkmustern der Zeit. Es bedarf des Muts für einen authentischen weiblichen Selbst-Entwurf, doch gilt es dabei, die Idee der Geschlechterdualität *zu überschreiten* und für Weiblichkeit *Allgemeingültigkeit* zu beanspruchen. Bisher sind selbst die Weiblichkeitsentwürfe des neuen Feminismus kaum mehr als Reaktionen auf jeweils neue männliche Selbstsetzungen, es fehlt die Kühnheit einer Utopie, die die Frau *außerhalb* der Grenzen von Geschlecht denkt. Doch erst eine solche Utopie läßt eine neue Sicht auf das Einstmals zu: das vergangene und das künftige. Sie könnte die androzentrische Geschichtsschreibung überwinden und den Weg zeigen, *wie* eine Kultur entwickelt werden kann, in der es keine Geschlechterhierarchie gibt. Gleiche Rechte für Frauen und Männer beispielsweise bedeuten nur dann *mehr* Recht und Freiheit für Frauen, wenn berücksichtigt wird, daß »Gleichheit kein absolutes Prinzip und kein feststehendes Maß (ist), sondern ein ›Verhältnisbegriff‹« . . . und daher »die Maßstäbe für ›richtiges‹ Recht und Rechtsverhalten nicht nur männlichen Orientierungen und Verhaltensweisen folgen« dürfen.[12] Es kann also nicht darum gehen, daß Frauen nur jene Rechte beanspruchen (die einzigen, die es bisher gibt), die von Männern in deren Interesse entwickelt worden sind und die z. B. auch die Verletzung der weiblichen Selbstbestimmung legitimieren. Mit ihnen erwerben Frauen bloß die Möglichkeit, als Männer zu denken und zu handeln, und der Vorwurf, sie machten es dann »nicht besser« als diese, übersieht, daß Frauen ja gar kein anderer Handlungsspielraum bleibt, solange Menschenrecht als Männerrecht gedacht wird. Die Interessenssphäre der Frauen mit besonderen, ergänzenden Rechten zu schützen, bietet auch keinen wirklichen Gewinn an Recht und Freiheit, weil sie sich zwangsläufig auf die patriarchalisch geprägte Vorstellung von der »Andersartigkeit« der Frau beziehen, jene überkommenen Weiblichkeits-Definitionen, die ja gerade die Geschlechterhierarchie hervorgebracht haben und begründen. Allein die *gleichberechtigte Beteiligung* der Frauen an der *Entscheidung* darüber, wie die Beziehungen der Geschlechter geregelt werden sollen und die Entwicklung *neuer* Rechte und Pflichten für beide kann verhindern, daß weiterhin die Interssen der Frauen den männlichen untergeordnet werden. Diese »weiblichen« Interessen beziehen sich nicht auf eine geschlechtlich begründete weibliche Besonderheit und sind daher auch eigentlich *allgemein*, gelten aber als weiblich, weil allein die Frau die für das Patriarchat inkommensurable Tatsache zu verantworten hat, daß es zwei Geschlechter und nicht bloß ein männliches gibt.

Frauen werden es nicht »besser machen«, aber es wird besser *sein*, wenn die Kultur aufhört, Männlichkeit universell zu denken und Weiblichkeit zu diskriminieren, und wenn stattdessen beiden Geschlechtern die gleiche Entscheidungsfreiheit für alle Belange der Kultur zusteht und beide auf allen Ebenen die gleiche Kompetenz besitzen. Anstatt »Alles« werden Männer und anstatt »Nichts« werden Frauen dann das sein, was sie in Wahrheit sind: die Hälfte der Menschheit.

Anmerkungen

1 *Max Scheler*, Zum Sinn der Frauenbewegung, in: Vom Umsturz der Werte, Bd. 2, Leipzig 1919, 2. Aufl., S. 231, zitiert nach Regina Becker-Schmidt, Probleme einer Feministischen Theorie und Empirie in den Sozialwissenschaften, Feministische Studien 2/85, S. 97.

Scheler bemerkt in seiner Auseinandersetzung mit Simmel, »daß alle Grundbegriffe unserer neueren Philosophie. . . den sonderbaren Fehler in sich tragen, sich zwar als ›allgemein-menschliche‹ Werte auszugeben, . . .daß sie hierbei aber faktisch nur spezifisch männliche Werte verkörpern, so daß die Frau, die ›allgemein-menschlich‹ sein will, eo ipso hierdurch ›männlicher‹ wird«. Einen »sonderbaren« Fehler tragen natürlich nicht nur die Grundbegriffe der *neueren* Philosophie in sich, es geht dabei um ein zentrales Problem des patriarchalischen Denkens. In Schelers Satz verbirgt sich eine schwer durchschaubare, verwirrende Doppelstrategie, mit der sich die Frauenbewegung seit ihren Anfängen herumschlägt. Die Philosophie reflektiert nämlich *nicht nur* spezifisch männliche Werte, sondern sie geht von der rabulistischen Prämisse aus, alles, was allgemein-menschlich ist, sei männlich, und alles, was männlich ist, sei allgemein-menschlich. Damit ereicht sie zweierlei: sie schlägt allein dem männlichen Zuständigkeitsbereich alles das zu, was tatsächlich geschlechtsübergreifend und eben deswegen gerade *nicht männlich* ist, womit das Männliche für sich beansprucht, was beiden Geschlechtern gemeinsam ist. Auf diese Weise wird der Anteil der Frau am Allgemeinen negiert und ihr Anspruch darauf mit dem Vorwurf der Vermännlichung, d. h. Perversion zurückgewiesen. Zum zweiten aber deklariert sie als allgemein und normativ, was faktisch gerade *nicht allgemein*, sondern bloß spezifisch männlich ist. Damit werden Frauen auf doppelte Weise ausgegrenzt. Was für sie *nicht* gilt und sie nicht meint, sollen sie als normativ und allgemein-menschlich verstehen, wodurch sie sich selbst als diesem Menschlich-Allgemeinen nicht zugehörig begreifen sollen und sie sollen außerdem ihren tatsächlichen Anteil am Menschlich-Allgemeinen und Normativen nicht erfahren und nicht wahrnehmen, sondern diesen als unweiblich oder als unstatthaften Übergriff auf ein dem Männlichen zustehendes Terrain ablehnen.

Doch gerade diesen fatalen Mechanismus gilt es zu durchschauen, die männliche Usurpation des Geschlechtsübergreifenden zurückzuweisen und das Spezifisch-Männliche aus dem Allgemeinen herauszufiltern.

2 Natürlich gibt es auch Gruppierungen, die selbst in völlig marginalem Status reine Männerorganisationen bleiben, Geheimgesellschaften, Künstler- und Wissenschaftler-Vereinigungen, Skat- oder Sportklubs, Männergesangsvereine oder auch politische Splitterparteien. Sie kompensieren ihren geringen Einfluß durch männliche Exklusivität, die ihr Selbstvertrauen tatsächlich zu stärken vermag, da sie sich ja wenigstens in diesem Punkt mit den höchsten Gremien der Gesellschaft einig wissen.

3 Das Argument der Werktreue trifft vor allem in der Musik so nicht zu. Um 1620 waren am florentinischen Hof die Musikerinnen Francesca und Settimia Caccini und Vittoria Archilei und in Venedig die Madrigalistinnen Verona Barbara Strozzi und Maddalena Casulana nicht nur als Sängerinnen, sondern auch als Komponistinnen tätig – also zur Zeit Monteverdis, dessen weibliche Parts vorzugsweise von Countertenören übernommen werden. Ohne weiteres könnten übrigens Frauen ihrerseits die Tenorpartien singen, wie dies bei einer Aufführung von Monteverdis Combattimento di Tancredi e Clorinde bei den Bregenzer Festspielen von 1958 in vorbildlicher Weise geschehen ist.

4 Siehe hierzu: *Elga Sorge*, Religion und Frau – weibliche Spiritualität im Christentum, Stuttgart 1985, und *Gerda Weiler*, Ich verwerfe im Lande die Kriege – das verborgene Matriarchat im Alten Testament, München 1985.

5 *C. G. Jung,* dessen Anima-Animus-Theorie nur dem Anschein nach darauf abzielt, das Spektrum für die Selbstentfaltung bei beiden Geschlechtern zu erweitern, sagt es so: »Wie der Mann sein Werk als ganzes Geschöpf aus seinem inneren Weiblichen hervorgehen läßt, so bringt das innere Männliche der Frau schöpferische Keime hervor, welche das Weibliche *des Mannes* zu befruchten vermögen« (Herv. G. B.) in: C. G. Jung, Die Beziehung zwischen dem Ich und dem Unbewußten, Ges. Werke, Bd. 7, Olten 1964, S. 104.

6 *Virginia Woolf*, Ein Zimmer für sich allein, Frankfurt 1981, S. 43.

7 Wo bleiben Gefühl und Natur, wenn gleichzeitig Passivität gefordert wird? Die Kombination entlarvt die Zuschreibungen als Ideologie. Hartnäckig halten sich jedoch Natur und Gefühl als Charakterisierungen des Weiblichen auch in den Theorien der Frauenbewegung, doch sind Natur und Gefühlsleben der Frau seit Bestehen des Patriarchats in ungeheuerlicher Weise reglementiert und pervertiert worden. Gerade das weibliche muß darum das eigentlich *unnatürliche* Geschlecht genannt werden, dessen Körper und Empfinden seit jeher fremdbestimmt wird.

Nicht um Gefühl und Körper von Frauen geht es bei diesen Zuschreibungen, sondern um *Gefühl und Körper der Männer*, deren Bedienung den Frauen obliegt, weswegen das Spektrum von Gefühlsäußerung und Körperlichkeit oder »Natur« für Frauen extrem eingeengt ist: Frauen dürfen bloß Gefühle der Ohnmacht (Tränen) und (mit Einschränkung) der sexuellen Verfügbarkeit äußern. Der weibliche Körper hat noch nie etwas anderes sein dürfen als das Kompensationsinstrument für männliche Körperbedürfnisse.

8 Bei genauerer Untersuchung der Anima-Animus-Theorie wird deutlich, daß auch die hergebrachte Hierarchie zwischen den Geschlechtern erhalten bleiben soll: »Mann und Frau haben sich ebenso auf die weibliche wie auf die männliche Seite *des Mannes* zu beziehen« (Herv. G. B.), sagt Erich Neumann. Siehe hierzu Gerda Weiler, Der enteignete Mythos – eine notwendige Revision der Archetypenlehre C. G. Jungs und Erich Neumanns, München 1985, insbes. Kap. Animus, S. 194 ff.

9 *Elga Sorge*, a. a. O., Kap. 4.

10 Siehe hierzu *Debbie Taylor* in: Frauen – ein Weltbericht, Berlin 1986, S. 75: »Wenn Vergewaltigung die Praxis ist, dann ist Pornographie die Theorie« – und umgekehrt, die Theorie Pornographie wird als Vergewaltigung in die Praxis umgesetzt. »Die Jahresproduktion der pornographischen Industrie wird auf sieben Milliarden Dollar geschätzt – das ist mehr, als die riesige Film- und Musikindustrie zusammengenommen.« Damit hat sie Umfang, Verbreitung und Rezeption sämtlicher übrigen Produkte der Kultur weit überrundet, z. B. der belletristischen Literatur, der Theater oder der bildenden Kunst. Im Verein mit der allgegenwärtigen Werbung bildet sie den eigentlichen Mythos des 20. Jahrhunderts: die Bettgeschichte vom »dumm-brutalen, phallischen Kraftprotz« und der masochistisch-hurenhaften, »dumm-gläubigen Frau«.

11 Durch die Einführung der Kategorie Geschlecht lassen sich die Auswirkungen kultureller bzw. zivilisatorischer Umbrüche, Errungenschaften und Bewegungen auf Frauen untersuchen und der weibliche Anteil an diesen, sodaß Frauen in der Geschichte *sichtbar* werden. Die Kategorie Geschlecht bedeutet zunächst Verzicht auf geschlechtsneutrale Bezeichnungen wie Mensch, Eltern, Kinder, Jugendliche etc., weil solche Begriffe die Relationen der Geschlechter verdecken oder sich im Ernstfall nur auf Männer beziehen.

12 *Ute Gerhard,* Gleichheit ohne Angleichung, Habilitationsschrift, Bremen 1986, III und S. 1.

Senta Trömel-Plötz

Frauen und Sprache

Während ich in den letzten Jahren zum Thema *Frauen und Sprache* Vorträge, Zeitungsartikel, Radiosendungen und wissenschaftliche Arbeiten verfaßte, habe ich erfahren, daß es in der Auseinandersetzung mit diesem Thema keine Neutralität, keinen Mittelweg, keine Gleichgültigkeit gibt.

Dieses Thema, genauso wie das Thema *Feminismus*, spaltet, erregt, erhitzt und läßt keine Frau und keinen Mann kühl. Wir sind alle – in der einen oder anderen Weise – betroffen, es trifft uns, wir werden getroffen.

Mir kommt es darauf an, Sie alle, die Leserinnen und Leser, zu treffen, denn ihr Betroffensein, Ihre Betroffenheit bedeutet, daß Sie sich identifiziert haben – mit den Frauen, gleich ob Sie eine Frau oder ein Mann sind, mit den Männern, gleich ob Sie eine Frau oder ein Mann sind.

Wir haben uns alle oft mit den Unterdrückten und oft mit den Unterdrückern identifiziert. Bücher und Erlebnisse bewegten, bewegen uns zum Mitleiden auf der Seite der Schwarzen, der Unterprivilegierten, der Kinder, der Hungernden, der Mischlinge, der Gefangenen, der Mißhandelten, der Jugendlichen. Jede und jeder von uns hat Erinnerungen, wo wir uns wie Unterdrücker verhielten, uns mit den Unterdrückerinnen identifizierten.

Ich möchte diese Identifikationen der ersten Art, mit den Unterdrückten bei Ihnen, meinen Leserinnen und Lesern, beleben und die Identifikationen der zweiten, mit Unterdrückerinnen und Unterdrückern in den Hintergrund drängen. Vielleicht kommt am Ende das Wertvolle, alles Menschliche, aller Fortschritt nur aus Identifikation mit den Leidenden; und wahrscheinlich entspringt Engagement, Einsatz, Arbeit nur aus Identifikation.

Im folgenden betrachte ich Aspekte des deutschen Sprachsystems und der Sprechsituation in öffentlicher Rede als Manifestation der gesellschaftlichen Diskriminierung der Frau.

1. Unterdrückung von Frauen durch das sexistische Sprachsystem

Die gravierendste Art von Unterdrückung, die Frauen durch die Sprache, das Sprachsystem geschieht, ist, daß sie nicht mit*be*dacht, nicht mit*ge*dacht werden in ganz normalen sprachlichen und nichtsprachlichen Kontexten. Bis vor kurzem ist das keiner Frau und keinem Mann aufgefallen: Die Unterdrückung funktionierte perfekt. Der berühmte Sprachwissenschaftler Jespersen hat in seinem Buch *Language* von 1922 ein Kapitel mit dem Titel »The Woman«. Ein Kapitel mit dem analogen Titel »The Man« wäre undenkbar. Der Rest des Buches beschäftigt sich ganz einfach mit der Sprache der Männer, mit der eigentlichen Sprache. Ähnlich ist es in den meisten Literaturgeschichten, wo es um normale Literatur, d. h. Literatur von Männern, geht und dann unweigerlich ein Kapitel über »die Literatur und die Frauen«, »literarische Frauen«, »Heldinnen der Feder«, »der Damenroman«[1] kommt.

Weder in der Linguistik noch in der Literaturwissenschaft hat sich daran bis heute viel geändert. Labov untersucht die Sprache New Yorker Jugendlicher – natürlich sind es nur männliche Jugendliche –, und was er findet, wird zur generellen Aussage über das Sprachverhalten schwarzer Jugendlicher. Über die verbale Interaktion von Mädchen ist in der Linguistik kaum etwas bekannt. Die ersten Studien kommen von Marjorie Harness Goodwin aus Amerika und sind hochinteressant (Gruppenentscheidungen, Vorschläge mit *let us, we* anstatt Befehle).

In den neuesten Büchern, die sich mit der Geschichte der englischen Sprache befassen,[2] mit dem Beitrag verschiedener Gruppen, z. B. Rassen- oder Berufsgruppen, und einzelner Persönlichkeiten zur Entwicklung der englischen Sprache, sind Frauen fast ganz abwesend. Beschrieben werden die linguistischen Aktivitäten von Männern, obwohl Frauen gerade heute aktiv neue Wörter und neue Bedeutungen schaffen.[3]

Diese Bücher in der Linguistik wie in der Literaturwissenschaft wenden sich auch häufig nur an männliche Leser. Die Autoren männlichen Geschlechts stellen sich keine Leserinnen ihrer Werke vor. Jespersen hätte anders über die linguistischen Fähigkeiten von Frauen geschrieben, wenn er sich eine Wissenschaftlerin als Herausgeberin, Kritikerin oder Kollegin vorgestellt hätte; er hätte dann wahrscheinlich die Banalitäten und Unwahrheiten über weibliches Sprechen – z.B. , daß Frauen ein geringeres Vokabular als Männer haben und weniger komplexe und unvollständige Sätze verwenden – unterlassen und wäre von unserer Kritik verschont geblieben.

Auch unsere männlichen Kollegen von heute wenden sich nur an Männer und produzieren deshalb stereotype Beispielsätze in ihren wissenschaftlichen Artikeln und Grammatiken, die den Frauen noch keine Fähigkeiten über die Kochtöpfe hinaus zugestehen. Auch Beispielsätze, die sexistische Phantasien männlicher Linguisten aufdecken, wie z. B. über die Vergewaltigung von Nonnen, das Schlagen von Frauen etc., können sich nur an männliche Kollegen richten. Linguist*innen* stellen sich unsere Kollegen trotz unserer körperlichen Anwesenheit auf Konferenzen und an Universitäten immer noch nicht als Gesprächspartnerinnen vor.

Auch in anderen Disziplinen von der Medizin bis zur Theologie sind Frauen höchstens Ausnahme, Abweichung von der Norm, eine Sonderkategorie, wenn sie überhaupt mitgedacht werden. In der Philosophie und in politischen Emanzipationsbewegungen, wo der ethische Anspruch von Gleichheit für alle Menschen vorausgesetzt oder thematisiert wird, ist der Ausschluß von Frauen am enttäuschendsten. Aristoteles dachte nicht an Frauen, als er den Menschen als politisches Tier definierte, denn er sprach Frauen ausdrücklich politische Rechte ab. Kant vergaß sie, als er den Menschen als Vernunftswesen betrachtete, bei ihm hatte die Frau höchstens einen »schönen Verstand«, Goethe meint sie nicht, als er vom Menschen der Tat sprach, für Marx war sie von sekundärer Bedeutung, für Nietzsche nicht existent. Sie gehörte nicht dazu, wurde nicht mitgedacht, war nicht gemeint in den Definitionen vom Menschen, vom Individuum, vom Bürger, vom Arbeiter, vom territorialen Wesen, vom faustischen Menschen oder Übermenschen. Dies ist eine besondere Art von Unterdrückung. Natürlich behauptet heute niemand mehr, daß Frauen keine Menschen sind, aber sie sind in den meisten Kontexten, wo vom Menschen, auch von der Kindheit, der Jugend die Rede ist, einfach nicht gemeint.

Das Deutsche begünstigt nun diese Interpretationsmöglichkeit noch zusätzlich, weil wir die Unterscheidung

Arbeiterin – Arbeiter
Bürgerin – Bürger
Schülerin – Schüler
die Jugendliche – der Jugendliche

in unserem Sprachsystem zur Verfügung haben. Wenn nun die männliche Form benützt wird und beide, Frauen und Männer, einschließen soll, ist die Tendenz, nur an die Männer zu denken, stärker als z. B. im Englischen, wo es nur eine undifferenzierte Form *teacher, citizen, student* gibt.

(Im Englischen ist ähnlich bei bestimmten Nomina mit weiblichen und männlichen Formen stewardess – steward, waitress – waiter die Interpretation von *steward* oder *waiters* als gemischtgeschlechtlich erschwert.)

Dies nimmt besonders bei Berufsbezeichnungen enorme Bedeutung an. Bei solchen Kategorien wie *Psychologe, Analytiker, Therapeut, Arzt* ist unsere Erwartung, daß es sich jeweils um Männer handelt, obwohl gerade im psychotherapeutischen und medizinischen Bereich viele Frauen tätig sind. So habe ich gerade in den USA erlebt, daß eine Patientin wiederholt zu einer Therapeutin während der Sitzung sagte, sie sei gekommen, um mit einem Psychologen zu sprechen. Für sie war *psychologist* eindeutig ein Mann (im Englischen wird diese Interpretation durch die Referenz mit *he* begünstigt), und sie konnte die Frau, die vor ihr saß, nicht als »psychologist« identifizieren.

Von einer Schweizer Gynäkologin habe ich gehört, daß sie im Krankenhaus häufig gefragt wird, wann der Arzt käme. Diese Erwartung ist sprachlich vorgefertigt. Wir sprechen vom Arzt als *er*, wenn das Geschlecht unbekannt ist, wir gehen zum Arzt, nicht zur Ärztin. Die Schwierigkeiten, die hier für Frauen entstehen, die in statushohen Berufen tätig sind, sind noch nicht erforscht und beschrieben. Ebenso wissen und verstehen wir kaum noch etwas von den Schwierigkeiten, die sich für Mädchen ergeben, die alle ohne die Möglichkeit, sich mit statushohen Berufen zu identifizieren, aufwachsen. Wir machen uns keine Vorstellung, was ihnen psychisch angetan wird dadurch, daß in ihren Schulbüchern nur Männer in interessanten, hochbezahlten Berufen auftauchen. Am eindringlichsten wird das dann in der Berufsberatung, wo auch heute noch Mädchen vorwiegend in unterbezahlte, statusniedrige Berufe gesteuert werden. Im neuesten und fortschrittlichsten Schweizer Berufswahlbuch von Böhny, das mir zur Überarbeitung vorgelegt wurde, sind alle akademischen Berufe männlich, die meisten dienenden Berufe weiblich. Selbst an den Universitäten reflektiert die Fächerwahl der Studentinnen, daß sie immer noch hauptsächlich Berufe wählen, in denen sie Beziehungsarbeit (wenn auch jetzt bezahlte) leisten werden, vornehmlich als Lehrerinnen und Psychologinnen. Sie werden immer noch nicht Architektinnen, Mathematikerinnen, Juristinnen, Ingenieurinnen, Physikerinnen.

Im Dänischen haben wir übrigens eine ganz andere Situation. Im Unterschied zum Deutschen, wo alle Personenbezeichnungen feminin oder maskulin spezifiziert sind, findet sich im dänischen Sprachsystem ein gemeinsames Geschlecht (genus commune) für weibliche und männliche Personenbezeichnungen. Gleiche Behandlung von Frauen heißt deshalb im Dänischen etwas anderes als im Deutschen: Wo die feminine Form zur Verfügung steht, heißt die Benützung der maskulinen Form zur Bezeichnung von Frauen Ignorieren ihrer Präsenz und ihrer Leistung. Wo aber eine gemeinsame Form zur Bezeichnung von Frauen und Männern zur Verfügung steht, heißt die einseitige Spezifizierung von Frauen eine Zuweisung eines Ausnahmestatus und eine Abwertung (ähnlich wie im Englischen: female doctor, aber nicht male doctor; black historian, aber nicht white historian).

Selbst wenn wir schon die Tendenz haben, an Frauen zu denken, wenn von den Schriftstellern des 20. Jahrhunderts oder von den Künstlern des Bauhauses die Rede ist, erhalten wir durch unsere Sprache keinen Aufschluß darüber, wie viele Frauen nun zu dieser Gruppe gehörten – es könnten null sein, es könnten aber auch fast alle Mitglieder der jeweiligen Gruppe sein. Alles, was wir darüber erschließen können, wenn wir den Ausdruck *die Künstler des Bauhauses* vor uns haben, ist, daß wenigstens *ein* Mann dabei sein muß, denn sonst hieße es *die Künstlerinnen des Bauhauses.*
Dieses Problem betrifft auch die Pronomina: *jeder, mancher, einer.* Hier ist es sogar noch schlimmer, denn ich kann bei einer reinen Frauengruppe mit *jeder, mancher und einer* auf einzelne Frauen referieren

Hat einer protokolliert?
Jeder soll etwas mitbringen.

Selbst in feministischen Frauengruppen ist diese männliche Form noch zu hören. Und natürlich hören wir Frauen von sich als Patient, Kunde, Kaufmann, Student, Assistent, Facharzt, Jurist, Staatssekretär, Dekan sprechen. Nur die Queen spricht nicht von sich als King – es wäre ihr nicht zuzumuten, und niemand begeht den faux-pas. Allen anderen Frauen ist es zuzumuten, sich unter

Der Steuerzahler – er
der Autofahrer – er
der Wähler – er
der Kontoinhaber – er

angesprochen fühlen zu müssen. Der Titel *Queen* schließt keine Statusverringerung zu *King* ein. Der Titel *Ministerin* und *Staatssekretärin* sind für manche Frauen semantisch statusniedriger als *Minister* und *Staatssekretär.*

Das beruht auf einer korrekten Einschätzung des semantischen Charakters des weiblichen Suffix *-in*. Die weiblichen markierten Formen sind nicht gleichwertig mit den männlichen unmarkierten. Interessanterweise haben wir bei *queen* keine Ableitung von *king*, sondern ein eigenständiges Morphem.

Diese Unterschiede in der Behandlung von Frauen und Männern sind vorgegeben im System unserer Sprache.

Nicht nur begünstigt unsere Sprache die Interpretation *Männer* und verschleiert die Beteiligung der Frauen, sie macht es auch unmöglich, auf einfache Weise bestimmte Sachverhalte über Frauen auszusagen, die für Männer problemlos ausdrückbar sind:

Ingeborg Bachmann ist die größte Dichterin unserer Zeit

möchte ich nicht sagen, weil ich die stärkere Behauptung aufstellen will, daß sie unter allen Dichterinnen und Dichtern unserer Zeit die größte ist.

Ingeborg Bachmann ist der größte Dichter

ist unmöglich im Deutschen.
Was soll ich sagen:

Ingeborg Bachmann ist eine der größten Dichter?
Ingeborg Bachmann gehört zu den größten Dichterinnen?

Wie soll ich fragen:

> Wer ist der größte Dichter? – Ingeborg Bachmann.
> Wer ist dein Lieblingsdichter? – Else Lasker-Schüler.

Diese Fragen werden durch die Antworten zu devianten Texten.

Aber:

> Wer ist dein Lieblingsdichter? – Rilke.

ist ein völlig normaler Text.

Um auszudrücken, was ich sagen will, um Frauen einzuschließen, muß ich im Deutschen eine Paraphrase wählen.

> Wer ist deine Lieblingsdichterin oder dein Lieblingsdichter?
> Wer ist unter allen Dichterinnen und Dichtern dein/e liebste/r?

Diese Beispiele sind eklatant, aber es gibt subtilere Eigenschaften des Deutschen, die dazu beitragen, daß Frauen nicht in unserem Blickfeld sind, daß wir vergessen werden.

Ich habe schon die indefiniten Pronomina *jeder, einer, mancher* erwähnt und daß sie den Anteil von Frauen verschleiern. In den Formulierungen

> einer nach dem anderen
> der eine, der andere
> manch einer
> jeder zweite

wissen wir nicht, ob von Frauen die Rede ist, und wenn ja, von wie vielen.

Eine zweite Eigenschaft dieser Pronomina ist, daß sie weitere männliche Pronomina, Relativ- und Possessivpronomina nach sich ziehen, die Assoziationen von Männern hervorrufen:

Manch einer, der seine Arbeit liebt, seine Kinder in gute Schulen schickt, etc.
Wir nehmen jeden, der sein Abitur innerhalb der letzten fünf Jahre gemacht hat.

Dies trifft auch auf so »neutrale« Pronomina wie *man, jemand und niemand* zu, und es trifft natürlich auf die »neutrale« Bezeichnung *der Mensch* zu.

Wir brauchen uns dann nicht zu wundern, wenn wir Kontexte finden, in denen *niemand* und *Mensch* sich nur auf Männer beziehen:

Die beiden Weltkriege stellten die Frauen vor Aufgaben, die ihnen niemand zugetraut hätte.
Alle Menschen werden Brüder.

Ebenso verleitet der generische Gebrauch der maskulinen Formen mit den Referenzen *er* und *sein* zur rein männlichen Interpretation, z. B.

der Deutsche – er, sein
der Eingeborene – er, sein

aber selbst die Interpretation der Pluralformen ist maskulin, obwohl hier eindeutig Frauen eingeschlossen sind.

Im Gegensatz zum Singular mit der Unterscheidung

die Deutsche/der Deutsche
die Eingeborene/der Eingeborene

haben wir im Plural ja nur eine Form

die Deutschen
die Eingeborenen

Diese Formen müssen sich also auf Frauen und Männer beziehen. Semantisch stellen wir aber etwas Eigenartiges fest. Nehmen Sie die Äußerung

Alle Eingeborenen außer den Frauen werden ausgerottet.

Sie zeigt ganz klar, daß Frauen dazugehören. Aber sie gehören in einem anderen Sinne dazu als die Männer. Wir können nicht sagen:

Alle Eingeborenen außer den Männern wurden ausgerottet.

Hier würden wir spezifizieren

Alle Frauen (und Kinder) wurden ausgerottet.

Semantisch scheint es bei dem Konzept Eingeborene, Deutsche, und in extensione Dorfbewohner, Amerikaner, Franzosen einen Kern zu geben, der aus den Männern besteht, und eine Randgruppe, zu der die Frauen gehören. Es ist dann absurd, das Konzept zu benützen und den Kern auszunehmen

? alle Eingeborenen außer den Männern
? alle Deutschen außer den Männern

während die Randgruppe ausgeklammert werden kann. Dies verleitet uns dazu, das Konzept mit dem Kern zu identifizieren, deshalb ist es nicht absurd oder redundant zu sagen

die Eingeborenen mit ihren Frauen
die Deutschen und ihre Frauen

Dieses Verständnis von

die Deutschen

als die deutschen Männer bestärkt dann das Verständnis von

die Schweizer
die Amerikaner
die Franzosen
die Stuttgarter

als nur auf Männer referierend, obwohl es die weiblichen Formen gibt:

> die Schweizerinnen, Amerikanerinnen, Französinnen, Stuttgarterinnen.

Diese Interpretation wird in Texten bestätigt, wo einen ganzen Artikel lang von den Stuttgartern, diesem lustigen Völkchen, die Rede ist, wie sie ihren Fasching genießen und am Ende verraten wird, daß sie das durch die clevere Praxis bewerkstelligen, ihre Frauen zuhause zu lassen.

Solche Gruppierungen, wo Frauen ausgeschlossen sind und Gruppierungen von Frauen mit Kindern, Kranken, Gebrechlichen, Kriminellen bestätigen den Sonderstatus von Frauen. An der Kasse eines deutschen Sportplatzes stand zu lesen:

> Erwachsene 5,– DM
> Frauen und Kinder frei

Wenn Frau genau hinsieht, gehören Frauen nicht zu den Menschen, den Erwachsenen, den Deutschen und nicht einmal zu den Stuttgartern.

Interessant ist es auch, asymmetrische Kategorien, die unsere Sprache vorgibt, zu vergleichen. Wir haben uns alle schon über die Asymmetrie in den Titeln

> Frau, Fräulein versus Herr

Gedanken gemacht. Wir haben gelächelt, als analog zur Krankenschwester nicht *Krankenbruder* gebildet wurde, sondern *Krankenpfleger* und analog zur *Kindergärtnerin* nicht *Kindergärtner*, sondern *Erzieher*. Aber die Überlegung, daß sofort, wenn nur eine Handvoll Männer in einen Frauenberuf einsteigen, neue Berufsbezeichnungen eingeführt werden und daß umgekehrt der Status eines Berufes geringer wird, je mehr Frauen den Beruf ergreifen, läßt uns nicht mehr lächeln.

Viele Kategorien, die Frauen bezeichnen, haben keine analogen Bezeichnungen für Männer, z. B.

berufstätige Frau

definiert eine Frau, die einen Beruf ausübt als Abweichung. Es gibt keinen feststehenden Ausdruck

der berufstätige Mann

Zu *Hausfrau gab es bis vor kurzem kein Analogon, aber auch Hausmann* wird ganz anders benützt als *Hausfrau. Alte Jungfer* hat keinen analogen Terminus; *Junggeselle* ist positiv besetzt. Ähnlich sind viele Bezeichnungen von Frauen semantisch negativ und Bezeichnungen von Männern positiv, z. B.

spätes Mädchen – alter Junge

Mädchen und *Junge*, diese ganz gewöhnlichen Bezeichnungen, sind semantisch auch noch unterschiedlich, indem sie verschiedene Altersgrenzen ansprechen. *Mädchen* wird auf Frauen fast jeden Alters angewendet. *Junge* wird sehr bald abgelöst von *junger Mann* und *Mann*. Mit dieser Definition von Frauen als ewigen Mädchen, die bewußt am Kindlichen von Frauen festhält, wird ihnen nicht nur der Status des Erwachsenenseins entzogen, sondern auch Ernsthaftigkeit und Verantwortung abgesprochen. Die schwerwiegendste Verzerrung kommt aber meines Erachtens durch die Kategorie *Frau und Mutter*. Eine Definition, die Frauen in erster Linie als Ehefrauen und Mütter definiert, ist schädigend für die Entwicklung von allen Frauen. Frauen werden unabhängig davon, was sie für Eigenschaften und Interessen haben, als für ihre Männer und Kinder zuständig definiert und damit nicht eigentlich der Berufswelt zugehörig. Dann kann man ihnen das Recht auf Arbeit außerhalb des Hauses verweigern, das

Recht auf gleiche Ausbildung, gleiche Studienmöglichkeiten, gleichen Lohn, gleiche Aufstiegsmöglichkeiten. Ihr Platz ist ja im Haus, ihre erste Pflicht Mann und Kindern gegenüber.

Wenn Frauen zu allererst als Ehefrau und Mutter definiert sind, kann man »mit Recht« ihre Entwicklungsmöglichkeiten außerhalb dieses Bereiches einschränken. Ohne schlechtes Gewissen kann man ihnen die Halbtagsstellen, die Kurzzeitstudiengänge, die unsicheren Arbeitsplätze, die unterbezahlten Stellen, die anspruchslosen Berufe zumuten. Mädchen brauchen dann nicht zu studieren, sie heiraten ja später doch, und wenn schon, dann sollen sie möglichst schnell fertig sein und einen Beruf ergreifen, der sich mit dem Ehefrau- und Muttersein möglichst gut verbinden läßt.

Ich spreche an anderer Stelle[4] mehr darüber, wie sehr solche Definitionen, die den Männern nützen, uns Frauen einschränken, wie massiv wir durch diese Definitionen unterdrückt werden und wie unsere Kreativität durch sie abgetötet wird. Hätten sich andere Definitionen von uns Frauen durchgesetzt, müßten unsere Kräfte und Energien nicht verkümmern. Die Bemühungen von Frauen heute in der Wissenschaft, Kunst und überall gehen dahin, neue Definitionen von uns durchzusetzen, die uns Raum geben, uns zu entfalten.

2. *Unterdrückung von Frauen in Gesprächen*

Ich möchte nun, nachdem ich über die Unterdrückung der Frauen durch das sexistische Sprachsystem des Deutschen, d. h. durch ihre unterschiedliche Behandlung in der Syntax, im Lexikon, in der Semantik gesprochen habe, zur Unterdrükkung von Frauen in konkreten Gesprächssituationen kommen. Sprachsystem und Realisierung des Systems in Gesprächen sind natürlich verwoben, wie wir in dem Beispiel mit der Patientin sahen, für die das Konzept *Psychologe* rein männlich war und deren Erwartung deshalb eine Psycholog*in* nicht inkorporieren konnte. Die Auswirkung ihres Sprachgebrauchs, der durch das generische *he* des Englischen vorprogrammiert ist, war, daß sie der Therapeutin keine Kompetenz zutraute und damit letztlich ihre Behandlung gefährdete. Ihr Widerstand gegen alle Interventionen wuchs, und sie kam in der Tat nicht in die Klinik zurück. Dies zeigt übrigens einen Grund auf, warum es für Männer leichter ist, Leistung zu erbringen, da sie von vornherein als kompetent eingeschätzt werden.

Was die Unterdrückung von Frauen in Gesprächen anbelangt, haben wir interessante amerikanische Arbeiten von ethnomethodologischer Seite. Untersucht werden gemischtgeschlechtliche Gruppen und Paare. Ich will die Ergebnisse kurz zusammenfassen:

1. Männer ergreifen öfter das Wort und reden länger als Frauen.
2. Männer unterbrechen Frauen, Frauen unterbrechen Männer kaum.
3. Frauen müssen um ihr Rederecht kämpfen, und sie müssen kämpfen, um es zu behalten.
4. Männer bestimmen die Gesprächsthemen und kontrollieren den Gesprächsablauf, Frauen leisten die Gesprächsarbeit.

Wir sind in der Linguistik dabei, diese amerikanischen Ergebnisse für deutsche Gesprächsituationen zu überpüfen und in allen empirischen Untersuchungen, die ich dazu kenne, wurde bis jetzt keine dieser Hypothesen widerlegt: Männer dominieren die Gespräche. Ich gebe eine kurze Ausführung dieser Hypothesen:

1. Männer reden mehr als Frauen

Männer melden sich öfter zu Wort (häufig auch als erste in einer Diskussion oder Konferenz) und reden durchschnittlich bei ihren Wortmeldungen länger als die Frauen. Bei Diskussionen z. B. geben sie lange Einleitungen zu ihren Fragen, die hauptsächlich den Zweck haben, ihr eigenes Wissen darzustellen; sie stellen sehr häufig Doppel- oder auch Dreifachfragen, die auch ihre Funktion haben, ihre Überlegenheit der/dem Vortragenden gegenüber anzudeuten. Die Quantität ihrer Redebeiträge ist oft direkt proportional zu ihrer Stellung, zu ihrem Rang in der Gruppe. Der Ranghöchste redet am meisten. Nun könnte man erwarten, daß auch ranghohe Frauen mehr reden als rangniedrige Männer, aber das ist nicht der Fall. Rangniedrigere Männer reden häufig immer noch mehr als Frauen gleich welchen Ranges.

2. Männer unterbrechen Frauen systematisch;
   Frauen unterbrechen Männer kaum.

In allen Unterhaltungen, ob Gruppengespräche zwischen Frauen und Männern, zuhause bei Paaren, die zusammenleben oder bei solchen, die sich gerade kennengelernt haben, in den verschiedensten Situationen, die bisher untersucht wurden, stellte sich heraus, daß Männer Frauen sehr viel mehr unterbrechen als umgekehrt. Und zwar kamen in einer Untersuchung[5] 96% aller Unterbrechungen von Männern. Außerdem kommen die Unterbrechungen in regelmäßigen Abständen vor, d. h. Frauen werden systematisch unterbrochen. In einer anderen Untersuchung[6] wurde die ranghöchste Frau jedes dritte Mal, wenn sie das Wort ergriff, unterbrochen, rangniedrigere Frauen fast jedes Mal, wenn sie einen Redebeitrag machten. Das zeigt, daß sie nicht als gleichwertige Gesprächspartner behandelt werden, sondern wie Kinder jederzeit unterbrochen werden können und selbst nicht unterbrechen dürfen. Durch Unterbrechungen wird aber Gesprächskontrolle ausgeübt. Die Sprecherin wird gehindert, ein Thema zu entwickeln, ihre Position darzustellen, in ihrem Tempo Argumente anzubieten oder etwas zu erzählen; wenn Unterbrechungen gehäuft vorkommen, wird sie dadurch schlicht gehindert, überhaupt etwas Vernünftiges zu sagen.

3. Frauen müssen um ihr Rederecht kämpfen und müssen kämpfen, es zu behalten.

Es ist schwer für Frauen, zu Wort zu kommen, sich zu behaupten, gehört zu werden. Deshalb müssen sie häufig ihre Beiträge mit Fragen oder Ausrufen einleiten, damit ihre Wortmeldungen überhaupt wahrgenommen werden. Nach solchen Ausrufen, wie z. B.

Das ist interessant!

oder Fragen

Weißt du, was mir heute passiert ist?

erteilt ihnen dann, wenn es gut geht, der Mann die Redeerlaubnis:

Was ist interessant?
Was ist dir passiert?

und sie dürfen erzählen. Ein normaler Redebeitrag würde anscheinend untergehen. Auch das ist so wie bei Kindern, die auch eingeschränktes Rederecht haben, d. h. nicht jederzeit etwas sagen können und gehört werden. Wenn Frauen die Redeerlaubnis haben und reden, müssen sie dafür sorgen, daß sie ihr Thema zu Ende führen können: Sie müssen Unterbrechungsversuche abwehren, bei Einwürfen ihr Rederecht behaupten, bei Unterbrechungen versuchen, ihr Rederecht zurückzubekommen, und vor allem durch das, was sie sagen und wie sie es sagen, die Aufmerksamkeit der Männer bewahren. Deshalb stellen sie mehr Fragen und beziehen sich mehr auf Männer, um sie zu einer Reaktion zu zwingen, die sie sonst nicht sicher bekämen. Deshalb sind Frauen auch höflicher und persönlicher. Häufig kommt es vor, daß wenn eine Frau unter Männern redet, die Männer nicht zuhören, eigene Gespräche anfangen, so daß sich die Frau mit ihrem

Redebeitrag totläuft. Auch durch solche Reaktionen wird Gesprächskontrolle ausgeübt.

4. Männer bestimmen das Gesprächsthema und Frauen leisten die Gesprächsarbeit.

Es wurde gezeigt, [7] daß Frauen zwar mehr Themen einführen als Männer, aber wenige ihrer Themen zu Ende bringen, weil die Männer nur so minimal oder gar nicht reagieren. Sie geben also keine Unterstützung, und Frauen lassen daraufhin ihre Themen fallen. Auf diese Weise kontrollieren Männer, welches Thema interessant ist und verfolgt wird. Meistens sind das ihre Themen. Wenn dagegen ein Mann ein Thema einbringt, wird er von der Frau unterstützt, das Thema zu entwickeln. Frauen reagieren, stellen interessante Fragen, machen bewundernde Einwürfe, hören aufmerksam zu, lächeln, ermuntern, vor allem unterbrechen sie nicht und lassen die Männer mit ihren Themen erfolgreich zu Ende kommen. Also Männer kontrollieren den Gesprächsablauf, und Frauen leisten die Arbeit, um das Gespräch aufrechtzuerhalten.

Hierzu möchte ich nun über meine eigene Forschung in der Gesprächsanalyse berichten. Ich beschäftige mich mit der Frage, wie diese unterschiedlichen Rechte von Frauen und Männern in Gesprächen konstruiert werden. Ich nehme an, daß diese unterschiedlichen Rechte auf das Redeverbot für Frauen zurückgehen: Frauen durften nicht reden, und sie dürfen immer noch nicht reden. Aber wie wird nun das Redeverbot konkretisiert, wie werden Frauen in konkreten Situationen eingeschränkt? Zunächst einfach, indem Frauen nicht das Privileg gegeben wird, öffentlich zu reden. Das gilt generell für alle Themen, die für Männer wichtig sind, und es gilt für die meisten Themen, die für Frauen wichtig sind. (Ich bin deshalb hier keine Ausnahme für meine Regel.) Ich erinnere daran, daß erst 1908 das Versammlungsverbot für Frauen aufgehoben wurde und damit das Redeverbot, »politische Gegenstände öffentlich« zu erörtern, was für Frauen, Lehrlinge und Schüler seit 1850 galt. Wenn es aber nicht zu vermeiden ist, daß eine Frau die Möglichkeit bekommt, öffentlich zu reden, dann wird das, was sie sagt, abgewertet, nicht gehört, lächerlich gemacht, nicht respektiert, unkorrekt oder gar nicht wiedergegeben. Damit werden Frauen in sekundäre Rollen als Rednerinnen und Gesprächspartnerinnen gezwungen.

Ich gebe hierfür nur eine Technik an: Frauen werden häufig von Männern in einer Weise vorgestellt, daß sie weniger kompetent erscheinen. Eine Konsequenz davon ist, daß Hörerinnen und Hörer sie weniger ernst nehmen und dem, was sie sagen, weniger Beachtung schenken.

Das können wir immer wieder beobachten, ob am Fernsehen, Rundfunk, bei öffentlichen Veranstaltungen oder in Zeitungen (so hieß ein Artikel in der *ZEIT* über Ingrid Matthäus: die Dame mit der schnellen Gangart, Untertitel: 33jährige Mutter wird Vorsitzende des Finanzausschusses; man stelle sich die analogen Titel für einen Mann vor: der Herr. . . 33jähriger Vater wird. . .). Ich nahm letztes Semester an einem Seminar Feyerabends über Wissenschaft und Forschung an der ETH in Zürich teil, wo es unter 35 Vortragenden nur drei Frauen gab. Bei einer Veranstaltung, wo es um die Finanzierung von Forschungsprojekten ging, wurde eine bekannte Züricher Journalistin und Mitglied des Wissenschaftsrates als Bürgerin vorgestellt, alle teilnehmenden Männer aber mit vollen Titeln, Berufsangaben und als Experten für das Thema. Niemand fand etwas dabei. Niemandem fiel es auf. Allen wäre das Umgekehrte aufgefallen. Undenkbar, die Männer, Ärzte und Professoren, als Bürger vorzustellen.

Bei meiner Antrittsvorlesung an der Universität Konstanz, die immerhin die größte war, die je in Konstanz stattgefunden hat und die deshalb ins Auditorium Maximum verlegt werden mußte, passierte dem Vertreter des Dekans, obwohl ihm klare Daten meines Lebenslaufes vorlagen, eine Fehlleistung nach der anderen, und es entstand der Eindruck, daß ich zwar viele Studien begonnen, aber nie ein Studium abgeschlossen hatte. Er wählte geschickt irrelevante Daten und vergaß meine Bücher, mein zweijähriges Habilitationsstipendium und sogar meine Habilitation. Selbst das Mikrofon im Audimax funktionierte nicht und wurde auch nicht repariert, ganz im Gegensatz zu den Gepflogenheiten, wenn der männliche Rektor gesprochen hätte. Dieser war zwar anwesend, identifizierte sich aber nicht genügend mit mir, um einen kompetenten Hausmeister holen zu lassen.

Das alles sind Indikatoren dafür, wie wichtig das ist, was ich sage, wie wichtig es ist, mich zu hören. Glücklicherweise habe ich eine gute Stimme und bin auch in einem großen Saal nicht auf ein Mikrofon angewiesen. Aber das ist nur die akustische Seite des Gehörtwerdens. Das Gehörtwerden im Sinne von Aufgenommen- und Akzeptiertwerden ist noch viel mehr behindert durch das, was wir gelernt haben, nämlich, daß Frauen nichts Wichtiges zu sagen haben: Wir brauchen deshalb nicht hinzuhören, wenn eine Frau spricht, und wir brauchen nicht aufzunehmen, was sie sagt.

Deshalb ist die Vorstellung ein sehr wichtiger Faktor für den Erfolg einer Sprecherin oder eines Sprechers, weil Zuhörerinnen da ihr Bild, ihre Erwartungen, ihre Orientierung formen. Wir orientieren uns, je nachdem wie eine Frau oder ein Mann eingeführt werden – wir sind willens, ernstzunehmen, was sie sagen, oder wir sind geneigt, abzutun, was sie zu sagen haben. In der Diskussion wird die unterschiedliche Behandlung von Frauen und Männern dann durch zusätzliche Techniken fortgesetzt, z. B. werden Frauen weniger angesprochen, ihr Name wird weniger genannt, sie werden ignoriert, weniger Fragen werden an sie gerichtet, inhaltlich wird weniger auf das, was sie sagten, rekurriert, d. h. ihre Themen werden nicht zu Hauptthemen in der Diskussion, sie werden zu den trivialeren Punkten gefragt, sie dürfen Arbeit leisten, die für Männer unangenehm ist, für das Gespräch aber notwendig.

Durch all diese Mechanismen entsteht für Frauen ein niedriger Status im Gespräch. Ich habe Fernsehdiskussionen erlebt, wo Frauen nur angesprochen wurden, um einen Übergang zwischen Sprechern zu glätten und ästhetischer zu machen, und wo Frauen, obwohl als Expertinnen eingeladen, nie zu Wort kamen, d. h. reine Dekoration waren. Häufig haben Frauen in solchen Situationen sowieso schon einen niedrigeren gesellschaftlichen und professionellen Status als die anwesenden Männer. Die unterschiedliche Behandlung wird dann oft diesem Statusunterschied zugeschrieben und behauptet, ein Mann von gleichniedrigem Status wie die betreffende Frau wäre ähnlich behandelt worden.

Deshalb habe ich meine Forschung auf Situationen gerichtet, wo eine Frau und ein Mann gleichen professionellen und gesellschaftlichen Status haben. Ich habe bis jetzt drei solche Paare, Journalisten, Politiker und Angehörige der Jugendbewegung, in Fernsehdiskussionen des Schweizer Fernsehens untersucht[8] und berichte über die Analyse des ersten Paares. In einer Diskussion vom 12. 7. 1980 mit dem Titel: Haben die Massenmedien versagt: ein Gespräch zwischen Politikern und Journalisten – treffen zwei Züricher Politiker auf fünf Journalistinnen und Journalisten von Zeitung, Rundfunk und Fernsehen und zwei Moderatoren. Die Moderatoren sind, wie meine Bezeichnung sagt, männlich; unter den fünf Journalistinnen und Journalisten ist eine Frau. Sie ist Fernsehredakteurin. Das Fernsehen wird noch von einem weiteren Vertreter repräsentiert, Abteilungsleiter und Chef der Redakteurin. Der Rundfunk wird nur von einem Vertreter, einem (etwa gleichaltrigem) Rundfunkredakteur, Kollege der Redakteurin, repräsentiert. Kein Abteilungsleiter oder Chef dieses Redakteurs ist anwesend. Die beiden großen Züricher Tageszeitungen sind jeweils durch einen Vertreter repräsentiert. Allein diese Verteilung ermöglicht schon verschiedene Interpretationen, z. B. daß die mächtigste Institution oder die, die am meisten unter Angriff war, zwei Vertreter entsendet, daß ein Vertreter unterstützt werden muß, das wäre hier eindeutig die Fernsehredakteurin, der nicht genug Gewicht zugesprochen wird, daß ein Vertreter Begleitung, Dekoration, Mitbringsel ist, nicht inhaltlich im gleichen Maß zuständig, auch das wäre natürlich die statusniedrigere Frau. Diese Interpretationen, gleich welche Zuschauerinnen und Zuschauer wählen, die sich nur aus der Tatsache ergeben, daß das Fernsehen zwei Leute entsandte oder die Fernsehmoderatoren zwei Kollegen einluden, fallen beim männlichen Rundfunkredakteur weg. Er ist allein zuständig, braucht keine Unterstützung und ist folglich kompetent. Dieser erste Eindruck, dieses erste Sichten und Ordnen von Informationen der ersten Minute hat sicher Konsequenzen für die Auswahl von weiteren Interpretationen oder Verständnismöglichkeiten von dem, was wir im Laufe der Diskussion sehen. Fernsehredakteurin und Rundfunkredakteur sind statusgleich, obwohl selbst jetzt schon die ersten Zweifel auf diese Behauptung fallen. Sie sind jedenfalls nach gängigen Kriterien, beruflicher Position, Einkommen, Alter statusgleich, wobei der Frau ein höherer Bekanntheitsgrad aufgrund des Fernsehens und wegen einer Buchveröffentlichung zukommt.

In der Diskussion zeigen sich folgende unterschiedliche Verhaltens- und Behandlungsweisen der beiden Journalisten, die ich jetzt F und M nenne.

0. Ihre Redezeiten und Anzahl der Beiträge sind fast gleich; beide sprechen knapp vier Min. im ganzen; F hat fünf, M sechs Redebeiträge.
1. Beide werden im Gegensatz zu den statushöheren Politikern und Journalisten nicht durch eine längere Einführung der Moderatoren vorgestellt; beiden wird nicht die Gelegenheit gegeben, durch einen ausführlichen Anfangsbeitrag ihre Position darzustellen. F wird bei ihrem ersten Redebeitrag aufgerufen, um einen Vorwurf an das Fernsehen zurückzuweisen, M nimmt sich beim ersten Beitrag selbst das Wort. F muß sich aber diesen Beitrag erkämpfen, sie kann selbst nach der offiziellen Worterteilung an sie durch den Moderator noch nicht reden, weil ein anderer Sprecher einfach weiterredet. M hat keine Schwierigkeiten bei seiner Eigenübernahme an einer Übergangssstelle.
2. F wird in ihrem ersten Beitrag von 32 Sek. zweimal unterbrochen und verliert beim dritten Unterbrechungsversuch endgültig das Wort. M wird im ersten Beitrag einmal unterbrochen und beendet seinen Beitrag dann selbst.
3. F versucht nach dem ersten Beitrag, der durch Unterbrechung beendet wurde, dreimal zu Wort zu kommen, aber diese Versuche werden überhört, und das Wort wird neunmal an Männer gegeben, ehe F nach einer langen Pause durch Eigenselektion

wieder zu Wort kommt. M's Versuche, zu Wort zu kommen, führen fast alle zum Erfolg.

4. Im ganzen macht F elf Versuche, zu Wort zu kommen, von denen einer gelingt; M dagegen macht fünf Versuche, und vier davon gelingen. F leistet also sehr viel mehr Arbeit mit sehr viel weniger Erfolg.
5. F nimmt sich beim zweiten Beitrag selbst das Wort, bei allen übrigen Beiträgen wird sie von den Moderatoren unterstützt; nie gewinnt sie durch Unterbrechung das Wort. D. h. andere entscheiden, wann sie etwas sagen kann. M kommt bei seinen sechs Beiträgen dreimal durch Unterbrechung zu Wort, zweimal durch Einsatz an einer Übergangsstelle, einmal mit Unterstützung eines Moderators, d. h. M. entscheidet selbst, wann er etwas zu sagen hat.
6. F beendet nur ihren zweiten Beitrag selbst, alle anderen werden durch eine Unterbrechung beendet, d. h. andere Sprecher bestimmen, wann sie zu Ende geredet hat. M. beendet fünf Beiträge selbst, nur einen durch Unterbrechung, d. h. er bestimmt, wann er genug gesagt hat.
7. F erfährt zwölf Unterbrechungsversuche während ihrer Beiträge, d. h. da die Beiträge verhältnismäßig kurz sind, wird sie laufend unterbrochen, z. B. in einem Beitrag von 27 Sek. dreimal, von 50 Sek. dreimal und von 52 Sekunden viermal. M erfährt neun Unterbrechungsversuche, während er redet. Auch er wird häufig unterbrochen.
8. F wird zweimal vom Moderator unterbrochen: einmal, als sie sich schon das Wort genommen hat, unterbricht er sie, um ihr das Wort zu erteilen, und dann, nachdem sie schon angefangen hat zu argumentieren, unterbricht er sie, um ihr eine Frage zu stellen. M erfährt keine solchen Behinderungen.
9. F erfährt nach den vier Beiträgen, die durch Unterbrechung enden, keine Unterstützung der Moderatoren dabei, ihre Rederecht zurückzugewinnen. M wurde nur einmal unterbrochen und wird nach dieser Unterbrechung nicht unterstützt.

Ich möchte jetzt in diesem Vergleich nicht weiterfahren, obwohl ich z. B. noch nichts zur inhaltlichen Struktur gesagt habe, sondern darauf hinweisen, daß durch einige dieser unterschiedlichen Behandlungsweisen bei F Inkompetenz produziert wird und bei M Erfolg produziert wird. So wurde F durch die Unterbrechung des Moderators in ihrer Eigeninitiative gehindert, anscheinend nach der Regel, daß sie sich nicht selbst das Wort nehmen darf. Diese Interpretation wird durch andere Vorkommnisse in der Diskussion bestätigt, z. B. setzt F einmal an einer Übergangsstelle ein mit:

> Ja, dürft ich vielleicht auch noch schnell?

Und der Moderator antwortet:

> Ja, no a Schlußwort.

Nun kann man zwar die Frage von F als Bitte um Redeerlaubnis hören, aber der Moderator braucht nicht unbedingt eine Erlaubnis zu geben. Durch seine Äußerung definiert er aber die Frage als explizite Bitte um Worterteilung.

Anders geht der Moderator mit einer ganz ähnlichen Frage von M um:

> Ja, wenn i da auch grad dürft igrife vielleicht –

Bei praktisch identischen Indikatoren *(dürfte, auch, gerade, vielleicht),* die die Frage als Bitte um Redeerlaubnis ausweisen, greift kein Moderator ein. Damit wird diese Äußerung als pro-forma-Frage definiert, mit der schon der Anfang des neuen Redebeitrags etabliert ist. Moderatoren hören also anscheinend ganz ähnliche Äußerungen von Frauen und Männern anders: Frauen müssen ums Wort bitten, und Männer nehmen sich das Wort.

Frauen steht es nicht zu, sich das Wort zu nehmen, und selbst wenn sie es schon getan haben, wird es ihnen nachträglich noch erteilt; Männer müssen nicht um das Wort bitten, und selbst wenn sie es tun, wird es nachträglich als selbständige Eigenübernahme ratifiziert. Auf diese Weise werden verschiedene Rechte für Frauen und Männer in einer Diskussion konstruiert.

Dazu ein zweites Beispiel: Die Versuche, zu Wort zu kommen, wurden bei Frau und Mann unterschiedlich behandelt.

Ein Handsignal des Mannes oder ein Redeeinsatz, der als Versuch mißglückte, wurde bei der nächsten Gelegenheit mit Wortvergabe honoriert. Zahlreiche solcher Versuche, zu Wort zu kommen, wurden bei der Frau übersehen bzw. übergangen. Frauen müssen warten, bis ihnen das Wort erteilt wird, Männer sind daran gewöhnt, das Wort zu bekommen. Frauen warten auch, bis ihnen das Wort erteilt wird, und Männer kämpfen um das Wort (in unserer Diskussion kamen alle Unterbrechungen von Männern. F machte keinen Unterbrechungsversuch).

Wir sehen also, daß F und M nicht nur verschiedenes Verhalten zeigen, F wartet und unterbricht nie, wohingegen M mehrere Male unterbricht (d. h. er verhält sich nicht wie der Statusniedrigste in der Gruppe, während die Frau das tut), sondern auch daß ähnliches aktives, autonomes Verhalten bei M ratifiziert und damit als erfolgreich bestätigt wurde, bei F dagegen nicht akzeptiert und gehindert wurde. Die Mächtigen definieren die Situation und produzieren den Statusunterschied zwischen Frau und Mann, indem sie bestimmen, welches Verhalten Erfolg hat. Im Lauf der Diskussion wird bei der Frau ihre Machtlosigkeit, ihr niedriger Status in der Gruppe verstärkt, beim Mann dagegen werden gelungene Manöver und damit Erfolg in der Interaktion produziert.

Das erhöht seinen Status in der Gruppe. Ihr potentiell gleicher Status fällt sozusagen auseinander: Die Frau bekommt einen niedrigeren, der sich mehr an den Status der meisten Frauen anpaßt, der Mann einen höheren, der sich mehr dem seiner Kollegen anpaßt. D. h. Frauen und Männer mit dem gleichen Status sind nicht gleich. Es ist eine interessante Frage, ob Frauen und Männer überhaupt statusgleich sein können. Denn es ergibt sich folgendes Paradoxon: Wenn eine Frau und ein Mann gleichen Status haben, dann hat die Frau einen niedrigeren, d. h. sie haben ungleichen Status, wenn sie aber ungleichen Status haben, genau: die Frau hat einen höheren, dann haben sie vielleicht den gleichen Status.

Anmerkungen

1 *Renate Möhrmann:* Die andere Frau, Stuttgart 1977, S. 2–3.

2 *J. L. Dillard:* American Talk 1976; *H. L. Mencken:* The American Language, 4th ed., 1977.

3 Siehe z. B. den Index mit 160 neuen Wörtern in *Mary Daly:* Gyn/Ecology, Boston 1978, S. 469–471.

4 Siehe *Senta Trömel-Plötz:* Frauensprache – Sprache der Veränderung, Frankfurt 1982, vor allem Kapitel 10: Frauen und Macht in der Sprache.

5 *Don H. Zimmermann* und *Candace West:* »Sex Roles, Interruptions and Silences in Conversation«. In: Barrie Thorne und Nancy Henley (Hrsg.): Language and Sex: Difference and Dominance, Rowley, Mass. 1975.

6 *Barbara Eakins* und *Gene Eakins:* »Verbal Turn-Taking and Exchanges in Faculty Dialogue«. In: B. Dubois und I. Crouch (Hrsg.), The Sociology of the Languages of American Women. Trinity University, San Antonio, Texas, 1976.

7 *Pamela Fishman:* »Interaction: The Work Women do« In: Social Problems 25, 1978, 397–406.

8 *Senta Trömel-Plötz:* »The Construction of Conversational Differences in Women's and Men's Speech«. Paper given at the X. World Congress of Sociology, Mexico City 1982.

Sabine Kebir

Mode – Ausdruck einer Hegemonie oder des Schmucktriebes?

1. Die Mode als kategorischer Imperativ

Welche Frau hat nicht ab und zu geflucht, wenn sie sich in den eiskalten Wintern der auslaufenden sechziger Jahre in ihren Minimantel warf, um auch bei klirrender Kälte das Knie sehen zu lassen? Der kategorische Imperativ, das Knie freizuhalten, war so unerbittlich, daß auch die Frau, die mit ihrem Knie alles andere als zufrieden war, es sehen ließ. Und kategorisch war der Imperativ auch für die Frauen der osteuropäischen Länder, obwohl sie noch härteren Wintern ausgesetzt sind und zur Zeit der ersten Minimode (der Kommerz versucht uns gerade weiszumachen, daß wir in einer zweiten Zeit der Minis stehen) noch nicht mit Strumpfhosen verwöhnt wurden und den Frost direkt auf den Schenkeln spürten – falls sie sich nicht zum Tragen von großen Buxen mit angeschnittenen Beinen entschlossen, sogenannten »Liebestötern«, wodurch die ganze Minikoketterie jedoch rasch im Eimer sein konnte: man mußte beim Sitzen aufpassen, daß es nicht »blitzte«. Und ein Blitzen von »Liebestötern« galt als ungleich unvorteilhafter als ein Blitzen von purem Fleisch. . .

Eine solche kulturelle Hegemonie, die weit über ein politisches Machtfeld hinausreicht, die sich wider alle Vernunft bis in die entlegendsten Winkel der Welt durchsetzen kann – wie kommt sie zustande, und was ist ihre wirkliche Bedeutung? Daß aber in der ganzen Modeproblematik doch auch immer eine subjektive Entscheidungsmöglichkeit besteht, macht die Tatsache deutlich, daß eine reife Frau, die zum zweiten

Mal in ihrem Leben z. B. eine Phase verrückt hoher Stöckelabsätze mitmachen soll, doch schon einmal nach Möglichkeiten sucht, den Wahnsinn zu vermeiden oder um ein paar Zentimeter zu vermindern, was ihr der Kommerz indes nicht leicht macht, denn er ist nun mal in erster Linie auf Stöckelabsätze festgelegt. Sein dankbarster und unkritischster Abnehmer ist die Jugend, die den Versuchungen der Mode am hilflosesten ausgeliefert ist: sie hält eine Modetorheit leicht für jenen echten »Fortschritt« in der Bekleidung, den die Werbung vorgaukelt.

Der französische Strukturalist Roland Barthes hat die Sprache der Modezeitschriften des Jahres 1958/59 als Teil des gesamten ideologischen Systems der abendländischen Zivilisation analysiert (Roland Barthes: Die Sprache der Mode, Frankfurt 1985 [Frz. 1967]).

Nach Barthes ist die Sprache der Mode »autoritär«, »apodiktisch« und will wie ein Gesetz oder gar wie ein religiöses Gebot wirken. Indem sie sich literarisch gibt, aber niemals die wirkliche Dynamik (oder gar Tragik) des Lebens berührt, ähnelt sie der früheren Jungmädchenliteratur. Die Modesprache ist »kultiviert«, »sublim« oder das Gegenteil: »vertraulich«, »intim«, »kindisch«. Im Nebeneinander des übertriebenen Ernstes und des übertrieben Belanglosen »wiederholt sich wahrscheinlich die mythische Situation der Frau in der abendländischen Gesellschaft: sublim und kindisch zugleich«. Die psychologischen Wesenszüge der Modefrau sind »keß, lässig, pfiffig, amüsant, besonnen, ausgeglichen, verträglich, frech, exquisit, kokett, solide, naiv usw.«. Obwohl es immer noch Modezeitschriften (und -schreibweisen) für aristokratische Kreise gibt, und die Mode selbst aristokratischen Ursprungs ist, findet ein »Demokratisierungsprozeß« statt, d. h. das System der Mode gehört heute mehr in die Massenkultur. Sie muß billig sein, daher ist eine zunehmende Gewichtsverlagerung auf eine »Rhetorik des Details« in den Modebeschreibungen zu beobachten. Für alle erschwinglich, sanktioniert das modische Detail eine gewisse Demokratie und stellt zugleich die »aristokratische Distanz der Geschmacksunterschiede« her. Obgleich in den Modezeitungen immer eine konkrete Zielgruppe angesprochen wird (die sich leicht erschließen läßt), weist das Sprachbild zumeist auf eine etwas höhere soziale Kategorie.

Die mittlerweile weltweite Ausstrahlungskraft der westlichen Mode auch dort, wo der westliche Markt nicht hinreicht, weist darauf hin, daß wir es mit einem Phänomen zu tun haben, das sich nicht allein als kommerzielle Strategie einer bestimmten sozio-ökonomischen Struktur erklären läßt. Die Mode kann als klassisches Beispiel eines nicht mechanistischen Verständnisses des Verhältnisses von Basis und Überbau dienen. . . Und doch liegt klar auf der Hand, daß die weltweite Herrschaft der abendländischen Mode in erster Linie – aber eben nicht nur – ein Ausdruck der weltweiten Hegemonie der westlichen Bourgeoisie ist.

Welchen Sinn könnte der Modestreik haben, den es trotz Modediktat doch auch immer und überall gibt, die Ablehnung des ganzen Zaubers, was bedeutet es, sich allein nach funktionalen Gesichtspunkten zu kleiden?

Der Modestreik findet nicht nur in den westlichen Metropolen selbst statt, sondern tritt auch mit solchen Erscheinungen zutage wie z. B. dem islamischen Schador. Dieser ist nicht nur ein Zeichen von religiösem Irrationalismus, sondern auch ein Zeichen antikapitalistischer Rationalität. Zwar ist unumstritten, daß er in erster Linie ein Mittel zur Unterdrückung der Frau darstellt, seine relativ leichte Durchsetzbarkeit beruhte jedoch auch darauf, daß er den ökonomischen Möglichkeiten der Mehrheiten jener Länder eher entspricht als der westliche Modewechsel. Das Tragen westlicher Moden in den arabischen Gebieten bedeutet jedoch auch keinesfalls schon wirkliche Frauenbefreiung.

2. *Bedürfnis nach Schmuck und Individualität als Antriebe der Mode*

Schon in den allerältesten Gesellschaften, schon bei dem nur als Halbmensch geltenden Neandertaler, hat ein Schmuckbedürfnis bestanden – ein bislang wenig beachtetes Charakteristikum des Menschen, das kein Tier mit ihm gemeinsam hat. Obwohl dieses Schmuckbedürfnis historisch verschiedenen Antrieben folgte, ist ihm doch bis in die tiefste Menschheitsgeschichte hinein eines gemeinsam: der von ihm vermittelte Kommunikationscharakter zwischen dem Einzelnen und der Gruppe, ein sozialer Ausdruck, der allein durch seine Existenz vom Vorhandensein bereits viel komplexerer sozialer Beziehungen zeugt, als sie im Tierreich möglich waren. Und mögen die ersten Schmuckelemente der Urmenschen auch mehr kultischen als in unserem Sinne ästhetischen Zwecken gedient haben, hatten sie doch einen zukunftsträchtigen »sozialen« Nebeneffekt: Da es keinen Spiegel gab, malte man sich gegenseitig an, wobei differenzierte gesellschaftliche Beziehungen möglich wurden, vor allem ein erstes Aufflackern des Bewußtseins vom »Ich und Du«, d. h. vom Individuum. Wenn Muße und Mittel zum »Schminken« da waren, kann durchaus von einem gewissen »Luxus« gesprochen werden, vom ersten wirklichen »Spielen« des Menschen, das zweifellos auch schon eine Art »Spaß« erzeugt hat.

Es besteht kein Zweifel, daß die beginnenden gesellschaftlichen Differenzierungen in Schichten und Klassen von ihren ersten Anfängen an auch ihren Ausdruck in der Kleidung – d. h. im alltäglichen Schmuck – gefunden haben. (Besonders prächtige Ausstaffierung der Schamanen, dann der ersten Priester, Könige usw.) Mit der Herausbildung des Patriarchats wurde dann auch die weibliche Kleidung immer mehr Spiegel des Immobilen, auf den häuslichen Herd beschränkten Lebensmodells, auf das die Frau festgelegt wurde, aber auch zum Spiegel der Disziplinierung ihrer sexuellen Kraft, wobei ein merkwürdiger Doppelaspekt zu beachten ist. Die patriarchalische Logik verlangte eine völlige Verdrängung der sexuellen Kraft der Frau in der Öffentlichkeit, d. h. genau dort, wo sie selbst hätte darüber verfügen können. Die tragische Dichotomie des Frauenschicksals spiegelte sich im Gegensatz der Kleidung von »anständigen« Frauen und Prostituierten. Jedoch konnte auch im privaten Rahmen – und das nicht nur im Milieu der Prostitution – durchaus auch auf erotisierende weibliche Bekleidung Wert gelegt werden. Dieser Doppelaspekt weiblicher Kleidung ist in den asiatischen und arabischen Kulturen stärker ausgeprägt als im christlichen Europa. Unter den sozialen Bedingungen des Patriarchats ist die Frau in erotisierender Kleidung jedoch in erster Linie Lustobjekt und nur zufällig auch einmal *-subjekt*.

Zu den Paradoxa der Frauenunterdrückung im Patriarchat gehört es, daß sie im Alltag – übrigens bis hin zur orientalischen Frauenbeschneidung – von Frauen selbst organisiert wurde. Das trifft auch auf die Gestaltung der Frauenbekleidung zu (der Damenschneider ist eine historisch junge Erscheinung, deren Bedeutung zu untersuchen wäre. . .). Die »Erlaubnis« zur Mode, die in früheren geschichtlichen Phasen immer einen Luxus darstellte, war die wichtigste Form der sozialen Integration der Frau in eine Gesellschaftsklasse, sie repräsentierte genau den Teil des »Mehrprodukts«, den der Mann der Frau abzutreten bereit war. Die Frauenmode löste sozio-psychologische Probleme: sie stellte eine standesgemäße Beschäftigung für den ökonomisch schwachen Teil der Familie dar. Diese Funktion hat die Mode bis heute behalten, sie richtet sich deshalb nicht zufällig weitaus mehr an die Frauen als an die Männer.

Kleidung und Schmuck waren in der Geschichte der Klassengesellschaften nicht allein Ausdruck der Zugehörigkeit zu den Grundklassen der Gesellschaft, sondern konnten auch auf eine besondere ethnische Zugehörigkeit deuten oder auf ein ausdifferenziertes Zunftwesen. Eine bestimmte Kleidung konnte Pflichtcharakter haben. Doch zugleich gingen die Bekleidungssitten bzw. -vorschriften nie ganz in den Formeln eines sozialen Konformismus der Gruppe auf, immer sind sie auf irgendeine – unter Umständen nur auf Sauberkeit reduzierte – Weise auch Ausdruck der Persönlichkeit gewesen. Trifft dies für die unteren Volksschichten historisch nur in geringem Maße zu, so drücken die herrschenden Klassen in der Bekleidung schon immer ausgeprägten Individualismus aus, was auf der Schmalheit der Produktion insgesamt beruhte und konkret durch die Einmaligkeit bzw. Seltenheit der handwerklich gefertigten Modewaren zustande kam. Die moderne Bekleidungsproblematik ist nicht zu verstehen, wenn man sich nicht vor Augen führt, welche enormen Veränderungen durch die industrielle Massenfertigung von Kleidung möglich geworden sind. Lassen wir uns nicht durch das »Modediktat« täuschen. In Wirklichkeit ist durch die Vielfalt des Angebots auch in den unteren Schichten der Gesellschaft der Ausdruck von Individualität mittels Kleidung möglich geworden. . .

Etliche Jahrzehnte später als Tageszeitungen, Kitschromane, Kino und Hausrat (Geschirr, Möbel) ist auch Kleidung zum industriellen Massenprodukt der Volkskultur geworden. Da es sich um einen Produktionssektor handelt, dessen Leistungsfähigkeit schnell alle realen Bedürfnisse überflügelte und einen ökologisch gesehen mittlerweile wahnsinnigen Ausstoß hat – dürfen wir uns nicht nur vielfältig und differenziert kleiden (innerhalb der gerade zugelassenen modischen Imperative) – wir sollen es sogar. Unser Schmuckbedürfnis wird nicht nur befriedigt, sondern manipuliert und zwar genau im Rhythmus der technisch möglichen Neuorientierung der Produktionsanlagen im Bekleidungssektor. . .

Während die historischen und aktuellen Bedeutungen der konformistischen Funktion der Bekleidung und der Moden relativ leicht zu erschließen sind, ist die Bedeutung, die das Individuum in seine Bekleidung legt, d. h. in seine Selbstdarstellung einbringt, schwerer zu fassen. Zweifellos läßt sie sich auch formal nicht ganz und gar auf das Anstreben eines sozialen Konformismus (in der eigenen oder einer höheren Gesellschaftsklasse nach dem Motto: mehr scheinen als sein) reduzieren. Wohl historisch immer bereits vorhanden, hat doch der Aspekt der erotischen Selbstdarstellung des Individuums erst in unserer, von der industriellen Massenbekleidung gekennzeichneten Zeit auch in den untersten Schichten größere Bedeutung erlangt.

Zweifellos ist die Mode auch Ausdruck eines uralten psychosozialen Dramas: des weiblichen Konkurrenzkampfes nämlich. Die Mode dient ja nicht dem Schmuckbedürfnis schlechthin, sondern oft zieht frau sich chic an, um – bewußt oder unbewußt – andere Frauen auszustechen. Das Paradox dieses Dramas liegt darin, daß die Zielgruppe des Konkurrenzkampfes – die Männer – dem Modewechsel gegenüber gleichgültig sind, ihn gar nicht bemerken oder sogar bedauern (wie den Wechsel von der Mini- zur Maximode). Die erotisierende Signalfunktion einer »neuen« Modefarbe wäre freilich eine Untersuchung seitens der Verhaltensforscher wert.

Es ist ein schlimmes Zeichen der Unterworfenheit des gesamten weiblichen Geschlechts, daß u. a. auch mittels des Modewettbewerbs eine Art Hackordnung entsteht: mit der Aufmöbelung der eigenen Person versucht frau, das Selbstbewußtsein der anderen Frauen zu schwächen und das eigene zu stärken. Mit Schaudern erinnere ich mich, wie hämisch wir eine Klassenkameradin ansahen, die als einzige keinen Petticoat besaß. Wie traurig das Beben ihrer Hüften, wenn sie vor uns anderen die Schultreppe hinaufsteigen mußte: obwohl sie vielleicht die Hübscheste war, wußte sie selbst, daß sie nun »schlampig« wirkte. Dann die eigene Sorge, ob Mutti den Petticoat nur ja richtig gestärkt hat! Der Neid gegenüber den Westpetticoats, die keine Stärke brauchten, weil sie einfach aus mehreren Lagen Tüll bestanden. . .

Freilich darf dieser negative Aspekt der Mode nicht verabsolutiert werden. Frauen können ja auch Freude daran haben, sich gegenseitig schön zu machen, zu schminken, zu frisieren. Und schließlich erregt das Bild einer schönen Frau, auch wenn es nicht das eigene Spiegelbild ist, doch auch bei Frauen nicht nur Neid, sondern oft auch Genuß, der vielleicht ein ästhetischer ist. . . Die Mode ist eben ein dialektisches, d. h. vielfach gefächertes Phänomen. . .

3. Musik, Tanz und Mode als gesellschaftliche Integrationsinstrumente: der Siegeszug der Arbeiterhose

In der Dynamik der Modebewegungen lassen sich immer deutlicher zwei Grundströmungen unterscheiden: Die erste Bewegung verläuft von der Haute coûture zum Prêt à porter und die zweite verläuft – umgekehrt. Damit vollzieht die Mode einen Prozeß mit, der das Verhältnis von Hochkultur und Massenkultur in unserer Epoche auch allgemein charakterisiert.

Während im alten Europa der erste Trend – die Ausstrahlung der Hochkultur auf die Volkskultur bis vor fünfzehn, zwanzig Jahren eindeutig dominierte, ist die amerikanische Kultur schon seit der Jahrhundertwende vom Aufsteigen kultureller Elemente der untersten Volksschichten in die Hochkultur gekennzeichnet, ein historisch seltener, aber doch nicht einmaliger Vorgang: er ist in seinen sozio-politischen Funktionen durchaus gleichzusetzen mit dem Aufsaugen des Urchristentums durch die römische Staatskirche und im Mittelalter mit der Assimilierung der Häresien durch den Katholizismus. Diesen Vorgängen lagen politische Kompromisse der Herrschenden zugrunde, die für sie überlebensnotwendig geworden waren. Mit dem Assimilierungsprozeß von kulturellen Elementen der Unterschichten verwandeln diese sich jedoch, wie auch die sie assimilierenden Herrschenden: in der Tat wurden durch solche Vorgänge stets neue historische Zeitalter möglich. Für das Aufsteigen von kulturellen Elementen der – wenige Jahrzehnte zuvor aus der Sklaverei entlassenen Schwarzen Nordamerikas in die von protestantisch-puritanischem Sektenwesen geprägte weiße Kultur ist nicht nur die traditionelle Schwäche der amerikanischen Hochkultur verantwortlich, sondern vor allem auch die Unfähigkeit des ökonomischen Systems, die Schwarzen vollständig zu integrieren. Wenn sie schon nicht alle ihren Platz in der kapitalistischen Wirtschaft finden konnten, war es zweifellos politisch günstig, sie singen und tanzen zu lassen, vor allem um ihre Organisation in politischen und kriminellen Vereinigungen zu verhindern bzw. einzudämmen. Der Erfolg wiederum, den die von afrikanischen Elementen durchsetzte Kultur der ehemaligen Sklaven in der protestantischen weißen Kultur hatte, läßt sich nur daraus erklären, daß diese gewisse inhaltliche Reformen dringend nötig hatte – vor allem die Aufgabe des Puritanismus, der dem Fließbandsystem in der Produktion nicht zuträglich war. Die noch bis in die dreißiger Jahre reichenden puritanischen Experimente (Prohibitionismus) erwiesen, daß die moderne amerikanische Arbeiterklasse das Fließbandsystem in der Produktion nur unter Aufgabe des Puritanismus, nicht mit seiner Verstärkung, hinzunehmen bereit war. Die – aus dem afrikanischen Urwald – nach Amerika verpflanzten kulturellen Elemente erwiesen sich schnell auch für die weißen Unterschichten als nützlich. Allein schon die freiere Art zu tanzen schuf wichtige Kompensationen zur Arbeit am Fließband oder im Büro, aber auch für die, die nicht arbeiteten, egal, ob freiwillig oder gezwungenermaßen. Wichtig für die relativ rasche Aufnahme dieser Kulturelemente bis hin in die weiße Hochkultur ist freilich auch die in der amerikanischen Gesellschaft nie verlorengegangene protestantische Tradition, die Unterschiede im Lebensstil zwischen »oben« und »unten« zumindest im äußeren Bilde – ganz besonders auch in der Kleidung – nicht allzuweit aufreißen zu lassen (eine Haltung des »Haben als hätte man nicht«). Symbol des freilich nicht nur von den Schwarzen, sondern auch von den weißen Unterschichten ausgehenden kulturellen Einflusses auf die Herrschenden sind die Blue-Jeans geworden, ursprünglich Arbeitshosen, die schließlich auch bei Millionären salonfähig wurden. Hier muß von einer enormen gesellschaftlichen Integrationsfunktion der Kultur gesprochen werden, die in diesem Ausmaß in der alten Welt schon jahrhundertelang nicht mehr stattgefunden hatte: Hochkultur und Volkskultur hatten in Europa nur wenig Berührungspunkte. Auch die – seit Mitte des 19. Jahrhunderts immer umfangreicher, weil industriell produzierbare Massenkultur (Zeitschriften, Heftchenliteratur, später Kino, Radio usw.) war keine Volkskultur, sondern eine Kultur für das Volk. Das alte Europa brauchte auch im 20. Jahrhundert zunächst keine kulturellen Integrationsmittel: die gesellschaftliche Integration wurde im wesentlichen durch die Weltkriege und die ihnen vorausgehenden und nachfolgenden Phasen der Vollbeschäftigung erreicht. In diesen Phasen ist ja bekanntlich sogar die Emanzipation der Frauen vorangekommen, ihre volkswirtschaftlich notwendige Einbeziehung ins Arbeitsleben.

4. Mode »von oben« und Mode »von unten«: ein Kulturkampf

Seit etwa fünfzehn, zwanzig Jahren sind allerdings die integrativen Effekte der Weltkriege zum Versiegen gekommen und die Frage der Sinngebung der anwachsenden Freizeit nicht allein ein politisches Problem hinsichtlich der Arbeitenden, sondern vor allem auch hinsichtlich der anwachsenden Heere der Nichtarbeitenden. Der Modekommerz reagiert sensibel auf die zunehmende Freizeit auch der Männer: stärker denn je wird versucht, auch auf dem Gebiet der Männermode – bis hin zur Kosmetik – mehr Wechsel und Verschleiß einzuführen.

Das durch allgemeine Schulausbildung, Medienkommunikation und materielle Grundsicherung ungeheuer angewachsene Kreativitätspotential gerade auch der unteren Schichten der Gesellschaft ist enorm. Es bricht sich immer mehr auch aktiv seine Bahn: mit der unaufhörlich anschwellenden Bewegung der Laienmusik und des Volkssports sowie der dazupropagierten Moden. Die neuen, aktiven Strömungen der Volkskultur können leicht gefährliche, nonkonformistische

Süddeutscher
Rundfunk
Bibliothek

Tendenzen aufweisen. Systemkonformer wirken die freilich bislang noch vorherrschenden passiven Elemente der Massenkultur: Fernsehen, Fußballstadion und für uns Frauen – die institutionalisierten Formen der Kleidermode.

Die mit den Beatles begonnene und später immer mehr auch durch Elemente der Gastarbeiterkulturen angereicherte Revolution in Form und Inhalt der Musik ist das erste Zeichen dafür gewesen, daß auch in Europa ein Aufsteigen kultureller Elemente von »unten« nach »oben« notwendig geworden ist und stattfindet. Wahrscheinlich ist es auch kein Zufall, daß diese Entwicklung noch einmal von einer stark protestantisch geprägten Gesellschaft ausging, von England nämlich. Die ebenfalls dort geborene Punkmode hat erstmals auch in Europa Elemente in die allgemeine Bekleidungskultur gebracht (einschließlich des Schminkens), die nicht von der Haute coûture ausgingen, sondern nonkonformistische und wohl sogar waldursprünglich afrikanisch-indianische Elemente in die Alltagskultur eingespeist haben. Und zwar bis hinein in die Hochkultur, die sich mit dem Edelpunk schmückte.

Die Musik und die Mode von »unten« wird nicht allein immer noch durch Modediktate von »oben« bekämpft (Postmoderne, neokonservative Tendenzen der Kleidung, die freilich nur unter der Bedingung der protektionistischen Abschirmung der Märkte gegenüber exotischen Importen z. B. aus Indien – die die Frauen nur sehr gern getragen haben – durchsetzbar waren), sondern vor allem auch mit dem raschen Aufsaugen durch den Kommerz (auch der Punk ist aufgesaugt worden). Dadurch wird die Kultur von »unten« rasch eines Teils ihres nonkonformistischen Potentials beraubt und insgesamt dem System wieder einverleibt. Ein so stark auf Ausschließlichkeit zielendes Modediktat wie es in den fünfziger und sechziger Jahren noch üblich war (und wie R. Barthes es beschrieben hat), ist heute aber wohl bereits unmöglich geworden. Die von der Modebranche lancierten Extreme werden immer öfter durch alternative Angebote »ergänzt«. Neben extrem hohen Absätzen wird auch eine Mode flacher Slipper propagiert, freilich vor allem, um durch die so entstehende Modeverwirrung noch mehr zu verkaufen. Bei dem Verwirrspiel übernehmen die visuellen Medien eine wichtige Rolle: während sie unaufhörlich Mini propagieren, bieten die Modegeschäfte auffallend lange Röcke an: die wirklich modebewußte Frau soll sich doppelt ausstaffieren.

So unbestreitbar die historisch neuen, individuellen Gestaltungsfreiräume in der Mode auch sind, so sehr muß doch auch betont werden, daß es sich doch zu einem großen Teil um eine Scheinfreiheit handelt. Der Moderhythmus und der Modetrend wird noch zu wenig von gesamtgesellschaftlichen Dynamismen geprägt, zu viel von Kommerz. Barthes behauptet drastisch, daß der Moderhythmus gegenwärtig noch dem Rhythmus der Blutrache gleiche – seine Vermenschlichung steht also noch aus.

Der Reichtum des Angebots täuscht weitaus mehr Freiheit vor, als eingelöst werden kann. Die Wahl, die jede Frau beim Kauf zu treffen scheint, wird nicht nur von ihrem Geldbeutel eingeschränkt. Daß es mit der Freiheit der Wahl und der eigenen Identitätsfindung noch nicht allzuweit her ist, zeigt zum Beispiel die massenhafte unkritische Akzeptanz von T-Shirt-Aufdrucken mit Inhalten aller Art, angefangen bei der Selbstdarstellung der Textilfirmen bis hin zur Werbung für Sekundärprodukte oder schlichtweg Politwerbung.

Trotzdem wäre es falsch, in der Massenkultur von heute, zu der auch die Mode gehört, nur negative Elemente ausmachen zu wollen. Allein schon ihr mit der Industrialisierung möglich gewordener massenhafter Charakter und die Auswahlmöglichkeiten, die auch die unteren Gesellschaftsklassen dadurch haben, lassen zum ersten Mal in der Geschichte auch Individualität gerade in diesen Schichten möglich werden. Bedenklich und abzulehnen sind freilich ihre – vom Kommerz angeheizten – Tendenzen zur Verschwendung, die in den ökologischen Irrsinn hineinragen. Das Kleiderrecycling (»Second hand«) stellt da eine positive, aber nicht ausreichende Gegenbewegung dar. Die eigentlichen ethisch-politischen Grenzen, die man individuell und gesellschaftlich der Bekleidungsvielfalt setzen müßte, sollten nicht bei ihrem

»Spielcharakter« ansetzen, wo sie im Grunde einem menschlichen Grundbedürfnis entgegenkommt, sondern eher bei quantitativen, d. h. ökologischen Gesichtspunkten.

Und wenn es auch wahr ist, daß die Mode vor allem noch Zeichen einer weltweiten kulturellen Hegemonie des Kapitalismus ist, so geht sie in dieser Formel doch nicht mehr hundertprozentig auf. Der mit ihr zum Ausdruck gebrachte Wille eines Konformismus enthält oft auch konkrete Elemente der Sehnsucht nach einer weltumspannenden neuen Zivilisation: nach einem Lebensmodell, das Industrialisierung, Mobilität, Kulturenvielfalt und Kreativität demokratisieren will, eine Kreativität, die zugleich aufs Individuum und auf ein neuartiges Gruppenbewußtsein zielt.

Ausblick

Zur Arbeit der Frauenbewegung

Aus den Widersprüchen produktive Kraft zur Veränderung entwickeln

Vorbemerkung

Wie im Vorwort angemerkt, wurde mit diesem Buchprojekt ursprünglich die Absicht verfolgt, einen gemeinsamen Ausblick der Autorinnen auf politisches Handeln vorzunehmen. Erfahrungen in den einzelnen Arbeitsgebieten sollten gegenseitig befruchtend ausgetauscht, in einen Zusammenhang gestellt und für eine übergreifende Handlungsperspektive verallgemeinert werden. Dies ist jedoch zu einer Aufgabe für die zukünftige Arbeit geworden. Einstweilen sind hier ein paar Gedanken der Herausgeberin skizziert, zu denen die augenblickliche Lage der Frauen herausfordert und mit der sich z. T. im einzelnen detaillierter und fundierter – auch die Beiträge dieses Buches beschäftigen. Vorkommende Wiederholungen oder auch vereinfachende Verallgemeinerungen mögen daher verziehen werden, geht es bei diesem Ausblick doch nur um knappe zusammenfassende Konklusionen für die weitere Arbeit der Frauenbewegung.

Dieses Buch »FrauenWiderspruch – Alltag und Politik« will mit der Untersuchung der Lebenslage der Frauen in allen gesellschaftlichen Bereichen dazu beitragen, Erkenntnisprozesse als Bestandteil von Veränderungen zu fördern. Probleme und Schwierigkeiten auf den Begriff bringen, heißt, sie diskussions- und veränderungsfähig machen, heißt, uns selbst handlungsfähig machen.

Die einzelnen Beiträge zeigen, daß sich für die Arbeit der Frauenbewegung in den letzten Jahren andere Voraussetzungen ergeben haben.

I. Die Ausgangslage der Frauenbewegung

Die Frauenbewegung muß heute im Vergleich zu den siebziger Jahren unter erheblich schlechteren Ausgangsbedingungen wirken. Spätestens seit der Wende, doch sich abzeichnend schon vor dem Regierungswechsel, ist Neues kaum zu erobern, sondern Erkämpftes ist gegenwärtig zu verteidigen.

Das ist zuvorderst nicht das Versagen der Frauenbewegung, vielmehr sind die Bedingungen zur Durchsetzung wesentlicher Verbesserungen deutlich eingeschränkt. Um sie wieder- und neu herzustellen, sind tiefgreifende Veränderungen notwendig.

Die anhaltende wirtschaftliche und politische Krise unserer Gesellschaft hat zu einer einschneidenden Verschlechterung der Lebensverhältnisse besonders für Frauen geführt. Jede einzelne von uns verbraucht heute mehr Kraft zur Regelung ihres eigenen unmittelbaren Lebens und Überlebens und zur Verarbeitung von Krise und Widerspruchserfahrungen als noch in den siebziger Jahren. Unsere Möglichkeiten zu konkret praktischer Hilfe und Solidarität untereinander sind begrenzter, und allemal fehlt es uns an »Luft«, Phantasie und Kraft zu alternativen Zukunftsentwürfen.

Die herrschende Politik entwickelt eine große Sogkraft im Alltag. In ihr vermittelt sich das Eingebundensein in bestimmte gesellschaftliche Verhältnisse. Wo emanzipativer Druck von unten nicht mehr aufzuhalten ist, wird versucht, ihn zur Erneuerung und somit Stabilisierung alter Verhältnisse zu vereinnahmen oder ihn zu isolieren und disziplinieren.

Die objektiven Schwierigkeiten der Frauenbewegung finden ihre Widerspiegelung und Komplementierung in den subjektiven Problemen der Frauen. Widersprüchliche Momente von Altem und Neuem, von Anpassung und Auflehnung, von Ohnmachtsgefühl und Überschätzung subjektiver Möglichkeiten stehen oftmals dicht (auch in ein- und derselben Frau) nebeneinander.

Teile der Frauenbewegung selbst tragen zur Reproduktion alter Rollenzuschreibung und weiblicher Lebensbeschränkung bei, indem sie eine angebliche »Besonderheit« der Frau, ihre »andere« »friedfertige« »Natur«, Mystik oder Okkultismus zur politischen Strategie auserkoren haben. Und selbst dort, wo das Bewußtsein und der Wille zu politischer Veränderung gegeben sind, ist noch nicht immer ein alternatives Konzept und eine Strategie zu seiner Verwirklichung vorhanden.

Wie kann die Frauenbewegung vor diesem Hintergrund wieder in eine politische Offensive kommen? Unzufriedenheit und Bereitschaft zur Veränderung wird sich immer nur dann im Handeln verwirklichen können, wenn alternative Handlungsmöglichkeiten zur Verfügung stehen. Der Mensch ist immer ein Produkt der Verhältnisse, aber zugleich sind es die Menschen, die die Verhältnisse schaffen. Die Alternativen für Frauen müssen also von uns selbst geschaffen werden. Wir holen sie nicht aus dem Nichts, sondern wir können sie nur aus den Widersprüchen heraus entwickeln, denen unser Leben ausgesetzt ist. Wir müssen die Widersprüche selbst als das treibende Element begreifen und die jeweils neuen, weiterführenden Elemente bewußt zur Entfaltung bringen.

Es ist nützlich, sich über die Faktoren zu verständigen, die *unsere Stärke* ausmachen:

Die Frauenbewegung ist zwischenzeitlich eine internationale Erscheinung. Ihr liegen Prozesse zugrunde, die zwar verlangsamt oder behindert werden können, aber nicht mehr umstandslos rückgängig zu machen sind. Diese Frauenbewegung, die ihrerseits bestärkt wurde durch alle antifaschistischen, demokratischen und sozialistischen Befreiungsbestrebungen, hat die herrschende Politik zu Anpassungsleistungen gezwungen, die eine neue Etappe in der Auseinandersetzung um Gleichstellung und Emanzipation der Frau markieren.

Die Frauenbewegung der Bundesrepublik hat ihre Arbeit *trotz* sehr viel schwierigerer Bedingungen fortgesetzt und hierbei in Ansätzen auch qualitativ weiterentwickelt. Sie hat beigetragen, Anspruchs- und Selbstbewußtsein der Frauen nicht wieder zu brechen, und daß diese sich stärker als je zuvor in die Politik einzumischen. Mit ihren vielfältigen Aktivitäten sei es in Gewerkschaften, Kirchen, Parteien, in Öffentlichkeit, Politik oder Wissenschaft, sei es am Internationalen Frauentag, im Rahmen der »Aktion Muttertag« oder im Zusammenhang mit Frauenhäusern und anderen autonomen Frauenprojekten, in der Friedens- oder Ökologiefrage oder im Kontext der Auseinandersetzung um den § 218 – hat sie die Finger auf die Wunden, die unverändert hartnäckigen Probleme und Benachteiligungen für Frauen gehalten. Dabei sind vielfältige Vorschläge für alternative Lebens- und Gesellschaftsmodelle erarbeitet worden. Die Frauenbewegung praktiziert selbst ein Stück demokratische und solidarische Gegenkultur. Die eigene Lebenspraxis vieler Frauen hat sich vor diesem Hintergrund verändert und zugleich haben viele Impulse der Frauen Eingang in die Praxis der anderen oppositionellen Bewegungen und Kräfte dieses Landes gefunden.

Nun muß sich die Frauenbewegung für eine längere Zeit auf möglicherweise noch wachsende Schwierigkeiten einstellen. Das Ende konservativer Erneuerungsfähigkeit und der Vereinnahmungsversuche durch die herrschende Politik ist ebensowenig erreicht, wie ein Ende der Arbeitslosigkeit, sozialer Verelendung, der Angriffe auf demokratische Rechte, der physischen und psychischen Krankheiten, der Gewalt, Umweltzerstörung und Rüstung abzusehen ist. Jede Politik, die nur am Tagesgeschehen orientiert bleibt, und jede Politik, die frauenspezifische Probleme aus ihrem gesellschaftlichen Kontext löst, wird zu kurz greifen.

Die Frauenbewegung muß ihrerseits eine neue Etappe ihrer Arbeit einleiten. Es geht jetzt darum, den *Zusammenhang von Gleichstellung der Frauen und allgemeiner Befreiung von jeder Ausbeutung und Unterdrückung* theoretisch und praktisch nachzuweisen. Die Frauenbewegung muß erneut und neu begründen, warum sie links und für progressive Politik steht und nur dort und in herausforderndem Streit mit ihr dauerhaft gesicherte, neue Lebensperspektiven zu erkämpfen sind. Sie muß sich nüchtern auf lange Perspektiven einstellen und – anstatt in Verzweiflung, Panik, Atemlosigkeit oder Aktionismus zu verfallen – hierfür die notwendigen Voraussetzungen in der eigenen Arbeit schaffen. Links und progressiv sein heißt, den Zusammenhang zwischen der Lösung der friedenspolitischen und ökologischen Überlebensfragen der Menschheit und der Aufhebung sozialer und Klassengegensätze herzustellen, heißt antimilitaristische, ökologische und feministische, antifaschistische, radikaldemokratische und soziale Politik zu vertreten.

II. Die Politik der Herrschenden

Mit der gegenwärtigen Politik der Bundesregierung werden die Probleme der Frauen nicht gelöst. Die Interessen der Frauen sind auch nicht der Ausgangspunkt der konservativen Erneuerungsbestrebungen. Diese finden vielmehr ihren Hintergrund einerseits in den veränderten Interessen der Unternehmer im Zusammenhang mit der dritten industriellen technologischen Revolution und andererseits im politischen Druck, der vom Verhalten und den Forderungen der Frauen ausgeht. Wenn Frauen heute »flexibel« teilzeitarbeiten, zugleich die Geburtenrate steigern und Familienarbeit leisten, durch private Füsorge gesellschaftliches Leid auffangen und den letzten Hort an Menschlichkeit verkörpern sollen, so ist das – in modifizierter Form – die alte Reservefunktion, Notstopfen der Nation zu sein. Neu ist lediglich, daß den Männern gleiches Schicksal zugemutet werden soll. Selbstbeschränkung und Anpassung nach unten als Konzept von Emanzipation, Umverteilung zwischen den Geschlechtern, bei allgemeiner Akzeptanz von Erwerbslosigkeit und Sozialabbau, gerechte Verteilung des Mangels, Gleichstellung in ungerechten Verhältnissen – das ist das Konzept der konservativen Politik. Es konterkariert das Anliegen der Frauenbewegung und steht ihm in seinem Kerngehalt diametral entgegen. Für Frauen bleibt es bei Maßnahmen, die wenig oder nichts kosten, aber beruhigend wirken. Es gibt viele Versprechen, deren Einhaltung abzuwarten bleibt. Nach riesigem Sozialabbau gerade bei Frauen gibt es einige wenige Almosen. Wachsende Frauenarmut und -erwerbslosigkeit wird allerdings keineswegs gestoppt und beseitigt. *Für Frauen bleiben bzw. verlängern sich ökonomische Abhängigkeit und patriarchalische Beherrschung, Spaltung, Individualisierung und Privatisierung.* Für Frauen eröffnen sich so nie und nimmer wirklich eigenständige und unabhängige Lebensperspektiven, Solidarität und Individualität, die aufgehoben wären in Kooperation und gemeinsamer demokratischer Gestaltung.

Damit ist jedoch auch der zukünftige Problemstoff in den Fragen der Frauenpolitik vorgezeichnet. Die Anknüpfungspunkte für die Arbeit der Frauenbewegung bleiben vielfältig. Ausgangspunkt einer wirkungsvollen Arbeit sind die genaue Analyse der konservativen Politik, der Lage der Frauen, unserer eigenen Schwächen und unseres eigenen Aufholbedarfs in der Entwicklung tragfähiger und überzeugender Zukunftsalternativen.

III. Kernforderungen der Frauenbewegung

Diskriminierung und Unterdrückung durchziehen das *ganze* Leben der Frauen, *Widersprechen und Widerstehen,* das Handeln für die Beseitigung von Sexismus, Diskriminierung und Ausbeutung ist deshalb in *allen* Lebensbereichen und auf *allen* Ebenen des menschlichen Daseins notwendig. Jede Frau kann in ihrem eigenen Leben, an ihrem jeweiligen Platz entsprechend ihren jeweiligen Möglichkeiten, beginnen und hiermit beitragen zur gesamten Veränderung des Lebens der Frauen. Wichtig ist es, den Zusammenhang zwischen dem jeweiligen Anknüpfungspunkt mit dem Gesamtproblem der Frauenunterdrückung und seinen Zusammenhang wiederum mit gesellschaftlichen Ausbeutungs- und Unterdrückungsverhältnissen insgesamt zu erkennen und das eigene Handeln auf jene entscheidenden Punkte auszurichten, die eben diese Unterdrückungsverhältnisse aufzubrechen vermögen. Dabei mögen sich die Teilprobleme und Teilbewegungen nicht immer konform zum Ganzen verhalten, sich nicht immer gleichzeitig oder widerspruchsfrei vollziehen – wichtig bleibt, daß ein dialektischer Prozeß von Veränderung des Ganzen freigesetzt werden kann und die auftretenden Widersprüche ihrerseits produktiv vorwärtstreibend wirken.

Aus diesem Grunde müssen wir unsere jeweiligen Kämpfe auf die Kernfragen orientieren, die zunächst über eine Verbesserung der Lebenslage der Frauen entscheiden werden.

Für die nächste Zeit liegen die wichtigsten Eingriffsmöglichkeiten in folgendem:

1. Frauen – ob Deutsche oder Ausländerin – wollen keine abgeleiteten Existenzberechtigungen (als Frau ihres Mannes, als Mutter ihrer Kinder), sondern *eigenständige* Lebensperspektiven. Dazu brauchen sie ökonomische Eigenständigkeit und Unabhängigkeit als Grundvoraussetzung eigener Lebenssicherung und -entfaltung. Das Recht auf einen qualifizierten, voll bezahlten Erwerbsarbeitsplatz, das Recht auf entsprechende Bildung und Ausbildung, das Recht auf ausreichende soziale Sicherung einschließlich eines Mindest- (oder Grund-) einkommens für alle ist unverzichtbare Grundbedingung. Die wachsende Frauenarmut ist ebenso wie die unverändert überproportional hohe Frauenarbeitslosigkeit ein schreiendes gesellschaftspolitisches Defizit, ein Hohn für jede angeblich frauenfreundliche Politik und deshalb zentrales Feld einer Widerstandspolitik der Frauenbewegung. Zur Beseitigung der Erwerbslosigkeit und zu einer Humanisierung des Erwerbslebens ist die Durchsetzung einer *radikalen täglichen* Arbeitszeitverkürzung für *alle* und bei *vollem Lohnausgleich* ein Schlüsselpunkt (durch Einsparung bei Subventionen für die Reichen, gerechte Verteilung gesellschaftlicher Reichtümer und Abbau der Rüstungsausgaben wie jeder sonstigen Verschwendung von Reccourcen). Aktueller Zwischenschritt ist dabei der gewerkschaftliche Kampf um die 35-Stunden-Woche, dem weitere Schritte bis hin zu einer 30-, 25- und 20-Stunden-Woche folgen können und müssen und mit denen ein wesentlicher Beitrag zur vollständigen Beseitigung der Erwerbslosigkeit zu leisten wäre.

2. Emanzipation der Frauen einerseits und Kürzung wie Reprivatisierung öffentlicher Sozialleistungen und Kindereinrichtungen andererseits sind miteinander unvereinbar. Gesicherte gesellschaftliche Rechte und Lebensmöglichkeiten sind nicht zu ersetzen durch private Pflege und Fürsorge der Krisenopfer untereinander – auch nicht, wenn sie im Gewande von »Selbsthilfe« und »ehrenamtlicher Tätigkeit« einherkommen. Wir brauchen mehr und bessere, demokratisch

gestaltete gesellschaftliche Einrichtungen für Kinderbetreuung, soziale und andere Dienstleistungen, eigenständige ausreichende Rentenversicherung. Akzeptanz (von Bedürfnis und Notwendigkeit) sowohl der Individualität als auch der Gesellschaftlichkeit der Menschen, das ist es, was zukünftige Lösungsvorschläge werden gewährleisten müssen.

3. Frauen brauchen alternative Lebensformen zu Ehe und Kleinfamilie, wo in und mit ihnen immer noch Frauenunterdrückung, private Alleinzuständigkeit für Kindererziehung und Privatisierung gesellschaftlicher Probleme auf dem Rükken vor allem der Frauen perpetuiert werden. Beziehungen zwischen Frau und Mann müssen freigewählt sein und allein auf Neigung beruhen. Vielfältige Formen von Freundschaften und Zusammenleben mit anderen müssen möglich sein. Das Zusammenleben mit Kindern muß deren Rechte ebenso berücksichtigen wie die der Erwachsenen. Kindererziehung ist nicht nur eine private Aufgabe der biologischen Eltern, sondern gesellschaftliche Aufgabe. Zusammenleben mit Kindern und Auseinandersetzung mit ihnen muß ins gesamte gesellschaftliche Leben integriert sein.

4. Frauen beharren auf ihrem Selbstbestimmungsrecht. Sie entscheiden, ob und wann sie ein Kind haben möchten, ob sie abtreiben oder nicht. Kinder haben das Recht, Wunschkinder zu sein. Der § 218 muß ersatzlos gestrichen werden. Noch nie wurde durch Kriminalisierung die Zahl der Schwangerschaftsabbrüche gesenkt. Damit wurde immer nur die Gesundheit der Frau gefährdet, die Frau bevormundet, gedemütigt und ihr die Schuld zugewiesen. Frauen brauchen vielmehr öffentliche Aufklärung, verbesserte Beratung, kostenlose Verhütungsmittel und vor allem eine Verbesserung ihrer und der Kinder Lebensbedingungen.

5. Frauen führen einen ideologischen und kulturellen Kampf für ihre Emanzipation. Ohne Überwindung von Abhängigkeit im eigenen Denken, ohne Überwindung der systematischen Diskriminierung von Frauen in der Sprache, ohne Überwindung der vielfältigen und umfassenden alltäglichen Gewalt gegen Frauen, ohne Überwindung der Unterdrük-

kung weiblicher Sexualität, von Sexismus, in Kunst, Kultur und Wissenschaft ist die Befreiung der Frau nicht verwirklicht.

6. Frauen brauchen zur Artikulation ihrer Interessen und Bedürfnisse, zur Formulierung ihres Selbstverständnisses, zur Entwicklung und Durchsetzung ihrer Alternativen vor allem und zu allererst mehr »Luft zum Atmen«. Sie brauchen mehr Öffentlichkeit, mehr Demokratie, mehr Macht, mehr reale Handlungsmöglichkeiten in der *ganzen* Gesellschaft. Sie brauchen (neben einer frauenpolitischen Neuorientierung der ganzen Politik) gezielte Maßnahmen zur Überwindung ihrer doppelten Benachteiligung, »positive Diskriminierung«. In der Politik, in der Berufsarbeit und in allen gesellschaftlichen Bereichen ist *Quotierung* ein notwendiges bindendes Instrument zum Abbau von Ungleichbehandlung und Verpflichtung zum *aktiven* Handeln für die volle Selbstbestimmung der Frau, bis ein »Halbe-Halbe-Zustand« erreicht ist. Männer brauchen Quotierung in der Haus- und Familienarbeit.

7. *Existenzielle Bedingung* und Kernbestandteil jeder Emanzipationspolitik ist das Engagement für die *Sicherung des Friedens* und den Vollzug endlich der *Abrüstung*. Ohne Überleben gibt es keine Möglichkeit, Emanzipation zu verwirklichen, und zugleich gibt es einen inneren Zusammenhang zwischen patriarchalischer, sozialer, umweltzerstörender, militärischer und Kriegsgewalt, wobei letztere die Spitze des Eisberges darstellt und heute die Menschheit zu vernichten droht. Grundlegende Bedingung ist deshalb ebenfalls die Beendigung der Umweltzerstörung und ein Wiederaufbau der Natur sowie Ausstieg aus der Atomenergie, die Beseitigung von Massenarbeitslosigkeit, Hunger und Ausbeutung in der Dritten Welt und der Aufbau einer gerechten Weltwirtschaftsordnung, in der die erste und zweite Welt nicht mehr auf Kosten der Dritten Welt leben.

Parallel dazu brauchen wir die Weiterarbeit an unseren Zukunftsalternativen, um die Kraft der *Offensive* wiederzugewinnen, und als Orientierung und Maßstab für unser tägliches Handeln. Nur das auf uns zukommende noch Schlechtere abzuwehren, reicht nicht. Wir wollen die schon längst (auch schon vor der Wende in sozialliberalen Zeiten) unzureichenden und unbefriedigenden Verhältnisse verändern und die Wurzeln der Macht der Herrschenden angreifen. Wir wollen Ausbeutung und Abhängigkeit zwischen Menschen und den Warencharakter aller menschlichen Beziehungen und Handlungen abschaffen. Wir kämpfen für jede mögliche unmittelbare und mittelbare Verbesserung. Doch in dem Maße, in dem wir das tun, stoßen wir an den Rahmen bzw. die Grenzen des bestehenden Systems (der bestehenden Verhältnisse?), das die vollständige Verwirklichung unserer Bedürfnisse und Forderungen nicht zuläßt und uns zwingt, grundlegende Alternativen ins Auge zu fassen.

Weil das Neue nie nur eine Verlängerung des Bekannten ist, brauchen wir dabei auch die produktive Kraft der Phantasie, der Träume und konkreten Utopien. Unsere Diskussion betrifft u. a. folgende Fragestellungen:

- Wie entwickeln wir demokratische Verhältnisse, die Macht über andere aus- und Macht zur Gestaltung eigener Lebensverhältnisse einschließen? Welche gesellschaftlichen Strukturen sind notwendig, damit Ausbeutung des Menschen durch den Menschen ausgeschlossen und alle Teilungen des Lebens und der Menschen aufgehoben werden?
- Wie ist das Verhältnis von Natur und Gesellschaft, von Natur und Frauen?
- Wie ist unsere Strategie in der Frage der Gen- und Reproduktionstechnologie?
- Wie kommen wir zu einer nicht entfremdeten, humanen und demokratisch gestalteten Berufsarbeit, die sinnvolle Produkte und Dienstleistungen herstellt und dem/der einzelnen Selbstverwirklichung und produktive Teilhabe an der Gesellschaft ermöglicht?

- Wie ist unser Verhältnis zur Technik und technologischen Revolutionierung des Produktionsprozesses? Können wir es in unserem Interesse gestalten und bietet es uns Entwicklungschancen oder nicht?
- Wie stellen wir uns die Zukunft zwischenmenschlicher Beziehungen, Vater- und Mutterschaft, das Zusammenleben mit Kindern und neue Lebensformen in der Gesellschaft vor?
- Wie wird Sexualität möglich, die Lust und Liebe bedeutet?
- Wie stellen wir uns Kultur, Öffentlichkeit und Politik als produktive Tätigkeit aller Gesellschaftsmitglieder und aktive Auseinandersetzung mit der sozialen Umgebung vor?

IV. Strategien der Frauenbewegung

Wir brauchen in unserer weiteren Arbeit den *Mut für etwas Neues, noch nicht Erprobtes* – die Aufhebung der Geschlechterteilung und die Entwicklung eines neuen *»ganzen« Menschseins* in einer *gerechten* Gesellschaft. Wir wollen weder den patriarchalischen noch kapitalistischen Vorgaben, wie wir zu sein hätten, folgen. Wir wollen selbst Subjekt unseres Lebens und der Geschichte sein. Das Neue kann nur gewonnen werden aus der Aneignung, Auseinandersetzung und Verarbeitung der bisherigen Geschichte von Frauen *und* Männern, der gesamten menschlichen Lebensmöglichkeiten. Bescheidenheit und Verzichtsideologien helfen uns dabei nicht weiter. Es ist unser Recht, selbstbewußt Ansprüche zu stellen.

Grundbedingung aller Veränderungsmöglichkeit bleibt das Handeln der Frauen selbst. Unsere Befreiung können nur wir selbst in Angriff nehmen als unser eigenes Werk. *In der Ermutigung und Motivierung zu selbstbewußtem, eigenständigem Handeln in Gemeinschaft und Solidarität mit anderen Frauen und allen Unterdrückten und zu extensiver Wahrnehmung aller Lebensmöglichkeiten* liegt eine der wichtigsten Aufgaben der Frauenbewegung heute.

Leben und Lebenwollen heißt heute Kämpfen, die Verwirklichung der eigenen Interessen selbst in die Hand nehmen. Leben und Kämpfen, das ist Aktion und Reflexion, Anstrengung und Muße. Bloße Innenschau aber, Energieverschwendung in bloß privaten Konfliktbewältigungsstrategien, Beschäftigung mit bloßem Konsum, Mode, Körpertraining, hübscher Innenwelt u. ä. – das soll uns ablenken vom wirklichen Leben. Das soll unsere Sehnsüchte und Bedürfnisse nach einem besseren Leben verstummen und ersticken lassen. Wir wollen solche Fesseln abwerfen, das Private neu und weiter politisieren und für unsere Utopien und Forderungen gemeinsam neu auf die Straße gehen. Alle, die schon in den letzten Jahren dabei waren, und jene, die noch nicht dabei waren – besonders die jungen Frauen mit schlechten Zukunftsaussichten und die alten Frauen, die heute oft die bittere Bilanz eines rechtlosen Lebens erfahren – gilt es zu gewinnen.

Bestärkung, Toleranz, Achtung und Solidarität, das brauchen wir auch in den eigenen Reihen der Frauenbewegung. Wir brauchen es für uns selbst und um andere überzeugen und gewinnen zu können. Obwohl wir auch in der Frauenbewegung Fremdheit, Konkurrenz, Verletzung, Interessens- und Meinungsdifferenz erfahren haben, können wir weitere Fortschritte nur gemeinsam erzielen. Solidarität und Zusammenarbeit – das ist das, was wir »zu bieten haben« gegen die schlechten Verhältnisse, die auch wir nicht ad hoc wegzaubern können. Zu unserer Kooperation und Zusammenarbeit und auf dieser Basis gehört – als eine sich gegenseitig bedingende Einheit – auch der produktive *Streit* und die Auseinandersetzung *in der Frauenbewegung.* Wo wir uns dem stellen, Konflikte und Unterschiede austragen, können wir der Spaltung, die uns schwächen soll, wirksamer entgegentreten. Und dazu haben wir allen Grund. Der Spaltung entgegentreten und das *Bündnis* suchen mit Hausfrauen, Müttern und Erwerbstätigen, Jungen und Alten, Deutschen und Ausländerinnen, mit den Frauen in Kirchen, Parteien, Gewerkschaften, Institutionen und allen außerparlamentarischen Frauengruppen – das ist und bleibt aktuelle Aufgabe.

Wenn wir den Weg unserer Vorgängerinnen fortsetzen, verbreitern und vertiefen wollen, reicht es nicht, daß einige wenige sich den Weg nach vorne erobern. *Das Maß des Fortschritts ist der Fortschritt in der Achtung aller Frauen, der Verwirklichung ihrer Menschenrechte und der Verbesserung ihrer Lebenschancen.* Wir brauchen keinen neuen Eliten zur Wiederbelebung der Ideologie des »freien Wettbewerbs«. Die neuen Möglichkeiten der heutigen Zeit liegen gerade darin, den vielen Frauen das Recht auf die Hälfte des ganzen Lebens zu verschaffen. Das gilt national und *international.* Ohne *internationale Solidarität* mit allen Frauen ist unsere eigene Emanzipation nicht zu verwirklichen.

Als einzelne und individuell können wir den Gewaltverhältnissen unserer Gesellschaft nicht entfliehen und doch liegt die Alternative nicht in der Unterwerfung. Wir können uns in dem Maße wirksam wehren, wie wir uns nicht nur als Opfer der Unterdrückung begreifen, sondern unsere eigene aktive Einbezogenheit in die konkrete Realität erkennen. Indem wir uns *bewußt* gegen die uns gesetzten gesellschaftlichen Beschränkungen und ihre Ursachen zur Wehr setzen, tun wir etwas für uns persönlich und gleichzeitig im Interesse der anderen Frauen. Wer passiv bleibt, macht sich mitschuldig. In der Erkenntnis der gesellschaftlichen Zusammenhänge unseres individuellen Seins und ihrer bewußten Veränderung durch gemeinsamen Kampf liegt das Maß der Befreiung, das uns heute möglich ist und uns auf eine bessere Zukunft verweist.

Die neue Etappe unserer Arbeit erfordert, verstärkt die *gesamten* Lebensverhältnisse der Frauen *im Kontext mit der gesamten gesellschaftlichen Wirklichkeit* ins Visier zu nehmen. Es reicht nicht, das Problem der Frauenunterdrückung allein von der Seite der Erwerbsarbeit oder allein von der Seite der Familienarbeit anzugehen. Es reicht auch nicht, allein patriarchalische Abhängigkeit oder allein soziale Abhängigkeit beseitigen zu wollen. Das patriarchalisch-kapitalistische System muß wechselseitig verschränkt doppelt neu gedacht und verändert werden: *feministisch,* d. h. unter steter Formulierung des konsequenten Interessenstandpunktes der Frauen als unterdrücktem Geschlecht, und demokratisch-*antikapitalistisch,* d. h. in Überwindung von Profitorientierung und zur Verwirklichung ökonomischer, sozialer und politischer Demokratie der lohnabhängigen Bevölkerung. Immer müssen *Produktions- und Reproduktionsbereich* in ihrem wechselseitigen Bezug zueinander verändert werden. Dazu ist die gründliche Beschäftigung mit der Ökonomie und den Produktionsverhältnissen unserer Gesellschaft, mit deren Zusammenhang mit dem Bereich der Reproduktion und die wechselseitige Veränderung beider unverzichtbar.

Die Frauenbewegung muß sich dazu *in alle Fragen der Frauenpolitik und in alle anderen Fragen der Politik einmischen.* Jede demokratische Politik muß sich mit der spezifischen doppelten Unterdrückung der Frau und den daraus resultierenden Konsequenzen für alle Politik auseinandersetzen. Die konservative Politik hat die *Schlüsselstellung der Frauenfrage* für die innenpolitische Entwicklung auf ihre Weise begriffen. Es ist höchste Zeit, daß jede demokratische, progressive und linke Politik das ihrerseits begreift und realisiert. Das ist nicht in Form von Separatpolitik zu lösen, sondern betrifft durchgängig immer die Frauenpolitik *und* alle anderen Politikfelder.

Die Frauenbewegung braucht zu all dem weiterhin eine politische Doppelstrategie: *eigenständigen Kampf und Autonomie* als elementare Voraussetzung zur Selbstverständigung und Durchsetzung ihrer Interessen und *Integration, Zusammenarbeit und Bündnis* in bzw. mit anderen demokratischen Bewegungen, Organisationen und Institutionen zur Veränderung und Durchsetzung alternativer Gesamtkonzepte. Es ist falsch und verhängnisvoll, auf das eine oder auf das andere zu verzichten. Diese Doppelstrategie impliziert zugleich sowohl das offensive, entschiedene *Austragen von Interessensgegensätzen,* Unterschieden und Konflikten, die aus *patriar-*

chalischer Beherrschung resultieren, als auch die *Solidarisierung mit allen Unterdrückten.* Die Solidarität mit allen Unterdrückten und Rechtlosen kennt keinen Halt vor rassischen, geschlechtlichen, sexuellen oder weltanschaulichen Grenzen. Zwischen beidem besteht ein dialektisches Wechselverhältnis, das immer wieder neu bestimmt und neu belebt werden muß.

Wenn wir unsere Forderungen gegen die Politik der *Herrschenden* durchsetzen wollen, so ist der *außerparlamentarische Kampf, der Druck von unten* ausschlaggebend für Bewegung in Parlament und Regierung und für die Aussichten unseres Kampfes. Auch zur Veränderung parlamentarischer Kräfteverhältnisse und der Zusammensetzung von Regierungen ist der außerparlamentarische Kampf nicht nur unverzichtbar, sondern seine Stärke die *entscheidende Größe.* Wir brauchen Phantasie, Findigkeit, Frechheit, List und Kraft, um die gesellschaftlichen Kräfteverhältnisse zu unseren Gunsten zu verändern. Wir sollten jede Differenzierung im Lager unserer Gegner nutzen und jede Bündnismöglichkeit ausschöpfen, um den Druck von unten, den der betroffenen Frauen, zu erhöhen und zu einem politischen Machtfaktor zu machen. Dazu brauchen wir besonders eine Stärkung der gewerkschaftlichen Frauenkämpfe und der Aktionen der Frauenbündnisse um den Internationalen Frauentag, die »Aktion Muttertag«, den § 218 und den Friedens- und Ökologiekampf.

Wir brauchen *langfristige* Alternativen und die offensive Verteidigung *der unmittelbaren Bedürfnisse und Interessen* der Frauen. Wo die Frauenbewegung dies versäumt, überläßt sie die Frauen den »Angeboten« der Regierung und Wirtschaft. Dabei müssen alle Formen von Widerständigkeit und Widerstand praktiziert werden. Subversiv von unten oder durch Besetzung von Funktionen und Mandaten, spontan und organisiert, spektakulär wie unauffällig und beharrlich, mit Phantasie wie mit Penetranz – jeweils zugeschnitten auf die vielfältigen Möglichkeiten der Agierenden wie auf das zu erreichende Ziel bei jeweils effektivstem Einsatz der Kräfte.

Zur Durchsetzung dauerhafter Veränderung ist dabei jener Widerstand, der auf Kontinuität, Bewußtsein, Regelmäßigkeit, langen Atem und absolute Zielgewißheit setzt, besonders wichtig. Die konservative Politik wird ihre Zukunftsgewißheit nicht ungetrübt behalten. Widersprüche, Probleme, Krisen und Lösungsschwierigkeiten werden sie einholen. Darauf sollten wir eingestellt und vorbereitet sein, um in eine neue Offensive der Frauenbewegung zu treten.

In der Auseinandersetzung mit der Politik der *Herr*schenden, insbesondere der CDU-geführten Bundesregierung, kommt es darauf an, ihre gegen die Interessen der Frauen gerichtete praktische Politik aufzudecken und anzugreifen. Zugleich wäre es wichtig, die Regierung auf ihre frauenfreundlichen Worte „festzunageln“ und sie zu entsprechender politischer Praxis herauszufordern. Außerdem wäre der innen- und außenpolitisch aggressive Rahmen dieser Politik offenzulegen, weil er jede Emanzipationspolitik konterkariert, und schließlich ist diese Politik an unseren eigenen grundlegenden Alternativen zu messen. Als Oppositionskraft wird von uns nur anerkannt, wer unsere Forderungen aktiv unterstützt und vorbehaltlos mit allen Frauengruppen zusammenarbeitet.

Die Frauenbewegung allein kann eine alternative Politik und eine neue Regierung nicht durchsetzen. Dazu brauchen wir eine außerparlamentarische Opposition – eine neue APO – aller neuen und alten sozialen Bewegungen. Frauen haben allen Grund, sich dafür stark zu machen.

Dieses Buch soll dazu beitragen, alle Frauen zu Tatendrang und Zusammenschluß anzuregen und zu ermutigen. Wir brauchen den Forschungs-, Wissens- und Diskussionsdrang. Wir brauchen die Verarbeitung der Erfahrungen der Geschichte. Wir brauchen noch viele frauenpolitische Pioniertaten in Betrieben, im öffentlichen Dienst und an allen anderen Arbeitsplätzen, in Familien und Gesellschaft, Öffentlichkeit und Politik.

Mechtild Jansen

Die Autorinnen

Gisela Breitling, geb. 1939, Studium an der Hochschule für Bildende Künste, Berlin, zahlreiche Einzel- und Gruppenausstellungen in der Bundesrepublik, dem europäischen Ausland und den USA. 1980 erschien »Die Spuren des Schiffs in den Wellen – eine autobiographische Suche nach den Frauen in der Kunstgeschichte«; weitere Veröffentlichungen zum Thema Frauen und Kunst in Zeitschriften und Anthologien, lebt als Malerin und Autorin in Berlin, Lehrbeauftragte an der Hochschule der Künste, Berlin; Mitinitiatorin des Forschungs- und Ausstellungsprojektes »Das verborgene Museum« zur 750-Jahr-Feier Berlin, Akademie der Künste.

Marliese Dobberthien, geb. 1947, Leiterin der Abteilung Frauen beim Deutschen Gewerkschaftsbund, Landesbezirk Baden-Württemberg. Zahlreiche Veröffentlichungen zu Problemen der Frauenerwerbsarbeit, u. a. zum Frauenarbeitsschutz, zur Teleheimarbeit und zur Frauenarbeitslosigkeit sowie zu Neuen Medien.

Petra Drohsel, geb. 1950, Besuch der Volksschule, Lehre als Einzelhandelskauffrau, Ausbildung zur praktischen Betriebswirtin, Begabtensonderprüfung, Studium und Vorbereitungsdienst für das Lehramt Geographie und Geschichte, Promotion zur Dr. päd., lebt in Bonn. In verschiedenen gewerkschaftlichen Funktionen tätig, u. a. Vorsitzende des GEW-Bundesfrauenausschusses und Mitglied im DGB-Bundesfrauenausschuß.

Ute Gerhard, geb. 1939, Bremen, Juristin, Sozialwissenschaftlerin.

Johanna Hund, geb. 1935, ausgebildet als Stenokontoristin, Studium 2. Bildungsweg Pädagogik/Soziologie; lehrt an der Hochschule für Wirtschaft und Politik in Hamburg Soziologie; diverse Veröffentlichungen; Schwerpunkt: Frauenerwerbsarbeit und Technologieentwicklung; Frauenunterdrückung und Frauenbewegung.

Ute Holzkamp-Osterkamp, geb. 1935, Privatdozentin und wissenschaftliche Angestellte am Psychologischen Institut der FU Berlin.

Mechtild Jansen, geb. 1952, Köln, Studium der Soziologie, Psychologie und Sozialwissenschaften an den Universitäten Tübingen und Bremen, tätig als freie Journalistin und Autorin, verschiedene Zeitschriften- und Buchveröffentlichungen, zuletzt insbesondere zur CDU-Frauenpolitik und »Halbe-Halbe – der Streit um Quotierung«, Berlin 1986.

Sabine Kebir, geb. 1949, Slavistik-Romanistik-Studium in Berlin; 1976 Promotion zur Kulturkonzeption Antonio Gramscis am Zentralinstitut für

Literaturgeschichte der Akademie d. Wissenschaften d. DDR; seit 1977 in Algerien; tätig am Institut für Politische Wissenschaften und Journalistik; politische, kultur- und literaturwissenschaftliche Arbeiten, Nachdichtungen, Kinderbücher; Hauptveröffentlichungen: »Auf dem Wege zur antifaschistischen Volksfront. Die Kulturkonzeption Antonio Gramscis«, Berlin & München 1980; Antonio Gramsci: Marxismus und Kultur, Hamburg 1983 (Übersetzung); erscheint 1987: Ein akzeptabler Mann? Streit um Bertolt Brechts Partnerbeziehungen (Berlin/DDR).

Verena Krieger, geb. 1961, studiert Kunstgeschichte, Geschichte und Philosophie in Bochum; Engagement in der Frauen-, Friedens- und Jugendzentrumsbewegung, Gründungsmitglied der Grünen, Sprecherin der Bundes-Frauen-AG der Grünen, Bundestagsabgeordnete der Grünen.

Monika Nehr, geb. 1943, 2. Bildungsweg; studierte u. a. Sprachen, Linguistik, Literaturwissenschaft und Psychologie; M. A. und Promition zum Dr. phil.; z. Z. (hauptberuflich) tätig in der Interkulturellen Zweisprachigkeitsforschung; seit 1978 (gelegentlich) Publikationen zur Frauenfrage, u. a. Frieden, hist. Mutterrecht, Sexualität; eine Veröffentlichung zu den Risiken des Kinderkriegens ist in Vorbereitung.

C. Dorothee Roer, geb. 1946, Dipl.-Psych., Professorin an der Fachhochschule Frankfurt, Schwerpunkte: klinische Psychologie, Frauenforschung, Untersuchungen zur Psychiatrie im Faschismus, dazu verschiedene Veröffentlichungen, u. a. zu einer historisch-materialistischen Theorie psychischer Störungen.

Karin Roth, geb. 1949, Frankfurt, Gewerkschaftssekretärin, 1973–1984 in der Jugend- und Frauenarbeit bei DGB Rheinland-Pfalz und IG Metall, seit 1984 in der Grundsatzabteilung der IG Metall, Arbeitsschwerpunkte: gewerkschaftliche Grundsatzfragen, Umweltpolitik.

Brigitte Stahn-Willig, geb. 1950, Düsseldorf, wissenschaftliche Referendarin im WSI des DGB.

Rosi Wolf-Almanasreh, Vorsitzende der Interessengemeinschaft der mit Ausländern verheirateten Frauen (IAF), Frankfurt.

Photos

S. 2, 45, 82, 110, 127, 145, 165, 192, 230, 287 Beate Knappe; S. 210 Michael Meyborg; S. 245 Magda Hoffmann-Taroni; S. 301, 320 laif/Manfred Linke.

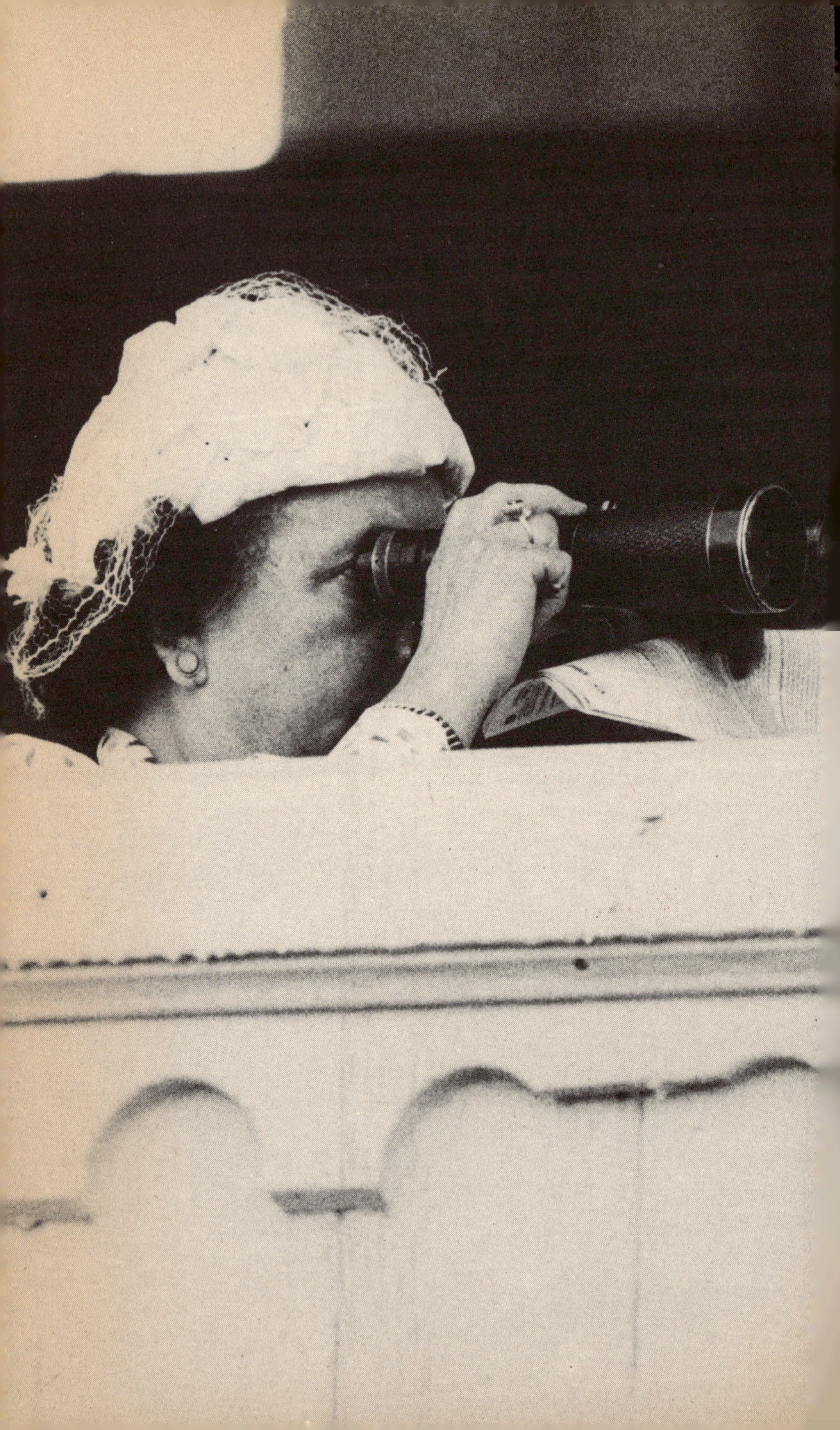